Wernher Gorbracht

Kennst Du Pferde

300 Rassen in Wort und Bild

Limpert

Bildquellennachweis

Titelfoto: Angermayer
Angermayer 14
Archiv 7
Dauer 1
Ernst 25
Farkas 6
Feldmann 1
Gorbracht 9
Mayes 1
Okapia 6
Passepetti 1
Quarter-Horse-Gestüt 1
Schwartz 7
Tiedemann 19
Verband Württembergischer
Pferdezüchter 2

ISBN 3 7853 1222 9

1. Auflage 1975

Zeichnungen: Wernher Gorbracht; Umschlag Wulf Weiß
Gesamtherstellung: Beltz Offsetdruck, Hemsbach/Bergstr.
Printed in Germany

Inhalt

Einleitung

Man schätzt das geologische Alter des Pferdes auf 7—8 Millionen Jahre, doch sah es in seiner Urform noch lange nicht wie ein solches aus, war nur 25 bis 45 cm groß und hatte an den Gliedmaßen vorn vier und hinten drei Zehen. Erst allmählich, in einem über Hunderttausende von Jahren währenden Prozeß, nahm es infolge der Veränderungen der jeweiligen Lebensräume und -verhältnisse an Größe zu. Es entwickelte sich vom Wald- zum flüchtigen Steppentier, vom Mehrzeher zu einem Einhufer, bis am Ende einer langen Zeit die Form des heutigen Wildpferdes entstanden war. Wieder mußten „Ewigkeiten" vergehen, ehe es zu ersten Berührungen zwischen Pferd und Mensch kam, der in dem schnellfüßigen Tier anfänglich nur ein jagdbares Wild sah. Erst in der ersten Hälfte des vierten vorchristlichen Jahrtausends, also vor etwa 5700 Jahren, kam er darauf, auch das Pferd als Haustier zu gewinnen, nachdem ihm vorher die Domestizierung von Ziege, Hund, Schaf, Schwein und Rind gelungen war.

Wo dies zuerst geschah, läßt sich heute mit Sicherheit nicht mehr nachweisen. Doch nimmt man als Zähmungszentren den südosteuropäischen Raum (Ukraine), die sibirische Waldsteppe sowie das heutige Gebiet von Bayern an. Nach allgemeiner, doch nicht einheitlicher wissenschaftlicher Meinung soll es sich dabei um drei Wild- oder Stammformen des Pferdes gehandelt haben, nämlich um den Tarpan (Equus gmelini), das Przewalskipferd (Equus przewalskii), als die Urväter aller leichteren Rassen, und das Diluvialpferd (Equus caballus robustus, Equus germanicus) als den Urahn der schweren Kaltblüter.

Was sich im Laufe der folgenden Jahrtausende daraus entwickelte, waren letzten Endes viele Rassen und Schläge in beinah allen Ländern der Erde. Bei der einen oder anderen Verbindung geschah es in einer zufälligen Begegnung, die meisten aber entstanden nach dem Willen und der Vorstellung des Menschen von Zweck und Notwendigkeit.

Heute gibt es in der Welt rd. 70 Millionen Pferde; fast 100 Millionen waren es vor 30 Jahren. Nur ein paar tausend leben ungezähmt in den letzten Wildnissen Asiens, mehr geduldet und gelitten als eine Art Erinnerungsstück an längst vergangene Zeiten.

Die folgenden Seiten informieren über die vielen Rassen in den einzelnen Erdteilen. Zwischen den meisten bestehen enge Zusammenhänge, auch wenn sie über Tausende von Kilometern voneinander getrennt sind. Man hätte die Rassen auch in alphabetischer Reihenfolge anstatt der hier angewandten Aufteilung nach den Blutanteilen: Vollblut, Warm- und Kaltblut, aufführen können. Eine Ausnahme stellen die Ponys und Traberpferde dar, deren Klassifikation von vornherein durch Größe bzw. Verwendungszweck festgelegt war. Die hier gewählte Form der Darstellung kommt der Auffassung zahlreicher Pferdefreunde entgegen, weil sie für übersichtlicher gehalten wird als die alphabetische Aufzählung. Eine stichwörtliche Zsammenfassung aller Rassen mit Seitenzahlangabe ist zusätzlich im Anhang dieses Bandes zu finden.

Zum Inhalt sei bemerkt, daß über die beiden Vollblutrassen, die arabische wie die englische, erheblich mehr hätte ausgesagt werden können. Doch würde dies über den Rahmen dieses Buches hinausgehen, das in erster Linie übergreifend orientieren soll. In diesem Zusammenhang erscheint ein kurzes Eingehen auf die Begriffe Vollblut, Warm- und Kaltblut erforderlich, die vor allem in Deutschland angewandt werden. Mit der Temperatur des Blutes haben sie nichts zu tun, eher mit dem Temperament, das verständlicherweise beim starkknochigen Kaltblutpferd weniger ausgeprägt ist als bei einem feinnervigen Vollblüter.

Vollblut bedeutet in erster Linie konsequent durchgeführte Reinzucht, wie sie vor allem auf den Vollblutaraber (ox) zutrifft und am klarsten von den Franzosen in ihrem „pur sang" (reines Blut) ausgedrückt wird. Der zweite, gleichwichtige Faktor ist die Leistung, mit dem Englischen Vollblut (xx) als dem vollkommensten Resultat in der gesamten Nutztierzucht (thorough bred = vollkommrn durchgezüchtet).

Warmblut ist ein nur in Deutschland angewandter Begriff, dem eigentlich zwei Bedeutungen zukommen. Einmal umfaßt er in übergeordnetem Sinne alle Rassen und Schläge, außer denen der Ponys und Kaltblüter, also die des Vollbluts, des Halbbluts (mit einem vollblütigen Elternteil) und des eigentlichen Warmbluts als Rassebegriff. Zum anderen, speziell gesehen, die Warmblutrassen, die aufgrund ihrer Entstehung (mit mehr oder weniger starken Vollblutanteilen), ihrer äußeren Erscheinung, dem Exterieur, sowie ihrer Veranlagung und inneren Werte (Interieur) den Typ eines vielseitig verwendbaren Leistungspferdes (Reit-, Fahr- bzw. Wirtschaftspferd) verkörpern. Die Franzosen haben in Anbetracht der Entwicklung des von ihnen bisher „demi sang" (Halbblut) benannten Warmblutes zum hauptsächlich reiterlich genutzten Pferdes diesem den Namen „Cheval de selle en France" (französisches Reitpferd, kurz „type selle" genannt) gegeben. Seit 1975 kennen auch wir in Deutschland als eine Art Rasse-Oberbegriff die Bezeichnung „Deutsches Reitpferd", die der fortschreitenden Angleichung der einzelnen Warmblutrassen (Landeszuchten) gerecht wird.

Der Begriff Kaltblut umfaßt alle die Pferde, die mit massigeren Körperformen, einem größeren Gewicht und einem stärkeren Knochenbau als Zug- oder Lastpferde verwendet werden. Hinzu kommen als weitere typische Rassemerkmale u. a. ein schwerer, meist großer, klobig wirkender Kopf, ein kurzer, überaus kräftiger Hals und eine gespaltene Kruppe. Im Ausland heißen sie schlicht und einfach „Zugpferde" (z. B. in Frankreich „Trait du Nord").

Für Leser die an einer bestimmten Rasse interessiert sind, wurde am Schluß der Einzelbeschreibung auf Literatur hingewiesen, die nach Meinung des Autors ausführlichere Auskunft vermittelt. Auch wurde bei fast allen Rassen der für diese zuständige Zuchtverband angegeben, der Rückfragen sicherlich gern beantworten wird.

Daß zahlreiche, für die meisten noch unbekannten Rassen Erwähnung fanden, geschah in der Absicht, anzuzeigen, daß es außerhalb des eigenen Bereichs sehr viele Rassen gibt, die auch wichtig sind.

Die Vollblut-Rassen

Anglo-Araber (Anglo-arabisches Vollblut) Wie der Name deutlich ausdrückt, aus der Kreuzung von Englischem mit Arabischem Vollblut entstanden, um die Qualitäten beider Rassen zu verbinden.

Anglo-Araber gelten als ausgezeichnete Reit- und Sportpferde, die sich auch im ausgesprochenen Leistungssport (vor allem auf Springturnieren) hervorragend bewährt haben.

Schon im vergangenen Jahrhundert in zahlreichen europäischen Ländern hauptsächlich in den sog. Pferdeländern) häufig Englisches Vollblut mit Arabern gekreuzt, wobei je nach Land und Möglichkeit verschiedene Araber-Typen verwandt wurden. In Polen und Ungarn Kuhaylan- und Saqlavi-Typen, in Frankreich solche des Muniqi-Stammes. Anglo-Araber haben sich auch nur in diesen Ländern kontinuierlich zu gefestigten Rassen entwickeln können.

Die Franzosen züchten ihren Anglo-Araber überwiegend in der südlichen Hälfte ihres Landes (im Gegensatz zum Anglo-Normannen in der nördlichen Hälfte). Fast durchweg handelt es sich hierbei um mittelgroße Exemplare (bis 166 cm), die exterieur viel vom Araber erhalten haben, dazu auch Intelligenz und Ausdauer; dagegen stammen die weiten, raumgreifenden Bewegungen, das Springvermögen, die Energie usw. vom Englischen Vollblut.

In Ungarn mit seinen wichtigsten Gestüten Bábolna und Mezöhegyes entwickelte sich ebenfalls eine ausgezeichnete Anglo-Araberzucht; das Spitzenprodukt ist zweifellos der Gidran (s. d., von dem Araber-Fuchshengst Gidran senior ausgehend), der zwischenzeitlich etwas viel Englisches Vollblut erhielt, jetzt aber wieder durch vermehrten Einsatz von Araberhengsten eindeutig im anglo-arabischen Typ steht.

Polen besitzt in seinen Malopolskas (s. d.) gleichfalls einen auch für andere Rassen bedeutenden Anglo-Araber.

Gemeinsam ist allen Anglo-Arabern ein sehr gefälliges, edles Aussehen, das hauptsächlich dem Araber zu verdanken ist, während der Rahmen sowie das Gangvermögen in erster Linie Erbe des Englischen Vollbluts sind. Auch in der Größe weisen sie ziemlich die gleichen Maße auf (Durchschnitt 1,60 m).

In der Bundesrepublik werden die Anglo-Araber (AA) von dem Verband der Züchter des Arabischen Pferdes e.V., 6 Frankfurt/M., Zimmerweg 16 (DLG-Haus) betreut.

Anglo-Araber-Hengst

Arabisches Vollblut (Araber) Ein Pferd, dessen Wert und Bedeutung eigentlich schon in ein paar Überschriften klar und deutlich ausgedrückt ist: „Weltpferd Nr. 1" — „Ohne Araber kein Englisches Vollblut" und, um auch seiner Herkunft zu gedenken, „Das Pferd, das aus der Wüste kam".

Sein Geburtsland war der Orient, das Bett, in dem er zur Welt kam, die arabische Wüste.

Heute gibt es in der ganzen Welt Araber, um diesen verallgemeinernden Ausdruck zu gebrauchen, deren Zahl in die Hunderttausende geht. Die USA besitzen allein rd. 50000 reingezogene Araber besten Blutes, mehr, als die Araber selbst auf einmal besessen haben.

Kuhaylan, Saqlavi und Muniqi sind die drei als Biotypen bezeichneten Stämme des Arabischen Vollbluts, jeder mit einer eigenen „persönlichen" Note, die mehr oder weniger stark auch die zahlreichen Unterstämme aufzuweisen haben.

Geschichte: Die Anfänge des arabischen Pferdes gehen weit in die Vergangenheit zurück: Assyrien — das alte Ägypten der Pharaonen — Medien mit den Nisäischen Weiden südlich des Kaspischen Meers — Persien — sind die Stichwörter der Antike, — Mohammed — Beduinen — Kreuzzüge — Islam die des Mittelalters — und das große osmanische Reich des 17./18. Jahrhunderts (bis in das 19. hinein) ein solches der neueren Zeit. Überall und immer war das arabische Pferd dabei, in Kleinasien, Arabien, Ägypten, Nordafrika, Spanien, Frankreich und im Balkan.

Daß der Araber auf die sieben Stuten des Propheten zurückgehen soll, ist wohlgemeinte Sage. In Wirklichkeit liegt sein Ursprung, soweit es sich um greifbare Fakten handelt, im Dunklen. Sicher ist nur, daß die Araber das alte orientalisch-ägyptische Pferd weiterzüchteten, um es zu dem zu machen, was es heute ist: das arabische Vollblut mit seinen besten Zuchten in Arabien, fremden Augen lange ferngehalten im abgeschirmten Nedjd. Doch gibt es heute bedeutendere in den USA, England und anderen außerarabischen Staaten, in denen der Araber allmählich den Kontakt zu dem Wesen verloren zu haben scheint, das ihm einst wichtiger war als seine eigene Familie.

Beschreibung: Edler, trockener, kleiner Kopf (Hechtform) mit meist deutlicher Eindellung des Nasenrückens (sog. Araberknick), breiter Stirn, kleinen, an der Spitze stark eingebogenen Ohren, großen „sprechenden" Augen und sehr weiten Nüstern (Trinker der Lüfte), die bei der Kleinheit der Mundpartie noch größer erscheinen als sie schon sind. Ausgesprochen graziöser, mittellanger, schön getragener und sauber aufgesetzter Hals; ziemlich breite Brust mit viel Raum für Herz und Lungen; sehr ausgeprägter, hoher Widerrist; kurzer gut geformter Rumpf; ebenfalls kurze ge-

Araberhengst aus der Sowjetunion (Tersk)

Araber-Vollblut-Stute (Nadja) aus Marbach

Araber-Vollblut-Hengst aus der Arabischen Wüste, sog. Wüsten-Araber

Polnischer Vollblut-Araber aus dem Gestüt Janov Podlavski

rade Kruppe mit hoch angesetztem Schweif. Sehnige, trockene, nicht immer ganz einwandfreie Gliedmaßen mit kleinen Hufen aus festem Material.

Größe: Um 150 cm.

Haarfarben: An erster Stelle Schimmel, aber auch Füchse und Braune häufig, weniger Rappen. Haarkleid sehr fein und seidig.

Im Wesen ohne jegliche Beanstandung; anhänglich; treu; ganz auf den Menschen eingestellt. Dabei zäh, ausdauernd bis zum Umfallen; anspruchslos, langlebig. Sehr intelligent. Zuchtsicher zur Veredelung fast aller Rassen der Erde seit Jahrhunderten eingesetzt.

Gangarten mit harmonischen, eleganten und geschmeidigen Bewegungen.

Beurteilung: Das wohl schönste Pferd überhaupt, mit dem sich kein anderes an Harmonie, Adel und Intelligenz vergleichen kann.

Zuchtgebiete: Auf der ganzen Erde verbreitet, u. a. in den USA (Gestüt Pomona), England (Crabbet Park), Frankreich (Pompadour), Polen (Janov Podlavski), Rußland (Tersk), Spanien (Jerez de la Frontera), Ungarn (Bábolna), Ägypten (El Zaraah bei Kairo), Deutschland (Gestüt Marbach und zahlreiche Privatzuchten).

Verbände/Organisationen:

1. Weltverband: World Arabian Horse Organization (WAHO), Woodpeckers, Nithtingale Road, Ash, Aldershot Hampshire.
2. BRD: Verband der Züchter des Arabischen Pferdes e.V., 6000 Frankfurt/M., Zimmerweg 16 (DLG-Haus).
3. Großbritannien: Arab Horse Society, Loughmoe Shelley Close, Itchen Abbas, Winchester, Hampshire.
4. USA: Arabian Horse Registry of America, Inc., One Executive Park, 7801 Belleview Avenue, Englewood, Colorade 80110.

Bábolna-Araber Siehe Arabisches Vollblut (Araber).

Englisches Vollblut (Thorough Bred, Pur sang) Von den drei Bezeichnungen dürfte die englische die zutreffendste sein; denn von allen Pferderassen der Welt nähert sich das Englische Vollblut der Vorstellung von einem „vollkommenen" Pferd am meisten, obwohl es natürlich kein wirklich vollkommenes Pferd ebenso wie keinen vollkommenen Menschen geben kann. Lassen wir es daher bei unserem „Englischen Vollblut". Irgendetwas Besonderes kann sich jeder darunter vorstellen, auch die, die ein solches Edelgewächs

Sir Hercules, berühmter Vollblut-Linienbegründer vor mehr als hundert Jahren

Englischer Vollblut-Hengst (Ballyboy)

Englische Vollblut-Stute

Englisches Vollblut-Fohlen

bisher nur auf dem Bildschirm oder überhaupt noch nicht gesehen haben.

Eines ist sicher: die Briten haben tatsächlich das „Englische Vollblut" ‚erfunden', das Pferd im allgemeinen allerdings nicht!

Im übrigen sollte man im Vollblut das sehen, was die Naturwissenschaft darunter versteht: nämlich solche Tiere, also nicht das Pferd allein, deren Vorfahren und Nachkommen sich durch Leistungen auszeichnen und diese auch durchschlagend vererben. Und das trifft auf das Englische Vollblut auf jeden Fall zu. Nicht, wie es aussieht, ist entscheidend, sondern wie es ist.

Geschichte: Eine Art Vollblut soll es bereits um 1200 in England gegeben haben, entstanden aus dem einheimischen Landschlag (Galloways) und eingeführten orientalischen Hengsten. Was sich daraus ergab, waren fast durchweg sehr schnellfüßige, zähe Pferde, die sich in Rennen einander begegneten. Die späteren Stammväter des Englischen Vollbluts, „Byerley Turk", „Darley Arabian" und „Godolphin Barb", die um 1700 eingeführt wurden, trafen also auf eine gewissermaßen „vorgewärmte" Stutenschaft, aus denen sich dann das Englische Vollblut entwickelte.

Als offizielles Geburtsjahr der Vollblutzucht gilt das Jahr 1793, in welchem die Herausgabe des ersten Gestütbuchs (General Stud Book) erfolgte. Eine unersetzbare Unterlage standesamtlicher Bedeutung, in dem alle Vollblüter lückenlos eingetragen sind. Von Beginn an auf Leistung gezüchtet und ohne irgendwelche Fremdblutzuführungen wurde das Vollblut zu einer Rasse schnellster und ausdauerndster, heute in der ganzen Welt verbreiteten Pferde. Die im Mutterland des Vollbluts entstandenen Zuchtprüfungen, Derbys, Oakes, St. Leger, 1000 und 2000 Guineas, waren beispielgebend auch für das Ausland.

Nach Einführung der ersten englischen Vollblüter im Jahre 1816 durch den Grafen Plessen fand 1822 das erste Vollblutrennen in Deutschland statt. Der Austragungsort war Bad Doberan in Mecklenburg, das damals mit Schlesien hauptsächlich Vollblutzucht betrieb (jetzt ist das Rheinland das größte deutsche Vollblutzuchtgebiet).

Heute werden in der ganzen Welt Rennen abgehalten, auf denen sich die schnellsten Vollblüter miteinander messen können, nicht nur um Ehr und Kranz, auch um klingenden Lohn. Die bedeutendsten sind das englische Derby, das Kentucky-Rennen in den USA und vor allem das Rennen um den Prix de l'Arc de Triomphe in Paris.

Aber nicht nur im Rennsport glänzt das Vollblut, auch in den anderen reitsportlichen Disziplinen, in der Dressur, der Military und im Springreiten, beweist es immer wieder seine Leistungsfähigkeit. Schließlich gelten englische Vollbluthengste neben dem Araber als die sichersten Verbesserer und Veredler zahlreicher Warmblut-, Pony- und sogar Kaltblut-Rassen. Ohne sie gäbe es keinen Hunter und alle die anderen Halbblutzuchten, an deren Begründung das Englische Vollblut zur Hälfte beteiligt ist (Anglo-Perser, Anglo-Argentino), vom Anglo-Araber ganz abgesehen.

Beschreibung: Einst nur 150 cm groß hat sich seine Größe im Laufe der Zeit auf 160 bis 170 cm erhöht. An Farben vor allem braun und dunkelbraun, aber auch Schimmel, Füchse und Rappen kommen vor.

Im einzelnen: Ein meist rassiger, leichter Kopf mit großen Augen und Nüstern; ziemlich langer, schlank geformter Hals; hoher Widerrist; gut gelagerte lange Schulter; gerader Rücken mit langer, muskulöser, abfallender Kruppe. Hervorragende, gut bemuskelte, trockene Gliedmaßen mit klaren Sehnen und Gelenken.

Im Wesen lebhaft, energisch; ist nicht immer einfach zu behandeln. Zäh, ausdauernd (Steher), aber auch sehr schnell (Flieger); intelligent.

Als Renn- und Sportpferd in allen drei Gangarten leicht, beweglich, elastisch mit langen bodendeckenden Galoppsprüngen; kann auch sehr gut springen.

Beurteilung: Das Rennpferd aller Zeiten; auch im Parcours und im Gelände ein Pferd von großer Klasse.

Zuchtgebiete: In aller Welt verbreitet; im alten Zuchtgebiet England mit Schwerpunkt in Newmarket; Irland; in den USA (Calumetfarm und zahlreiche andere Gestüte), in Kanada, Australien, Südamerika (an erster Stelle Argentinien); Japan; Sowjetunion; Polen, Frankreich (vor allem die Normandie), Italien (Gestüt Dormello-Olgiata); in der Bundesrepublik (Gestüte Asta, Ebbesloh, Erlenhof, Harzburg, Mydlinghoven, Ravensberg, Röttgen, Schlenderhan, Waldfried, Zoppenbroich u. a. m. (das früher in Deutschland bekannteste und größte Vollblutgestüt Graditz bei Torgau gehört heute zur DDR).

Stutenbestände in Zahlen: USA: ca. 50000, Großbritannien/Irland 15000, Japan 8500, Frankreich 7000. In der BRD gibt es zur Zeit etwa 1600 Mutterstuten.

Verbände/Organisationen: Direktorium für Vollblutzucht und Rennen, 5 Köln 60, Rennbahnstraße 100. Außerdem zahlreiche Rennvereine in der gesamten BRD. Zeitschrift „Vollblut, Zucht und Rennen".

Bedeutende Pferde: Eclipse (geb. 1764), Nachkomme des Darley Arabian, auf den 85 % aller Siegerpferde zurückzuführen sind; ungeschlagen in seiner Rennbahn wie u. a. Kincsem (Stute, Ungarn) und Nereide (Stute in Deutschland). Matchem (Godolphin Barb); Herod (Byerley Turk); Ribot (Italien). In Deutschland außer der genannten Nereide die Stute Schwarzgold und die Hengste Oleander, Ticino, Orsini, Lombard.

Pur sang Siehe Englisches Vollblut.

Thorough Bred Siehe Englisches Vollblut.

Die Traber-Rassen

Der Traber ist heute ein reines Sportpferd, das beinahe in der ganzen Welt auf festgelegten Bahnen (Trabrennbahnen) seine Rennen läuft, meist vor dem Traberwagen (Sulky), gelegentlich auch unter dem Reiter.
Die bekanntesten Traberrassen sind in den USA: der American Standard Bred (Trotter und Pacer); Sowjetunion: der Orlow-Traber und der Russische Traber; Frankreich: der Französische Traber (Anglo-Normanne) und im übrigen Europa: der Europäische Standard-Traber, der in Deutschland, Skandinavien, Holland, Belgien, Italien, Jugoslawien und Österreich gezüchtet wird.

American Standard Bred (Standard Bred Horse) Ihn gibt es als Traber und Paßgänger.
Schnelltrabende Wagenpferde, die sich in improvisierten Rennen auf einer geraden Straße oder einer abgesteckten Strecke in geeignetem Gelände miteinander maßen, waren in den USA schon im 18. Jahrhundert bekannt. Zu einer richtigen Organisation kam es aber erst im Anfang des 19. Jahrhunderts mit festen Regeln für die Rennen, der Begründung einer Traberzucht und der Festlegung einer Standard-Leistungsnorm.
Züchterisch gesehen wurde der American Standard Bred oder das Standard Bred Horse aus fünf Ausgangsrassen gebildet: Englischem Vollblut, Norfolk Trotter (Hackney), Orientalen, Morgan Horses sowie einigen Pacer anderer Herkunft (Narragansett Pacer, Canadian Pacer), von denen sich das Englische Vollblut als die wichtigste erwies. Stammvater der Zucht wurde „Hambletonian 10“, Nachkomme des berühmten Vollbluthengstes „Messenger“. In seiner 21jährigen Deckzeit zeugte er 1321 Fohlen. Heute stammen über 90 % aller Traber und Paßgänger von ihm ab, auch die beiden bedeutendsten Blutlinienbegründer „Peter the Great“ und „Axworthy“ sind auf ihn zurückzuführen.

Amerikanischer Traber-Hengst

Beschreibung: Mittellanger, oft nicht sehr schöner und edler, langgestreckter Kopf mit langen Ohren und sehr aufmerksamen Augen. Meist steile, lange und gut bemuskelte Schulter; kaum Widerrist; langer Rücken; oft überbaute, leicht abfallende Kruppe (trotting pitch); auffallend lange Hintergliedmaßen.
Größe: 160 cm (± 5). Haarfarben: Am häufigsten braun, dann Fuchs und Rappe, aber auch alle anderen Farben; kaum Abzeichen.
Hauptgangart Trab oder Paß mit langem, flachem und sehr schnellem Tritt.
Von einwandfreiem Temperament und Charakter; leistungswillig; hart; ausdauernd; sehr intelligent.
Zuchtgebiete: USA: Hauptsächlich Kentucky (Wallnut Hall Farm; Calumet Farm), Kalifornien (Palo Alto, Oakwood Stock Farm, Nutwood Stock Farm), Illinois und Pennsylvanien.
Leistungen: Für eine Meile benötigten in z. Zt. gültiger Weltrekordzeit der Traber Nevelle Pride 1969 in Indianapolis 1:54,48 (1000 m 1:11,3) min. und der Paßgänger Bret Hanover 1966 in Vernon Downs 1:54,0 min.

Orlow-Traber Die alte, berühmte Traberrasse Rußlands, entstanden aus einer Kombination orientalischen, dänischen und friesischen Blutes (Araberhengst Smetanka/Frederiksborger Stute daraus Hengst Polkan/Harddraverstute, Ergebnis Bars I., Stammvater der Orlowzucht). Begründer der Rasse der russische Graf Orlow-Tschesmenskij, nach dessen erstem Namensteil sie benannt wurde. Heute gibt es etwa 20 verschiedene Blutlinien, u. a. die der Hengste Woin, Lowtschy, Bartschek, Weterok und Elbrus.
Der Orlowtraber wird auch als Veredler zahlreicher anderer, bodenständiger Rassen ver-

Orlow-Traber-Stute

wandt. Er war auch an der Entstehung von Traberzucht und -rennen im übrigen Europa maßgeblich beteiligt.

Beschreibung: Im allgemeinen ziemlich uneinheitlich. Oft großer, aber meist ausdrucksvoller, edler Kopf, manchmal arabisch beeinflußt; langer Hals; steile Schulter; ausreichender Widerrist, langer, manchmal weicher Rücken; kräftige Lende; runde, abfallende Kruppe. Lange, muskulöse Gliedmaßen, trockene und deutlich markierte Sehnen und Gelenke. Dichtes Langhaar und ziemlich starker Behang. Meist Braune, Schimmel Rappen. Durchschnittsgröße 161 (Hengste) bzw. 158 cm (Stuten).

Von gutem Charakter und lebhaftem Temperament. Hart, zäh, ausdauernd.

Geht einen raumdeckenden Trab mit starkem Schub aus der Hinterhand, manchmal auffallende Knieaktion.

Verglichen mit dem amerikanischen Standard-Traber ist der Orlow-Traber erheblich langsamer. Seine Bestzeit über 1600 m (die Meile hat 1607 m) beläuft sich auf 2:00,1 Min.

Russischer Traber Die zweite russische Traberrasse, die gegen Ende des vergangenen Jahrhunderts aus direkter Kreuzung von Orlow-Trabern und American Standard Bred entstand. Heute wichtigste Linien sind die von Gildeitz, Iris, Magnat-Nalim, Balagur-Samorskoe, Tschudo, Trepet, Antonij, Aloischa und Dodyr.

Beschreibung: Unterscheidet sich in drei Typen: dem Arbeits- und Wagentyp, dem Reit- und Wagentyp und dem Renntyp (Einsatz des letzteren auch für Rennen vor dem Rennschlitten). Insgesamt gesehen ein kräftiges, sehr trockenes, hartes und ausdauerndes Pferd von einwandfreiem Charakter und mit einem energischen, lebhaften Temperament. Auch Veredler bei anderen Rassen.

Meist leichter Kopf mit geradem Nasenprofil; gerader, ziemlich langer Hals; sehr ausgeprägter Widerrist; kurzer Rumpf; gerader Rücken; leicht abfallende Kruppe; trockene, stabile Extremitäten. Oft säbelbeinig. Größe: 160 (Hengste) bzw. 157 cm (Stuten) Stockmaß. Farben: Überwiegend Braune, Dunkelbraune und Rappen. Die beiden anderen Typen sind etwas kräftiger, knochiger, massiver und im allgemeinen um einige Zentimeter kleiner.

Geht einen fördernden, flachen, rasanten Trab.

Der Russische Traber ist im allgemeinen etwas schneller als der Orlowtraber. Seine Bestzeit über 1600 m beträgt 1:58,7 Min.

Französischer Traber (Anglo-Normanne) Ein im allgemeinen größeres, harmonischer gebautes und schöneres Rennpferd als der Amerikanische Standard Traber, dem er im Stehvermögen meistens überlegen, im Speed fast ebenbürtig ist. Wird auch für Trabrennen unter dem Reiter eingesetzt.

Entstanden aus der Anglo-Normannen-Landeszucht durch Forcierung der gegebenen Trabereigenschaften. Erhielt oft amerikanisches Traberblut eingekreuzt. Erstes Traberrennen fand 1836 in Cherbourg statt.

Als bedeutendste Linienbegründer gelten Conquérant und Normand, die beide von dem Englischen Vollbluthengst Young Rattler abstammen, Lavater (v. The Norfolk Phenomenon) und Phaeton (von dem Englischen Vollblut The Heir of Linné). Über 60 % gehen auf die Conquérant-Linie zurück.

Der französische Traber übte einen starken Einfluß auf die Traberzuchten Hollands, Belgiens, Deutschlands und Italiens aus.

Beschreibung: Häufig großer, nicht schöner, aber ausdrucksvoller, trockener Kopf; langer, gut aufgesetzter Hals; gut markierter Widerrist; steile Schulter; starker Rücken. Gliedmaßen verhältnismäßig feinknochig. Größe 160 bis 165 cm; die dominierende Farbe ist braun.

Ein französischer Traber, der 1953 geborene Hengst Jamin, lief Europarekord über 1000 m in 1:14,4 Min. Noch schneller war Bellino II, ebenfalls aus französischer Zucht, der 1976 sogar 1:14,0 erreichte.

Europäischer Standard Traber Erst nach dem letzten Kriege entstanden aus der Verbindung französischer und amerikanischer Traber, von denen der eine das Stehvermögen, der andere den Speed vermittelte. Früher, in der Anfangszeit des deutschen Trabersports, spielte der Orlowtraber eine maßgebliche Rolle. Der Anteil französischen Traberblutes blieb verhältnismäßig gering, doch wird es seit einigen Jahren, mit dem amerikanischen vermischt, häufiger benutzt. Der eigentliche Fortschritt in der Traberzucht in Deutschland beruht aber in erster Linie auf der Einfuhr amerikanischen Zuchtmaterials (Happy Medium-Peter the Great-Linie, George Wilkes-Axworthy-Linie, George-Wilkes-McKinney-Linie und Electioneer-Bingen-Linie).

Doch führt der einstige Champion der deutschen Vaterpferde, Epilog (km-Zeit 1:18,6), über seine Mutter Mary H französisches Traberblut. Die besten km-Zeiten trabten bisher (in Deutschland) u. a. Permit (1945) in 1:17,3 (von Epilog), Probst (1932) in 1:17,4 (von Walter Dear), Xiphias (v. David Guy) 1:17,5 (1930) und Simmerl (1:15,6).

Schnelle Zeiten liefen auch die sog. schwedische Wunderstute Frances Bulwark (1953: 1:16,7) sowie die italienischen Trabrenner Assisi (1955: 1:16,7) und Tiro (1955: 1:16,9).

Kopf einer Traber-Stute (Europäischer Standard Traber)

Beschreibung: Im Vollbluttyp stehend und von der starken amerikanischen Einkreuzung stark beeinflußt. Weist einen gutartigen Charakter und ein lebhaftes Temperament auf. In seiner Hauptgangart weitausholende, bodendeckende Aktion; in Schritt und Galopp weniger stark. Im einzelnen: Oft ziemlich großer, nicht sehr edler Kopf mit meist großen Ohren und klugen, großen Augen; schmaler Hals, der ziemlich tief angesetzt ist; sehr gut bemuskelte, lange, steile Schulter; etwas weicher Rücken; kurze, abfallende Kruppe, gelegentlich überbaut. Nicht immer korrekte, aber sehnige, trockene Gliedmaßen mit einwandfreien Hufen. An Farben herrschen braun vor, doch gibt es auch zahlreiche Füchse und Rappen.

Zuchtgebiete: Im gesamten, am Trabrennsport interessierten Ländern Europas, im Westen fast ausschließlich in privater Hand. In der Bundesrepublik reine Privatzucht mit Schwerpunkten in Nord-, Westdeutschland sowie in Bayern. An Ge-

Traber auf der Rennbahn München-Daglfing

Traber-Hengst „Simmerl", Inhaber des deutschen Leistungsrekords über 1000 m in 1:15,6 min.

stüten von Bedeutung sind Altengamme, Lurp, Buchenhof, Lasbek, Haidhöhe, Duvenstedt, Frahm-Bünen u. a. m. Der derzeitige Bestand beträgt: Stuten 2785, Deckhengste 250.
Der für die BRD zuständige Verband ist der Hauptverband für Traberzucht und -rennen, 4046 Büttgen.

Traberrennen finden ganzjährig in folgenden Städten der BRD statt: Berlin, Hamburg, Elmshorn, Recklinghausen, Dinslaken, Mönchengladbach, München-Daglfing und Straubing.

Amerikanischer Traber Siehe American Standard Bred (Traberrassen).

Die Warmblut-Rassen

Acchettone Siehe unter Pony: Acchetta.

Achal-Tekkiner Würde man einen Preis für das schönste Pferd der Welt aussetzen, wäre der Achal-Tekkiner sicherlich eines der aussichtsreichsten, ihn zu gewinnen. Gewiß ist, daß er zu den edelsten Pferden zählt, die es gibt, die vielleicht aristokratischste Pferdeerscheinung überhaupt, was seine Herkunft, seine Bedeutung und sein Air betrifft. Uralter Adel, älter als der des Arabers und des Englischen Vollbluts, im Grunde genommen selbst ein edles Vollblut, das mit den beiden anderen Rassen dieser Kategorie keinen Vergleich zu scheuen braucht.

Man möchte meinen, daß in der Antike wie im Mittelalter mehr über die schnellen Pferde in diesem Teil der zentralasiatischen Steppen bekannt war als in der Neuzeit bis vor 20 oder 30 Jahren.

Geschichte: Die Geschichte des Achal-Tekkiners beginnt vor mehr als drei Jahrtausenden. Das gleiche Blut floß auch in den Adern der medischen und persischen Pferde, vermischte sich, wenn auch nur tropfenweise, mit dem der Skythen- und Mongolenpferde, deren Herren das Land beutelüstern durchzogen. Selbst in China hatte sich lange vor Marco Polo herumgesprochen, welch hervorragende Pferde von dem Gras der westlich gelegenen Steppen fraßen, Pferde, die den „himmlischen Hengsten“ aus dem nisäischen Gefilde Persiens nicht nachstanden. Ferghana-Pferde, wie man einen Stamm damals nach dem gleichnamigen Tal zwischen riesigen Bergen nannte. Vorväter der Achal-Tekkiner, die die Sage von Alexanders Schlachtroß Bukephalos abstammen ließ und die im Süden wie im Osten des alten Asiens nicht weniger bekannt und gefragt waren als die Trakehner in unseren Tagen.

Daß der große Nachbar im Osten, China, sich für diese Pferde interessierte, verwundert nicht. Aber sein Raubzug brachte ihm nicht viel ein. Was er erbeutete, mußte er teuer bezahlen; denn die überfallenen Nomaden waren wilde Burschen, die sich so leicht nichts wegnehmen ließen, am allerwenigsten ihre edlen Steppenrenner. So wirkt der Achal-Tekkiner auch heute noch auf den Beschauer: ungemein rassig, gazellenschlank und windhundschnell, asketisch. Dieses Pferd hat immer unter besonderen züchterischen Gesetzen gestanden, wenn man auch von einer planmäßigen Zucht in dem von uns verstandenen Sinne erst seit etwa 100 Jahren spricht.

Gerade bei einer so alten Rasse aus mancherlei Gründen notwendig werdende Blutauffrischungen erhielt der Achal-Tekkiner bis ins Mittelalter vor allem aus dem iranischen Nachbarlande, dessen aus dem Nisaeus Campus stammenden Edelrosse aus dem gleichen Quell entstanden waren. Später (im 18. Jahrhundert) kam noch das Blut einiger Nedschd-Hengste (Araber) hinzu, die die Erhaltung des achal-tekkinischen Urtyps nur im positiven Sinne beeinflussen konnten.

Heute schätzt man den Bestand der in ihrem turkmenischen Ursprungsgebiet vorhandenen Achal-Tekkiner auf rund 1500 Exemplare. Dazu kommen etwa 3000 weitere Pferde dieser edelsten russischen Rasse, die sich auf die übrige Sowjetunion verteilen, hauptsächlich auf die Republiken Turkmenien, Usbekistan, Kasachstan und die des Kaukasus.

Im westlichen Ausland beläuft sich ihre Zahl zur Zeit auf etwa 400 Tiere, von denen in der BRD an Hengsten, Wallachen und Stuten ca. 150 vorhanden sind.

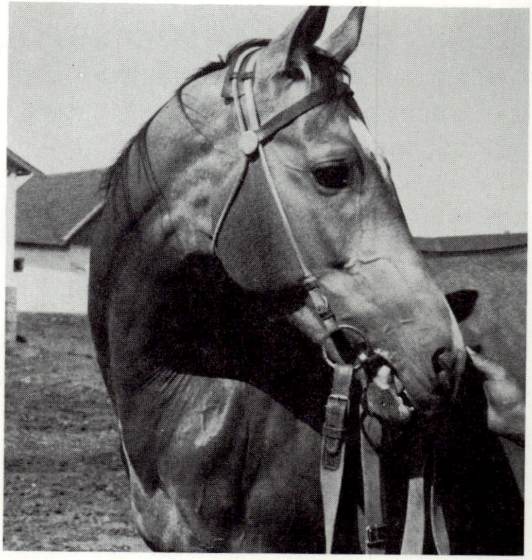

Der edle, trockene Kopf eines Achel-Tekkiner Hengstes (Finish)

Beschreibung: Feiner, leichter Kopf mit ausdrucksvollen Augen, langer, schlanker, stolz getragener und verhältnismäßig hochangesetzter, fast mähnenloser Hals; ziemlich langgestreckter, drahtig wirkender Rumpf auf langen, trockenen Beinen mit klar betonten Sehnen. Gleichmäßig geformte Hufe aus guter Substanz. Feine, glatte Haut mit kurzem, meist metallisch glänzendem Deckhaar (falb-, isabell- und fuchsfarben sowie braun in verschiedenen Tönungen, nur gelegentlich Rappen). Seidiges, meist spärliches Langhaar (bei manchen Exemplaren Mähnen- und Stirnhaare nur schwach angedeutet). Durchschnittsgröße 1,54 m (Hengste) bzw. 1,52 m (Stuten). Röhrbeinmaße (durchschnittlich) 19 cm (Hengste) bzw. 18,1 cm (Stuten).

Insgesamt gesehen ein makellos gebautes Pferd, dessen Schönheit durch die reflektierende Haarfärbung besonders hervorgehoben wird.

Der Achal-Tekkiner besitzt ein energisches Temperament, ist aber nicht immer frei von einem gewissen Eigensinn. Hinzu kommt eine ausgeprägte Sensibilität (kein Nachteil für einen feinfühligen Reiter), die sich manchmal als Sensitivität erweist. Ansonsten überwiegen die Vorzüge die wenigen möglichen Mängel. Das Pferd ist ausgesprochen intelligent, gelehrig, willig und anhänglich; es verfügt über eine unglaubliche Härte und Zähigkeit und eine unübertroffene Elastizität in den Gangarten.

Beurteilung: Alle diese Eigenschaften, zu denen ein hervorragendes Galoppier- und Springvermögen hinzuzuzählen sind, berechtigen zu dem

Achal-Tekkiner Hengst

Schluß: ein ganz ausgezeichnetes Reit- und Sportpferd, das unter dem richtigen Reiter Bestes zu leisten imstande ist, im Dressurviereck, in der Springbahn oder im Gelände.

Gestüte/Zuchtgebiete: Turkmenien (Gestüt Machmut Kuli), Kasachstan (Gestüt Lugowsk), Usbekistan, Kirgisien, Kaukasus (Tersk).

Verbände/Organisationen: In der Bundesrepublik wurde im November 1974 eine „Interessengemeinschaft Achal-Tekkiner Züchter und Freunde BRD e. V., Essen“ gegründet.

Bedeutende Pferde der Achal-Tekkiner-Rasse:

1. der Rapphengst Absent; er errang unter Sergej Filatow (Sowjetunion) auf den Olympischen Spielen 1960 in Rom die Goldmedaille im Dressurreiten;
2. der Hengst Perepel soll mit 8,78 m einen neuen Rekord im Weitspringen aufgestellt haben (bisher noch nicht bestätigt).

Albino Das Wort ist spanisch und bedeutet „Weißling“; es bezeichnet allgemein gesehen Mensch und Tier mit fehlender Farbstoffbildung in Haut, Haar und Augen. Bei den Pferden kommt ein Albino im Gegensatz zum dunkel geborenen Schimmel mit einer rosafarbenen Haut und einem weißen Fell zur Welt, das auch einen mattgelben Schimmer aufweisen kann (Cremellos). Die Augen (Iris) sind meist blaßblau, weshalb man von „Glasaugen“ (engl. wall-eyed) spricht; sie können aber auch fahlbraun ausfallen.

Albinos können in jeder Rasse auftreten, sind aber verhältnismäßig selten und werden bei uns nicht gern gesehen. Dagegen gibt es in Nordamerika eine bewußt geführte Albino-Zucht, als deren Stammvater der Schimmel Old King angesehen wird, ein Anfang dieses Jahrhunderts geborenes milchweißes Pferd mit arabischen Blutanteilen.

Wie die „bunten“ Pferde gehören auch die Albinos zur Gruppe der Western Horses, die als Cutting-, Roping- und Show-Horse verwendet werden. Sie sind zweifellos die größten (bis 157 cm Stockmaß), aber nicht die hübschesten unter den Cowboypferden; sie gelten aber als ausgesprochen gelehrig, folgsam, gutartig und intelligent, schnell, wendig und ausdauernd. Der sog. „Cow Sense“ ist auch bei ihnen gut entwickelt.

Verbände/Organisationen: Der zuständige Verband ist die 1937 gegründete American Albino Association (AAA) in Crabtree/Oregon, die sich 1965 mit dem ebenfalls 1937 ins Leben gerufenen American Albino Horse Club zusammenschloß. Sie führt ein Register für schimmel- und cremefarbige Albinos (Pferde und Ponys). Dagegen werden alle „farbigen", d.h. mit einem Pigment versehenen Nachkommen von Albinos von dem National Recording Club Auxiliary aufgenommen. Die Zahl der in der AAA eingetragenen Albinos beläuft sich zur Zeit auf über 3000.

Altaï-Pferd Nach seiner Heimat, den Tälern des Altaï-Gebirges (heute Tuwin. Republik der SU) benanntes, mit dem Kirgisen (s.d.) verwandtes Pferd, etwas größer (über 150 cm) und kompakter als dieser. Früher nur als Gebirgs-Tragtier verwandt, das um 150 kg schleppen konnte, als Reit- und Zugtier aber völlig ungeeignet war (nach Wrangel). Heute durch Einkreuzung edleren Blutes und Zuchtauswahl zu einem sehr brauchbaren, harten und zähen, nur in Südsibirien gezogenen Reitpferd umgezüchtet, in Hochgebirgsgegenden aber immer noch als ein vorzügliches Tragtier geschätzt. Wird auch als ‚Südsibirische Rasse' bezeichnet.

Altdon'sches Pferd Siehe unter Don-Pferd.

Altér-Pferd Eine vor über 200 Jahren auf Anordnung des Herzogs von Braganza im Bezirk Altér do Chao (Portugal) entstandene Zucht auf andalusischer Grundlage. Starke berberisch-arabische Blutzuführungen im 19. Jahrhundert führten fast das Ende der Altér-Rasse herbei, doch konnte man durch eine noch rechtzeitige Einführung von andalusischen Hengsten aus dem spanischen Gestüt von Zapata den Niedergang nicht nur aufhalten, sondern den Altér wieder so züchten, wie er früher einmal war: ein schönes, elegantes, hartes und widerstandsfähiges Pferd, ein wirklicher Altér (Altér Real).

Leider gingen die Zuchtunterlagen in den politischen Wirren des Jahres 1910 verloren.

Der Altér gilt als ein vielseitig verwendbares Pferd von außergewöhnlicher Qualität und mit einer besonderen Veranlagung für die Dressur.

Seine Größe schwankt zwischen 150 und 160 cm. Deckhengste des klassischen Typs wirkten übrigens, neben den Andalusiern, auch sehr positiv auf die zentralbrasilianische Pferdezucht ein.

Gestüt: Nationalgestüt Vila de Portel in der Provinz Alentejo.

Altér-Real Der klassische Typ des Altér-Pferdes, wie er in den ersten Jahrzehnten nach der Entstehung der Rasse gezüchtet wurde und seit der Reorganisation der Zucht (etwa letztes Viertel des vergangenen Jahrhunderts) wieder gezüchtet wird. Siehe Altér-Pferd.

American Paint-Horse Eine weitere, neben den Pintos und Appaloosas usw. in den USA vorkommende Spielart von Pferden und Ponys mit geschecktem Fell. Es handelt sich um ein verschiedenfarbig geflecktes Pferd (meist weiße, unregelmäßig geformte Muster auf dunklem Grund), das vor allem in den westlichen Staaten der USA sehr beliebt ist. In vielem ähnelt es dem Indianer-Pony (s.d.), mit dem es sicherlich über den Mustang verwandt ist, doch ist es etwas größer und kräftiger als dieses. Es erreicht eine Größe von durchschnittlich 1,50 m (± 5) und ist als ein gutes und angenehmes Reitpferd für Jugendliche und Erwachsene geeignet.

In den USA gibt es über 16000 Paint-Horses (einschließlich der zur gleichen Spielart zählenden sog. Calico-Ponys), eine Zahl, die die der Pintos sogar etwas übertrifft.

Verbände/Organisationen: The American Paint Horse Association (APHA) in Fort Worth/Texas wurde 1962 gegründet. Ihr gehören zur Zeit über 3000 Mitglieder in mehr als 20 regionalen und örtlichen Clubs an.

American Paint Horse

American Paso Fino (amerik. Pasofino) Siehe Pasopferd.

American Saddle Horse (Kentucky Saddle Horse, Virginia Saddle Horse) Das Amerikanische Sattelpferd gehört zu den effektvollsten Pferdeerscheinungen überhaupt. Aber es hat in seiner mit der der Einwanderer eng verbundenen Geschichte oft bewiesen, daß es im Grunde immer mehr war als nur ein, wenn auch imponierendes Schaupferd mit ungewöhnlich hoher Trabaktion, nämlich ein richtiges Pferd.

Geschichte: Über die Entstehung der Rasse ist man sich nicht ganz einig. Doch dürfte es sicherlich zutreffen, daß auch hier der sagenhafte Narragansett im Bunde mit aus Kanada stammenden Pferden den Anfang gemacht hat, Morgan- und vor allem Vollbluthengste das Fundament weiter ausgebaut und gefestigt haben und an der Konsolidierung der Rasse hauptbeteiligt waren. Geburtsländer waren die US-Staaten Kentucky und Virginia.

Besonders stark wirkten an Hengsten der um 1806 geborene kanadische Fuchsschimmel Tom Hale, ein Pacer, sowie der Vollblüter Denmark (geb. 1839) auf die Zucht ein.

Infolge seiner Härte, Ausdauer und guten charakterlichen Veranlagungen bezog die US-Kavallerie jährlich Tausende von Remonten aus den Kentucky- und Virginia-Zuchten.

Neben seiner hauptsächlichen Verwendung als Reitpferd wurde es auch als ein feines, zuverlässiges Zugtier sehr geschätzt.

Heute gibt es keine berittenen Truppen mehr und kaum noch Pferde, die in der Landwirtschaft beschäftigt werden. Und trotzdem ist die Existenz des amerikanischen Sattelpferdes nicht gefährdet. Nach einem Tiefstand vor 20 bis 30 Jahren hat es wie die der anderen nordamerikanischen Reitrassen eine große Bedeutung als Freizeit- und Schaupferd gewonnen, die sich in der Zahl der vom Zuchtverband erfaßten Exemplare widerspiegelt. Mit rund 140000 steht es zwar um ein paar Tausender hinter dem Tennessee Walking Horse, aber um glatte 100000 vor dem Morgan-Horse. Ein Pferd, das sich einen festen Platz in den USA erobert hat, egal, ob es „nur" drei oder fünf Gangarten beherrscht.

Beschreibung: Durchschnittlich 160 cm (± 5) groß und 500 bis 600 kg schwer, ist seine äußere Erscheinung als wohlgefällig, edel und elegant zu bezeichnen. Unterschiede bestehen lediglich hinsichtlich seiner Verwendung als Show-Horse. Beim „Three gaited" (Dreigänger mit den drei normalen Gangarten) sind Mähne und Schweif geschoren. Dagegen trägt das „Five-gaited Horse" (Fünfgänger mit dem zusätzlichen Paß und Rack, Rennpaß) naturbelassenes Langhaar. Weitere exterieure Verschiedenheiten gibt es nicht.

Im einzelnen: Mittelgroßer, leichter Kopf mit edlem, trockenem Ausdruck, großen, munteren Augen, aufmerksamen, mittellangen Ohren; gut proportionierter, leicht gebogener und hoch getragener Hals; deutlich markierter Widerrist; schräg gelagerte, lange Schulter; verhältnismäßig lang gestreckter, kräftiger Rumpf mit langer, nur wenig abfallender Kruppe; hoch angesetzter Schweif, der meist anglisiert ist; im allgemeinen kräftige, trockene und gut gestellte Gliedmaßen mit einwandfreien Hufen.

Beurteilung: Ein ausgezeichnetes, edles Pferd mit Charakter, Temperament und einem vielseitigen Können, ein Pferd, das sich einen Stammplatz als „Pleasure-" oder „Show-Horse" ehrlich verdient hat.

Zuchtgebiete: Über die gesamte USA verbreitet, mit Schwerpunkt in den alten Stammländern Kentucky und Virginia.

Verbände/Organisationen:

a) American Saddle Horse Breeders Association (ASHBA), 929 South Fourth St., Louisville/Ky. 40203. 1891 gegründet. Unterhält in Lexington ein „American Saddle Horse Museum".
b) American Saddle Bred Pleasure Horse Association (ASPHA), 801 South Court St., Scott City, Kan. 67871. 1957 gegründet.

Andalusier Ein Pferd mit einer bewegten Vergangenheit, die bis in die Antike zurückgeht, ein Pferd, das fast alle Rassen Europas beeinflußt hat, ein pferdekundlicher Modebegriff von langer Dauer und tiefer Wirkung. Erst als eine andere Rasse „erfunden" wurde, das Englische Vollblut, verlor der Andalusier seine große Bedeutung. Aber immer noch verkörpert er so etwas wie die „gute, alte Zeit", die gestern erst oder vor 300 Jahren zu Ende gegangen sein kann.

Geschichte: Die Geschichte des Andalusiers hat viele Etappen. Die erste, greifbare betrifft das „iberische Pferd", das schon in der Antike Namen und Wert hatte und selbst verwöhnte römische Kaiser verleitete, sich ein Leibroß aus Spanien zu halten.

Die stürmischen Bewegungen im 4., 5. und 6. Jahrhundert ließen das Land zwischen Mittelmeer und Atlantik nicht aus. Nicht nur die Pferdezucht litt darunter. Erst unter den Arabern trat für lange Jahrhunderte eine Beruhigung ein. Sie kümmerten sich auch um die Pferdezucht, die sie mit ihren eigenen Tieren arabischen und berberischen Blutes im Bunde mit den bodenständigen Rassen wieder aufbauten. Als sie verschwunden waren, war Iberien wieder ein Land mit vielen edlen, stolzen Rossen, an denen sich die ganze zivilisierte Welt erfreute. In keinem fürstlichen Marstall fehlten die stattlichen Pferde aus Spanien, nicht nur zum Prunk und zur Sättigung des eigenen Bedürf-

nisses, auch zum Nutzen fast aller anderen Rassen. Selbst der eben erst entdeckten und eroberten „Neuen Welt“ drückten andalusische oder engstens mit ihnen verwandte Pferde ihren unverwischbaren Stempel auf. Ihre Nachkommen grasten in riesigen Herden auf den endlosen Weiden, den Prärien im Norden und den Pampas im Süden Amerikas.
Manche sagen, die eigentliche Geburtsstunde des warm- und edelblütigen Pferdes habe im 16. Jahrhundert geschlagen. Wenn es so ist, dann war sie einzig und allein dem Andalusier zu verdanken.
Beschreibung: Allgemein gesehen eine elegante, imponierende, gut proportionierte Pferdeerscheinung, die in ihrer Gesamtwirkung manchen eventuell vorhandenen Exterieurmangel kaum erkennen läßt. Im einzelnen: Ein mittelgroßer, trockener Kopf, häufig mit deutlicher Ramsnase; große, aufmerksame Augen, kleine, bewegliche Ohren. Schön geformter Hals; kräftiger Rumpf; wenig Widerrist; leicht abfallende Kruppe. Ziemlich korrekte Gliedmaßen, die im Vergleich mit den abgedrehten Formen des Oberbaus leichter wirken, als sie in Wirklichkeit sind.
Größe: Durchschnittlich 160 cm (± 5 cm).
Farbe: Schimmel, Braune.
Im Wesen verträglich, gutmütig. Sehr intelligent und gelehrig.
Geht einen ziemlich kurzen Schritt, einen eleganten Trab mit hoher Knieaktion und einen ausgewogenen Galopp. Mit Anglo-Arabern oder Engl. Vollblut gekreuzt, ergibt der Andalusier auch ein gutes Springpferd.
Beurteilung: Ein Reitpferd, dem der heutige Mensch glaubt, daß es einmal „zu seiner Zeit“ als das schönste und edelste gegolten hat. In seiner Gesamterscheinung strahlt es auch auf uns seine faszinierende Wirkung aus, selbst dann, wenn es einem nur für ein paar Minuten in der Zirkusmanege erscheint. Kein Pferd für einen „Himmelstürmer“, aber ein königliches Roß für den, dem das Reiten eine Kunst bedeutet.
Zuchtgebiete: Mehrere Gestüte in Spanien, von denen Moratella bei Cordoba das wichtigste ist.

Anglo-Argentino Ein aus der Kreuzung zwischen Englischem Vollblut und Criollo-Stuten hervorgegangener Halbblutschlag, der als ausgesprochenes Reit- und Sportpferd in Argentinien sehr geschätzt wird.
Die seit rund 30 Jahren bestehende Zucht von Anglo-Argentinos wird staatlich sehr gefördert. Seit dieser Zeit gibt es auch ein von der „Association Argentina de Formento Equino“ herausgegebenes Stutbuch, in das nur Stuten aufgenommen werden, die von einem Vollbluthengst aus einer edlen Stute stammen.
Hinsichtlich seines Exterieurs steht er zwischen Criollo und Vollblut. Seine Durchschnittsgröße beträgt 155 cm; über 160 cm hinausgewachsene Pferde werden nicht anerkannt.
Der Anglo-Argentino gilt als ein sehr schnelles, zähes und ausdauerndes Reitpferd, das hervorragend galoppieren (läuft die Meile auf der Rennbahn um 1:40,0 Min.) und springen kann.
Die Zahl der zur Zeit in Argentinien vorhandenen Zuchtstuten beläuft sich auf etwa 1200 (Privatgestüte). Als Reitpferd wird er auch in einigen anderen südamerikanischen Ländern (vor allem Chile) gehalten.

Anglo-Kabardiner Siehe unter Kabardin-Pferd.

Anglo-Normanne (Typ Selle) Wahrscheinlich haben die Franzosen mit der Aufgabe ihres bisherigen Begriffs ‚demi-sang‘ (Halbblut) und der Einführung der Bezeichnung „Cheveaux de selle en France“ (französisches Reitpferd) den konsequentesten Schritt getan, um damit das auszudrücken, was das bisherige Halbblut (dem deutschen Warmblut entsprechend) heute in Wirklichkeit ist: ein Reitpferd, der „Typ Selle“ (der Typ ‚Cob‘ ist nur eine weniger wichtige Nebenerscheinung; er bezeichnet ein kleineres Wagenpferd).
Die Bezeichnung „Selle Français“ besteht offiziell seit dem 8. 3. 1967.
Auch züchterisch erwies sich der Anglo-Normanne als äußerst wirksam. Er gilt nicht nur als die Ausgangsrasse des französischen Trabers (Trotteur

Anglo-Normanne (aus dem französischen Gestüt le Pin)

Français, u.a. durch Conquérant und Normand). Er beeinflußte auch mehrere deutsche Warmblutrassen, wie die des Oldenburgers (Norman, Condor, Furiose II und Futuro) und Württembergers (Faust, Floral) und wirkte mehr oder weniger stark auf ungarische (Nonius), holländische (Niederländisches Warmblut), schwedische (Schwedisches Warmblut) und schweizerische (Einsiedler und Freiberger) Zuchten ein.
Geschichte (in Stichworten): Alte bodenständige Rasse der Normandie, die auf die Armorikanische zurückgehen soll. Auf und ab vom 12. bis Ende des 18. Jahrhunderts durch systemlose Einkreuzung mit verschiedenem Fremdblut. Wiederaufbau der Rasse um die Wende 18./19. Jahrhundert mit der erstmaligen Einführung von Englischem Vollblut, die aber erst ab 1830 kontinuierlich erfolgt und ab 1860 den Anglo-Normannen als gefestigte Zucht entstehen läßt. Nach vorübergehender Verwendung als Karossier- und Wirtschaftstyp in der Jetztzeit Entwicklung zum Reit- und Sportpferd, Typ Selle. Heute als Springpferd der französischen Turnierreiter ein Pferd von Format und Klasse.
Beschreibung (Typ Selle): Mittelgroßer, ausdrucksvoller Kopf mit gerader oder leicht ramsnasiger Profillinie; ziemlich lange Ohren; langer, kräftiger Hals; gut entwickelter Widerrist; lange, schräg gelagerte Schulter; ziemlich langer, gerader Rücken; nur leicht abfallende, muskulöse Kruppe; sehr kräftige, gut bemuskelte Extremitäten mit meist klaren Gelenken. An Farben dominiert braun, doch kommen auch zahlreiche Füchse vor.
Größe: Bis 165 cm.
Gangarten: Raumgreifende, korrekte Bewegungen; ausgeprägtes Galoppier- und Springvermögen.
Insgesamt gesehen ein kräftiges, ziemlich edles, leistungsstarkes, charakterlich gutartiges Reitpferd von lebhaftem Temperament. Zäh, ausdauernd, sehr zuverlässig; spätreif (ab 6 Jahren). Der Cob-Typ ist um etwa 10 cm im Durchschnitt kleiner, derber, stabiler und kurzbeiniger.
Zuchtgebiete: Erstrecken sich über das Stammgebiet, die Normandie (Dep. Manche und westlicher Teil des Calvados), hinaus bis ins Ain, Charolais, Centre, den Osten, das Anjou und in die Vendée hinaus. Verzahnungen mit dem Zuchtgebiet des Anglo-Arabers sind dabei aus verständlichen Gründen nicht zu vermeiden. Hauptgestüt le Pin, Hengstdepot Saint Lô.
Verbände/Organisationen: Association des Eleveurs du cheval normand (ADECNO) BP. 71, 50010 Saint-Lô.

Anglo-Perser Eine überaus edle persische Zucht, die aus der Kreuzung bester persischer Orientalen-Stuten mit Englischen Vollblut-Hengsten entstand und in ihrem Wert und ihrer Verwendbarkeit dem Anglo-Araber entspricht, also ein Vollblut ist. Anglo-Perser werden in erster Linie im kaiserlichen Marstall von Farahabad bei Teheran gehalten.

Appaloosa Gehört mit dem Pinto, Palomino und Albino zur Gruppe der Western Horses, die sich deutlich erkennbar nach der Fellfarbe und -zeichnung voneinander unterscheiden. Die beiden Erstgenannten sind immer Schecken, von denen, allgemein gesehen, der Appaloosa neben mehr oder weniger großen Farbflecken weiße oder dunkle, verschieden große und geformte Tupfen und Spritzer aufweist (Einzelheiten siehe Beschreibung). Dagegen ist der Pinto (s.d.) immer nur mit großen zwei- oder mehrfarbigen Flecken versehen. Alle aber haben eines gemeinsam: die Abstammung von den wildlebenden Mustangs, die ihr Dasein wiederum von spanischen Pferdeahnen herleiten.
Geschichte: Die Existenz der Appaloosas ist den Nez-Percés zu verdanken, die als erster und (von den verbrüderten Cayuses abgesehen) einziger Indianerstamm Nordamerikas bewußt Pferdezucht betrieben und die sog. „Appaloosa-Zeichnung" heraus- und rein weiterzüchteten.
Von den Deutungen des Wortes „Appaloosa" gilt die als die wahrscheinlichste, daß es sich aus „A Palouse Horse" entwickelt hat (benannt nach dem Palouse-District).
Von den Indianern gelangte das gepantherte Pferd zu den Cowboys, die es als vierbeinigen Helfer seiner Vorzüge wegen überaus schätzten und heute noch in ihren Rodeovorführungen als Cutting-, Roping- und Western Show-Horse gern verwenden.
Beschreibung: Meist hübscher, breitstirniger, nicht allzu großer Kopf mit geradem Nasenrücken. Große, ausdrucksvolle Augen, an denen das Weiß des Augapfels fast immer deutlich zu sehen ist. Spitze und verhältnismäßig kleine Ohren; schön getragener Hals; schräge Schulter; schlanker, aber kräftiger Rumpf; gut bemuskelte Kruppe. Oft enggestellte Vorderhand im Gegensatz zur weitgestellten Hinterhand (als Folge des zahlreiche Generationen überdauernden Einsatzes auf schmalen bergigen Pfaden und in schwierigem Gelände). Die häufig längsgestreiften Hufe sind klein und fest und aus bestem Material. Das Langhaar kurz, dünn und seidig. Hauptmerkmal: die Fellzeichnung! Nach dieser unterscheidet man

den Schneeflockenscheck (weiße Tupfen oder Flecken auf Mittel- und Hinterhand bei dunkler Grundfarbe),
den Panther-(Leoparden-)scheck (dunkle, runde oder ovale, verschieden große Flecken auf sehr hellem Fell),
den Schabrackenscheck (Vorhand einheitlich dunkel, Lende und Kruppe weiß. Diese Körperteile können, aber müssen nicht dunkel gefleckt sein),
den Bunt- oder Marmorscheck (stichelhaariges Pferd mit schwach oder stark kontrastierenden dunklen oder hellen Flecken).
Größe um 150 cm (± 5); Gewicht nicht über 500 kg; Angaben zum kleineren Schlag des Appaloosa siehe unter „Appaloosa-Pony".
Beurteilung: Im Gegensatz zu seinen meist unleidlichen Mustang-Stammvätern ein charakterlich gutartiges Reitpferd, das sehr gelehrig, flink, ausdauernd und anspruchslos ist. Ein gefälliges Geschöpf, das in seiner langen Geschichte als Indianer- und als Cowboy-Pferd sich hervorragend bewährt hat und als Schau- und Paradepferd auf den Rodeos und im Zirkus immer wieder entzückt.

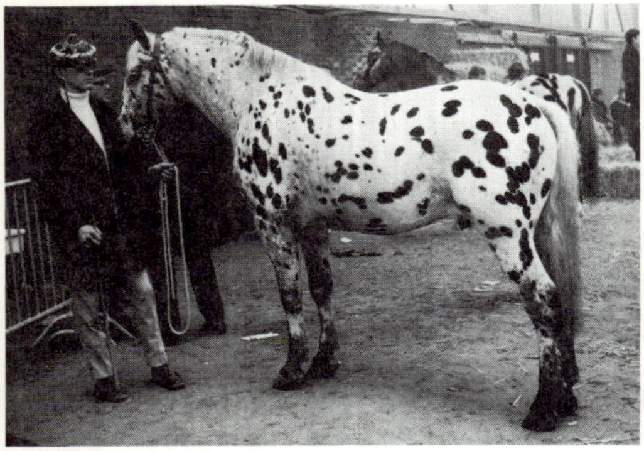

Appaloosa-Hengst, sog. „Leoparden-Scheck"

Appaloosa mit „Marmor-Scheck-Zeichnung"

Gestüte/Zuchtgebiete: Fast alle Gebiete der USA (das Appaloosa-Gestüt Lou Ro Acres in Huntertown/Indiana stellte auf der Equitana 1975 in Essen einige hübsche Exemplare dieser Rasse vor); Kanada (vor allem in der Provinz Alberta, in der Nähe der Stadt Calgary).
Organisationen: „The Appaloosa Horse Club" in Moscow, Idaho/USA. Der Verein wurde 1938 gegründet; ihm gehören rund 30000 Mitglieder in 166 Regionalgruppen mit über 150000 registrierten Appaloosas an (drittstärkste Rasse in Nordamerika!). Ein zweiter Appaloosa-Verband ist die „National Appaloosa Pony Incorporation (NAPI)" in Rochester, Indiana, doch betreut dieser nur Appaloosa-Ponys (s.d.) bis zu einer Größe von 1,42 m.
Literatur: „Appaloosa News", die monatlich einmal erscheinende Zeitschrift des „Appaloosa Horse Club".

Bahia Eine Unterart des Crioulo (s.d.) von nur örtlicher Bedeutung; wird hauptsächlich im Norden Brasiliens gezüchtet.

Baleare Eine nach der gleichnamigen, zu Spanien gehörenden Mittelmeer-Inselgruppe benannte und dort seit langem lebende Rasse von nur regionaler Bedeutung, hauptsächlich im Distrikt Palma auf der Hauptinsel Mallorca gezogen.
In seiner Entwicklung angeblich ohne Einfluß durch spanische oder orientalische Pferderassen, obwohl der für den Balearen typische Ramskopf darauf hinzudeuten scheint. Auffallend auch der dicke, kurze Hals, besonders betont durch die Bürstenmähne. Ziemlich kräftiger Rumpf auf verhältnismäßig leichtem Fundament. Größe um 150 cm. Farben: Hell- bis dunkelbraun.

Bayrisches Warmblut Die bayrische Warmblutzucht, deren Schwerpunkt noch bis vor 15 bis 20 Jahren im Rottal lag (siehe Rottaler), hat sich wie die anderen großen deutschen Zuchtgebiete in ihrem Zuchtziel auf einen modernen, vielseitigen und leistungsfähigen Reitpferdtyp eingestellt. Seit 1963 gibt es ein als bodenständig amtlich anerkanntes „Bayrisches Warmblut", das blut- und zuchtzielmäßig in erster Linie auf den Hannoveraner des modernen Typs ausgerichtet ist. Zur Erreichung des gesteckten Zieles wird seit dieser Zeit in ganz Bayern gezüchtet und selektiert, wobei man bemüht ist, nur solche Hengste zu verwenden, die den gestellten Anforderungen voll und ganz entsprechen (mitunter auch Einsatz von Englischem Vollblut und Trakehnern).

Nach der Zuchtbuchordnung vom 23. 12. 1970 hat der dafür verantwortliche Landesverband bayrischer Pferdezüchter folgendes Zuchtziel festgelegt:

„Ein elegantes, großliniges Warmblutpferd im Rechteckformat, bei langer Halsung, langer und schräger Schulterlage, ausgeprägtem Widerrist und guten Verbindungen zur Mittelhand. Die Kruppe soll lang und leicht abgezogen sowie etwas abgedacht und mit guter Bemuskelung versehen sein. Klare Gelenke, raumgreifende flache, korrekte Bewegungen sollen mit viel Aktivität der Hinterhand verbunden sein.

Leistungseigenschaften: Leistungsveranlagt, leistungsbereit, vielseitig verwendbar, mit betonter Reiteignung, viel Nerv und im Charakter einwandfrei.

Erwünschte Bestmaße bei Stuten: 162 bis 164 cm Stockmaß (173 bis 176 cm Bandmaß), 190 bis 205 cm Brustumfang und 21 bis 22 cm Röhrbeinstärke.

Die Maße bei den Hengsten liegen entsprechend über denen der Stuten."

Von den Haarfarben haben sich bisher braun und fuchsfarben als vorherrschend erwiesen.

Seitdem wird das Bayrische Warmblut in allen bayrischen Regierungsbezirken mit großem Erfolg gezüchtet (rund 3000 Stutenbedeckungen).

Verbände/Organisationen: Landesverband Bayrischer Pferdezüchter e. V., 8 München 15, Haydnstraße 11, mit den Pferdezuchtverbänden Oberbayern (8 München 15, Kaiser-Ludwigs-Platz 5), Schwaben (89 Augsburg, Schießgrabenstraße 14), Niederbayern/Oberpfalz (83 Landshut, Gestütstraße 5 a) und Franken (88 Ansbach, Brauhausstraße 16).

Bayerische Warmblut-Stute

Berber (Libyer) Das Pferd Nordafrikas, das in seiner über 2000jährigen Geschichte mancher Wandlung unterlag, ehe es das Aussehen unserer Zeit gewann. Nur eines veränderte sich nicht in diesen zwei Jahrtausenden, will man von den letzten 40 oder 50 Jahren absehen: seine Verwendung als Kriegspferd. Numider ritten es gegen und für Rom; die Araber ergänzten ihre Reiterei mit Rossen aus Nordafrika; auf Berbern oder Arabern oder auf solchen, die sich aus beiden gebildet hatten, saßen sie auch in der verlorenen Schlacht zwischen Tours und Poitiers. Mauren, Berber, Rifkabylen jagten auf ihren schnellen Pferden Franzosen und Spanier, bis sie selbst in deren Dienste traten — Spahis, wie sie hießen. Auf Berberrossen, den besseren und schöneren, ritten ihre Herren selbst, die Chasseurs d'Afrique, die stolze französische Reiterei in Nordafrika, am liebsten auf Schimmeln.

Zwischendurch leistete das Berberpferd auch noch anderes: es wirkte mehr oder weniger stark auf den Andalusier und damit auf zahlreiche europäische Rassen ein. Und schließlich war es auch nicht ganz unbeteiligt an der Entstehung der „besten Rasse der Welt". Godolphin Barb hieß der Hengst, der einer der drei Stammväter des Englischen Vollblut wurde.

Ein Pferd, das sich im Dienste seiner kriegerischen Reiter immer gleich geblieben war, durch die engen Kontakte vor allem mit dem Orientalen Gesicht und Wesen aber ein wenig verändert hatte. Ein edles Pferd, das die meisten in Unkenntnis der Zusammenhänge für einen Araber halten. So ganz unrecht haben sie eigentlich nicht.

Beschreibung: Ein edles, hoch im Blut stehendes, reines Reitpferd von Beginn an. Hart, ausdauernd, genügsam; zuverlässig und gutartig trotz seines feurigen Temperaments. Größe um 152 cm, selten darüber hinauswachsend. Edler, trockener, ziemlich kleiner Kopf, oft mit Ramsnase, viele Exemplare aber auch mit einer geraden Profillinie. Kräftiger, stolz getragener Hals; deutlicher Widerrist; kräftiger, kurzer Rücken; meist abfallende Kruppe, gelegentlich auch gerade wie beim Araber; gut bemuskelte, trockene, einwandfreie Gliedmaßen mit klaren Sehnen und Gelenken und kleinen, festen Hufen.

Leichte, harmonische Bewegungen in den Gangarten (etwas kurzer Schritt, zufriedenstellender Trab mit ziemlich hoher Knieaktion, schneller, wenn auch nicht bodendeckender Galopp); genügendes Springvermögen. Hat sich im Krieg der Rifkabylen unter Abd-el-Krim auch als berg- und trittsicher erwiesen.

Bornu-Pferd Ein im Bornu-Gebiet (Nigeria) gezüchteter, um 160 cm großer Reitpferdeschlag, der vom Dongola-Pferd (s. d.) abstammt und diesem von allen anderen Pferden in dem Raum um den Tschad-See am nächsten stehen soll.

Brandenburger Neben dem Mecklenburger (s. d.) der zweite Warmblüter der DDR von Bedeutung. Wie dieser mit dem Hannoveraner verwandt, dem er auch heute wieder in Typ und Kaliber ähnelt.

Geschichte: Nach Gründung des Gestüts Neustadt an der Dosse (1787) entstanden aus Stuten des brandenburgischen Landschlags und Hengsten aus Mecklenburg, Zweibrücken und Triesdorf (Bayern), zu denen später in geringerem Maße Englisches und Arabisches Vollblut hinzukamen.

Nach dem ersten Weltkrieg Ausbau der Warmblutzucht auf ostpreußisch-hannoverscher Grundlage mit dem Ziel der Erzüchtung eines kräftigen, edlen Wirtschaftspferdes, etwas leichter und vor allem leichtfuttriger als der Mecklenburger.

Im letzten Krieg fast zerschlagen, konnte sich die Rasse nur mit Hilfe hannoverscher und ostpreußischer Hengste allmählich und unter schwierigen Umständen erholen. Heute wieder eine konsolidierte Rasse, in der bei den Hengsten wie in Mecklenburg die Hannoveraner A- und F-Linien bestimmend sind.

Beschreibung: Ein im Typ dem Hannoveraner bzw. Mecklenburger ähnliches Pferd, nur etwas leichter als letzterer. Größe: Um 165 cm (± 5). Farben: Meistens Braune.

Mittelgroßer, trockener, ziemlich leichter Kopf mit gerader Profillinie. Kräftiger, gut aufgesetzter Hals mit mittlerer Länge; genügend ausgeprägter Widerrist; tiefe Brust; gut gelagerte, schräge Schulter; kräftiger, verhältnismäßig kurzer, gerader Rücken; ziemlich lange, gut bemuskelte, leicht abfallende Kruppe. Kräftige Gliedmaßen mit trokkenen Sehnen und Gelenken.

Gutartiger Charakter; ruhiges Temperament. Zäh, genügsam, leichtfuttrig.

Verfügt über einen langen Schritt und einen energischen, bodendeckenden Trab; kann gut galoppieren und einigermaßen springen.

Zuchtgebiete: Alte Mark Brandenburg, Gestüt Neustadt a. d. Dosse.

Bronco Keine Pferderasse, sondern die aus dem Spanischen stammende Bezeichnung (rauh, hart, grob) für einen eingefangenen Mustang (s. d.), der durch den Zureiter (bronco-buster) eingeritten werden soll.

Buckskin Ein nach seiner Farbe (Deckhaar falb in verschiedenen Tönungen, Mähne, Schweif und Beine schwarz) benanntes leichteres Pferd oder Pony, das ausschließlich zum Reiten verwandt wird und die dafür erforderlichen Voraussetzungen in ausreichendem Maße aufweist.

Seit 1962 besteht in den USA eine Vereinigung, die sich die Zucht von Buckskins zum Ziel gesetzt hat: die American Buckskin Registry Association (ABRA), mit Sitz in Anderson/Kalifornien. Dieser Zuchtverband (über 500 Mitglieder) führt Stutbuch und Register und versucht in Ausstellungen, sportlichen Veranstaltungen und Auktionen für den hübschen, wildfarbenen Buckskin zu werben, dessen Herkunft über den Mustang auf spanische Pferdeahnen zurückzuführen ist.

Budjonny Eine der bedeutendsten und modernsten Rassen, über die die Sowjetrussen verfügen und die sie selbst als eine ihrer besten bezeichnen.

Geschichte: Als Donkosake, zaristischer Dragoner-Wachtmeister, unter den Sowjets Reitergeneral und Marschall verstand S. M. Budjonny mehr als die meisten anderen von Pferden und von Pferdezucht. Im Kriege hatte er genug Erfahrung gesammelt, um zu wissen, daß es zumindest auf russischer Seite keine Rasse gab, die seiner Vorstellung von einem harten, starken, stabilen,

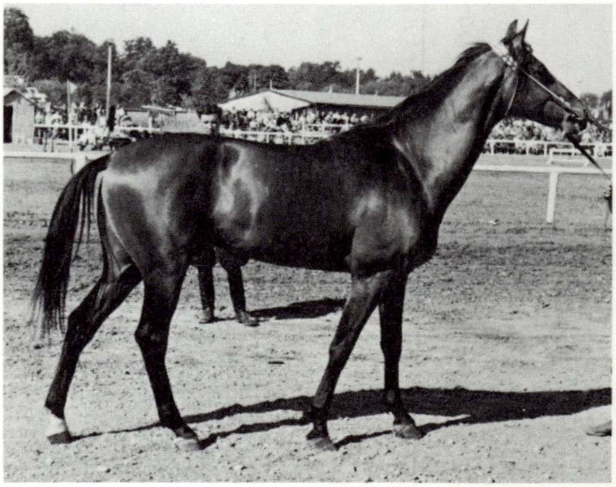

Als Rasse erst 1948 anerkannt: der Budjonny

schnellen, ausdauernden, energischen, nervenstarken und im Temperament ruhigen Pferd hundertprozentig entsprach. Wenn ein General solche Gedanken laut äußert, entsprechen sie einem Befehl.
Aus Don-Stuten und solchen der Schwarzmeer-Rasse (Nachkommen des Saporoger Kosakenpferdes) einerseits und Englischen Vollblut-Hengsten andererseits entstand in den Jahren nach 1920 die Budjonny-Rasse, die dem Marschall gefallen haben muß, denn er ließ es zu, daß man ihr seinen Namen gab.
In knapp 25 Jahren eine konsolidierte Rasse zu schaffen (1948 wurde sie als solche offiziell anerkannt), bedeutet schon eine große züchterische Leistung, vor allem dann, wenn die Erwartungen nicht nur erfüllt, sondern in mancher Hinsicht sogar übertroffen wurden.
Der Budjonny entwickelte sich zu einem vielseitig verwendbaren Pferd, daß sich nicht nur unter dem Sattel, sondern auch im Gespann sowie zur Veredelung anderer Rassen sehr bewährte. Heute wird es hauptsächlich als Reitpferd gezüchtet. Einen Schwerpunkt dabei bildet die Schaffung eines ausgesprochenen Leistungssport-Pferdes, also eines besonderen Typs aus ausgesuchten Budjonny-Stuten und reinblütigen Hengsten. Daß dieses Vorhaben gelungen ist, beweisen die internationalen Erfolge von Pferden der Budjonny-Rasse auf allen Gebieten des Reitsports: z. B. Sibirjak (Springpferd), Paß (Springpferd Nelson Pesoas), Korbej (Dressur) und Priboi (Pardubitze).
Beschreibung: Mittelgroßer, trockener Kopf mit gerader oder leicht konkaver Profillinie; große, aufmerksame Augen; verhältnismäßig große Ohren; ziemlich langer, hoch angesetzter, manchmal leicht gebogener Hals; hoher Widerrist; lange, schräg gelagerte Schulter; relativ kurzer Rücken; mittellange, muskulöse Lenden; lange, eher gerade als abfallend zu bezeichnende Kruppe; Rippen gut gewölbt. Gut bemuskelte, trockene Gliedmaßen mit deutlich markierten Sehnen und Gelenken; mittellange Fessel; gut geformte Hufe aus einwandfreiem Material.
Größe: 161 (Hengste) bzw. 157 cm (Stuten); Röhrbeinumfang 21,8 bzw. 19,8 cm.
Haarfarbe: Hauptsächlich Füchse, dann Braune und Rappen; keine Schimmel. Haarmaterial fein und kurz; ziemlich dünne Haut.
Insgesamt betrachtet eine edle Pferdeerscheinung, kräftig, aber nicht massiv gebaut, von ruhigem Temperament und angenehmem Charakter. Ziemlich schnell über kurze und längere Strecken (1206 m in 1:14,0 Min., 8000 m in 11:30,0 Min.); langlebig und fruchtbar.
Zeigt gute, fördernde, harmonische Bewegungen in allen Gangarten; kann außerdem hervorragend springen.
Beurteilung: Eine sehr gelungene Rasse. Die Spitzentiere gehören zu den besten überhaupt, wie sie bei ihren Begegnungen mit aus dem westlichen Ausland stammenden Pferden bewiesen haben.
Zuchtgebiete: Gebiet Rostow mit den Gestüten Simownikowskoje, Julowskoje, „Budjonny“ und „Erste Reiterarmee“ sowie Gebiet Issyk-Kul in Kirgisien. Ganzjährige Haltung der Herden im Freien.

Calentero Eine im kolumbianischen Departement Antioquia gezüchtete Criollo-Art, die einen ausgezeichneten „Paso fino“ (gebrochener Paß) geht. Pferde mit einer solchen Gangart nennt man in Südamerika daher auch „Paso Finos“ (s. d.).

Campolino Eine vor allem im zentralen und südlichen Brasilien sehr geschätzte Reitpferderasse, eigentlich mehr eine Unterart des Mangalarga (s. d.), mit deutlich erkennbaren andalusischen Merkmalen. Im Laufe ihrer Geschichte, die 1819 mit der Einführung spanisch-portugiesischer Hengste durch Johann VI. von Portugal in das königliche Gestüt in Cachoeira do Campo/Bras. begann, flossen ihr mehr oder weniger starke Blutanteile durch Einkreuzungen mit engl. Vollblut, Orlowtrabern und Percherons zu, die sich mit dem Mangalarga als Basis insgesamt gesehen positiv auswirkten. So entstand in der zweiten Hälfte des vergangenen Jahrhunderts hauptsächlich durch die Bemühungen des brasilianischen Züchters Cassiano Campolino die nach diesem benannte, ziemlich edle Rasse. Ein mittelgroßes, muskulöses, aber leicht gebautes Reitpferd auf kräftigen Beinen, voller Vitalität und Widerstandskraft, besonders geeignet für längere Strecken. In dem an zähen und ausdauernden Pferderassen gewiß nicht armen Südamerika zählt die des Campolino zu den besten.

Chapman Horse (Pack Horse) Der alte, bis vor ca. 100 Jahren noch gebräuchliche Name für den Cleveland Bay (s. d.), der an seine Verwendung als Packpferd der englischen Hausierer (Chapmen) und reisenden Kaufleute des 17. und 18. Jahrhunderts erinnert. Bei einem guten Chapman Horse setzte man voraus, daß es imstande war, beladen 8,0 km im Schritt und ohne Last 20 bis 25 km im Trab pro Stunde zurückzulegen.
Kraft und Ausdauer sowie raumgreifende, energische Gangarten haben sich auf das heutige Cleveland Bay vererbt.

Charentais Eine nach dem Dep. Charente (Westfrankreich) benannte Warmblutrasse; infolge kontinuierlich durchgeführter Kreuzung mit Anglonormannen (s. d.) kaum oder bereits gar nicht mehr als eigene Rasse vorhanden. Die Bezeichnung „kräftiger Reitpferdtyp auf anglonormannischer Grundlage" trifft am ehesten zu.

Charollais Französische Warmblutrasse, benannt nach der gleichnamigen Landschaft am Nordost-Rand des Zentralmassivs im Dep. Saône-et-Loire, die über ein reiches Weideland verfügt und vor allem für ihre Zucht von Fleischrindern bekannt ist.
Wie der Charentais (s. d.) ist der Charollais heute kaum noch als eine eigene Rasse vorhanden und am zutreffendsten als ein kräftiger Reitpferdtyp auf anglonormannischer Grundlage zu bezeichnen.

China-Pferd Siehe China-Pony.

Chrudimer Pferd Eine örtliche Variante des Kladrubers (s. d.), benannt nach der im südöstlichen Böhmen liegenden Stadt Chrudim, in der vor und nach dem 1. Weltkrieg stark besuchte Pferdemärkte abgehalten wurden.
Der Chrudimer wird im Gegensatz zum Kladruber heute nicht mehr gezüchtet.

Cimarrones Die verwilderten Pferde der südamerikanischen Pampas, die den Mustangs (s. d.) der nordamerikanischen Prärien entsprechen.

Cleveland Bay Ein harmonisch gebautes, ziemlich großes, kräftiges Warmblutpferd, das sich ausgezeichnet reiten läßt, mit dem man gut pflügen und das auch vor der Kutsche beeindrucken kann. Außerdem ist der Cleveland-Braune ein hervorragender Vererber, der u. a. auch auf einige deutsche Warmblutrassen stark eingewirkt hat (Oldenburger und Holsteiner). Schließlich gibt die Cleveland Bay-Stute im Bunde mit dem Englischen Vollblut eine „vorzügliche Grundlage für die Zucht wertvoller Halbblutpferde" ab (Wrangel). Ein englischer Hunter ist fast immer das Produkt einer Paarung von Cleveland Bay-Stute und Vollbluthengst, wie auch umgekehrt aus Cleveland Bay-Hengst und geeigneter Vollblut-Stute ein leistungsfähiges Jagdpferd entstehen kann.
Das konstanteste und äußerlich am deutlichsten erkennbare Rassemerkmal ist zweifellos die schöne goldbraune Färbung, kombiniert mit dem Schwarz an Unterarm und Unterschenkel, die vor allem den Nordamerikanern schon vor rund 150 Jahren imponiert hat.
Geschichte: Über den Ursprung des Cleveland Bay wissen wir wenig. Doch dürfte sicher sein, daß es keine reine, sondern eine mit fremdem Blut (Andalusier?) bereits gemischte Rasse war, als der in Yorkshire heimische Landschlag mit Vollblut in Berührung kam. Damals und schon früher war er noch kein Cleveland Bay (diesen Namen erhielt es erst später nach dem Cleveland-Bezirk in Nord-Yorkshire), sondern das Chapman- oder Pack-Horse, mit dem der reisende Kaufmann oder der „fliegende Händler" durch die Lande zog, von Ort zu Ort, von Markt zu Markt.
Im 18. Jahrhundert wurde der Cleveland Bay zum ersten Male bewußt mit englischem Vollblut gekreuzt (einige Male auch mit Arabern). Besonders stark beeinflußten die Vollbluthengste Old Traveller und Jalap (von Godolphin Arabian oder Regulus und dem „fliegenden Wunder" Childers im Pedigree) die Zucht. Wenige Jahrzehnte später wurden infolge der Zunahme des Ackerbaus zahlreiche Kaltblüter in Yorkshire eingeführt, die mit den einheimischen Clevelands gekreuzt wurden. Das Ergebnis war, daß sich die Qualität der hoch angesehenen Rasse, in der zwei Gebrauchspferde-Typen gezüchtet wurden (das Bauern- und ein elegantes Kutschpferd mit hohen Vollblutanteilen), stark verschlechterte. Erst nach 1850 (in einigen Fällen schon ab 1827) begann man wieder rein zu züchten; nicht zuletzt auf Grund des starken Interesses aus den USA, die sich für eine Reinzucht ausgesprochen hatten, aber gegen die Meinung einiger anderer Züchter in Yorkshire, die in erster Linie den rassigen Wagentyp züchteten und schon immer Vollblut eingekreuzt hatten. Dieser Streit führte zur Gründung der Cleveland Bay Horse Society (1886), die jegliche Fremdblut-Einkreuzung ablehnte, und der Yorkshire Coach Horse Society, die sie weiter anwandte (ausschließlich Vollblut).
In den letzten Jahrzehnten hat die Zahl der Cleveland Bays stark abgenommen. Auf dem Felde sieht man sie kaum noch im Arbeitseinsatz. Aber auf manchen Weiden in Yorkshire sind sie immer noch zu finden, ein mittelschweres, braunes Pferd mit „reinen Beinen" (ohne Behang), das man vor nicht ganz 100 Jahren als das „Ideal eines schweren und edlen Halbblutpferdes" ansah (Wrangel). Ein Pferd, dessen heutiger Verwendungszweck weniger im direkten Gebrauch als vielmehr in der Kreuzung mit dem Englischen Vollblut liegt. Werte besitzt es jedenfalls eine ganze Menge, die es zu vererben hat.
Beschreibung: Ziemlich großer, trockener und gut proportionierter Kopf, manchmal mit leicht konvexer Nasenlinie, nicht zu kleinen, an der Spitze

etwas eingebogenen Ohren. Mittellanger, gut aufgesetzter und schön getragener Hals; lange, schräge Schulter; langer Rumpf mit mehr leicht eingesenktem als geradem Rücken; lange Kruppe. Gliedmaßen meist muskulös und trocken, mit gut entwickelten Gelenken, nicht hochbeinig.
Farbe: Rassetypisch ein helles bis dunkleres goldfarbenes Braun, dazu bei vielen Exemplaren schwarze Beine oder Streifen am Unterarm und Unterschenkel. Pferde mit weißen Abzeichen und Beinbehang (Erinnerung an die Kaltblutzeit) werden nicht registriert.
Größe: 165 bis 172 cm Stockmaß bei ausgereiften Pferden ab 6 Jahren.
Im Wesen energisch, lebendig, zuverlässig, verträglich und mutig. Langlebig.
Geht einen langen Schritt und flachen, raumgreifenden Trab; kann sehr gut galoppieren und hervorragend springen.
Zuchtgebiete: Nach wie vor Yorkshire in England. Nachzuchten in einigen Staaten der USA.
Verbände/Organisationen:
1. England: Cleveland Bay Horse Society, 20 Castlegate, York.
2. USA: Cleveland Bay Society of America (1885 gegründet), Lucky Hit Farm, White Post, Va. 22663 (früher Cleveland Bay Association of America).

Berühmte Pferdenamen:
1. Der sog. „Stäwesche Hengst", um 1820 von den Pferdehändlern Stäwe und Brandes nach Oldenburg eingeführt, war mit seinen Söhnen und Enkeln von großem Einfluß auf die Oldenburger Zucht.
2. „Brillant", Cleveland-Hengst des eleganten Kutsch-Pferde-Typs, von großer Bedeutung für die Holsteiner Zucht. Sein Urenkel Achill begründete die nach diesem benannte Blutlinie.

Cob (engl.) Eine an keine Rasse gebundene Bezeichnung, sondern die eines kleineren, starken, kurzbeinigen, schöngestaltigen Pferdes mit dem „Kopf und Hals eines Ponys". Es soll zum Reiten wie zum Fahren verwendet werden können, also ein durch Kreuzungen entstandener Gebrauchstyp, der von ruhigem, angenehmem Wesen und bis etwa 155 cm groß sein soll.
Er kann beispielsweise erzeugt werden durch eine Paarung Araberhengst/Highland-Stute, Suffolk-Hengst/Araberstute oder (bei uns) farblich geeigneter Großpferde-Hengst/Haflingerstute. Der aus der Kreuzung Welsh-Mountain/Großpferd entstandene Welsh-Cob (s. d.) stellt schon einen konsolidierten Rassetyp dar, der von dem zuständigen englischen Zuchtverband zu den Ponys gerechnet wird.
Das Wort „Cob" kam erst im 18. Jahrhundert in Gebrauch. Pferde dieses Typs nannte man bis dahin „Rouncy".
In Frankreich entspricht das „Bidet" (kleines Sattelpferd) dem englischen Cob.

Costeño Ein in Peru gezüchteter Criollo-Schlag um 150 cm Widerristhöhe mit hervorragenden Reitqualitäten.

Cremello Ein zur Gruppe der Western Horses zählender Albino (s. d.) mit sahnefarbenem Haar, rosafarbener Haut und „Glasaugen", deren Regenbogenhaut bräunlich oder bläulich schimmert. Solche Albinos mit cremefarbenem Haarkleid und gläsern scheinendem Auge kommen auch bei anderen Rassen vor.

Criollo (port.-span. = Kreole; bezeichnete ursprünglich in Mittel- und Südamerika den Abkömmling von Einwanderern romanischer Herkunft) Die älteste und am stärksten vertretene Pferderasse in Argentinien, die einschließlich der Criollo-Kreuzungen die Masse der in dem Lande vorhandenen rund 4 Millionen Pferde ausmacht.
Als Abkömmlinge der überwiegend im 16. Jahrhundert eingeführten Andalusier (u. a. 1535 durch Don Pedro de Mendoza) entwickelten sich die Criollos, meist wild in den Pampas aufgewachsen, zu einer zähen, widerstandsfähigen Rasse.
Nach einigen Kreuzungsversuchen mit europäischen und nordamerikanischen Pferden auf Kosten der Härte und Gesundheit des Criollo begann man ihn vor über einem halben Jahrhundert wieder rein zu züchten. In seiner heutigen Form zählt er zwar nicht zu den schönsten (ziemlich großer, oft unedler Kopf), aber auf jeden Fall zu den zähesten, gegen Krankheiten unempfindlichsten und zugleich langlebigsten Pferden unserer Erde. Diese unschätzbaren Vorzüge zu erhalten, bemühen sich die Argentinier in einer sorgfältig durchgeführten Selektion, in der nur die härtesten und besten Tiere den Zuchtbedingungen entsprechen können. So finden alljährlich ausgesprochen scharfe Leistungsprüfungen statt, die den Pferden alles abverlangen, was sie an Härte, Ausdauer, Kraft, Anspruchslosigkeit, Mut und Folgsamkeit aufzubringen vermögen. Die Aufgabe besteht in der Bewältigung eines 750-km-Rittes mit einer Traglast von 110 kg in 15 Tagen, an denen die Pferde an Futter nur das aufnehmen dürfen, was sie auf ihrem Marsche am Rande der Wege

und auf den Wiesen, an denen sie vorbeikommen, vorfinden.
Die Größe des Criollo liegt zwischen 140 und 150 cm (Stockmaß). Eine für ihn charakteristische Farbe gibt es nicht; in Argentinien scheint mausfalb oder braun vorzuherrschen, doch findet man auch zahlreiche Füchse, Schimmel und Schecken vor.
Der Lebensraum des Criollo beschränkt sich nicht auf Argentinien, das bereits seit 1912 ein Stutbuch führt. Dieses lebenstüchtige, genügsame und gelehrige Pferd ist in Brasilien (siehe Crioule Brazileiro) ebenso anzutreffen wie in Chile, Paraguay und Uruguay und in den nördlichen Staaten des Kontinents. Kurz gesagt: Der Criollo ist das Pferd Südamerikas. Wie hoch sein Anteil an der Gesamtzahl aller Pferde dieses Erdteiles (rund 16 Mill.) ist, läßt sich auch nicht schätzen. Sicher ist, daß es Millionen von Criollos gibt, von denen mancher Haziendero in Argentinien oder Brasilien mehr als 300 besitzt.
Aus dem Criollo hervorgegangen ist, soweit es Argentinien betrifft, der Anlo-Argentino (s. d.), ein mit englischem Vollblut veredeltes Pferd, das sich vor allem als Polopony (s. d.) bewährt hat und seit langem als das für dieses Spiel geeignetste gehalten wird.

Crioulo Brazileiro Das in Brasilien gebrauchte portugiesische Wort für Criollo (span.). Beide Rassen unterscheiden sich insofern voneinander, daß der brasilianische Crioulo von den portugiesischen Altérs abstammt, die Alvar Nuñez 1541 an Land gebracht hat, während der argentinische Criollo auf spanische Pferdeahnen zurückzuführen ist. Doch waren die Altérs aus Portugal und die Andalusier aus Spanien schon immer so nahe miteinander verwandt, daß man auch ihre südamerikanischen Nachkommen nicht als zwei verschiedene Rassen betrachten sollte. Daran ändert auch die Tatsache nichts, daß es in einigen brasilianischen Provinzen die eine oder andere Unterart gibt, von denen allerdings keine, wenn sie nicht infolge starker Fremdblutzufuhr bewußt „veredelt“ bzw. verändert wurde, nennenswerte Unterscheidungsmerkmale aufzuweisen hat.
In Brasilien gilt der Crioulo Brazileiro als die beste und vielseitigste einheimische Pferderasse überhaupt, als Rinderpferd auf den Campos, als Pferd der brasilianischen Kavallerie, als Polopferd und — wenn es nicht zu klein geblieben ist — als Springpferd von Format.

Curraleiro (Courraleiro) Ein im Norden Brasiliens gezüchtetes Warmblutpferd (Criollo-Unterart) von besonderer Genügsamkeit. Wie fast alle Pferderassen Südamerikas ist auch der Curraleiro auf iberische Ahnen (Andalusier, Altérs) zurückzuführen. Siehe Criollo.

Cuttinghorse Keine Rassenbezeichnung, sondern ein nordamerikanisches Rinderpferd, auch Cowpony (s. d.), Ranch- oder Stock-Horse genannt, das seinen Namen von der Verwendung her erhalten hat, für das es abgerichtet wurde, das Aussondern einzelner Rinder aus der Herde.
Es kann ein Quarter Horse (s. d.) sein, aber auch der Gruppe der „Western Horses“ (s. d.) angehören. Siehe auch Roping Horse.

Danubisches Pferd (Donau-Pferd) In den Donaubezirken und im Süden Bulgariens gezüchtetes schwereres Warmblutpferd um 160 cm Widerristhöhe, das hauptsächlich als Zugtier verwandt wird. Ein leichterer Schlag dient als Reit- und Sportpferd, als das es sich, mit Vollblut gekreuzt, vor allem im Springen bewährt hat.
Die Rasse entstand vor etwas mehr als einem halben Jahrhundert aus Nonius-Hengsten und -Stuten Ungarns, Jugoslawiens und der CSSR, die in Bulgarien rein weitergezüchtet wurden. Nonius-Hengste kreuzte man dann mit stark im Anglo-Araber-Typ stehenden Gidran-Stuten. Das Ergebnis war schließlich der Danubier, ein stattliches Pferd von kräftigen, muskulösem Körperbau, ähnlich dem „alten“ Oldenburger, wenn auch nicht ganz in dessen stolzer Haltung und ohne die diesem eigene hohe Trabaktion, dafür in den gleichen Hauptfarben: schwarz und dunkelbraun.
Seinen Namen verdankt das Danubische Pferd übrigens der lateinischen Bezeichnung der Donau, Danubius.

Dongola-Pferd Den Namen erhielt es nach der zum Sudan gehörenden nubischen Landschaft beiderseits des mittleren Nils. Hauptsächlich wurde es aber in dem westlich des Stroms gelegenen Wüsten- und Steppengebiet gezüchtet, das lange Zeit die eigentliche Heimat dieses Pferdes war.
Maßgeblich an der Entstehung der Dongola-Rasse waren Berber beteiligt, die die Mamelucken im Mittelalter von Ägypten aus in das Dongolagebiet brachten.
Ein Ausbund an Schönheit war das meist über 160 cm Stockmaß große, etwas schwerfällig wirkende, derbknochige, schafsköpfige und ohrenhängende, meist schwarzfarbige Dongolapferd nie.

Heute ist das Dongolapferd in seinem ursprünglichen Zuchtgebiet fast ausgestorben. Doch wird es in einigen anderen afrikanischen Räumen nachgezüchtet, u. a. in Kamerun und Nigeria (Tschad-, Bornu- und Sokoto-Gebiet), wobei das Bornu-Pferd dem Dongola am nächsten stehen soll.
Außerdem findet man in Afrika noch mehrere Schläge, zu deren Begründung der „große Rappe aus Nubien“ maßgeblich beigetragen hat. So in Äthiopien/Eritrea ein ziemlich hochbeiniges Pferd aus Dongola-Araber-Blut, vor allem in den bis vor kurzem noch kaiserlichen Gestüten, das äthiopische Galla-Pferd, das auf der Rennbahn in Addis-Abeba Schnelligkeit und Ausdauer häufig beweisen konnte. Dongola/Berber-Kreuzungen sehr unterschiedlicher Qualität kommen in dem großen Niger-Bogen vor, z. B. die Mossi, die Yagha und die Bandiagara, von denen der eine mehr dem Berber, der andere dem Dongola ähneln kann. Eines gemeinsam haben alle diese Schläge: den Ramskopf in einer mehr oder weniger deutlichen Prägung.

Don-Pferd (Donsky) Eine fast 200 Jahre, ihre Vorgeschichte mitgerechnet, vielleicht sogar doppelt so alte Rasse, die in den Steppen am Don entstanden ist. Wie so oft, ist auch hier das Pferd Produkt der Geschichte einer Landschaft, in der es schon immer unruhige Reitervölker gegeben hat, von den Skythen der Antike bis zu den Don-Kosaken der neueren Zeit. Letztere züchteten ein leichtes, sehr bewegliches, aber hartes Reitpferd, das Altdon'sche Pferd, an dessen Werdegang außer bodenständigen mongolischen Schlägen zunächst turkmenische, arabische, persische und karabakh'sche Pferde beteiligt waren. Mit solchen, verhältnismäßig kleinen, höchstens 155 cm großen, außergewöhnlich wendigen Tieren war ein großer Teil der zaristischen Kavallerie ausgestattet, allen voran natürlich die Don-Kosaken. Doch wurde bereits vor der Jahrhundertwende von militärischer Seite in Anbetracht einer zeitgemäßeren Ausrüstung auch der leichten Reiterei ein größeres und stärkeres Pferd gefordert. Ergo kreuzte man das Altdon'sche Pferd mit Orlow-Trabern, Orlow-Rostopchinern, Don-Streletzkern und englischem Vollblut. Das aus diesem Prozeß (1920 abgeschlossen) hervorgegangene, viel kräftigere Tier ergab dann das Don-Pferd. Ein erstklassiges Kavalleriepferd, ein nützliches Zugtier in der Landwirtschaft, in der Zucht zur Verbesserung anderer Rassen besonders geeignet. Schließlich war es an der Entwicklung der Budjonny-Rasse (s. d.) in starkem Maße mitbeteiligt.
Der Donsky wird auch heute noch in der Sowjetunion als ein hartes, genügsames, langlebiges und charakterlich sehr ausgegliches Vielseitigkeitspferd geschätzt, obwohl es im ausgesprochenen Leistungsreitsport durch brauchbarere Rassen (Budjonny, Ukrainer, Achal-Tekkiner) verdrängt worden ist.
Beschreibung des modernen Typs: Mittelgroßer, hübscher, gelegentlich ramsnasiger Kopf, breite Stirn, große Augen, kleine, aufmerksame Ohren; mittellanger, gut bemuskelter Hals; ausgeprägter Widerrist; kurzer, gerader Rücken; kräftige Nierenpartie; leicht abfallende Kruppe.
Gliedmaßen im allgemeinen muskulös und trokken. Die früher ab und zu beobachtete Neigung zur unkorrekten Stellung der Gliedmaßen (vorn Kalbsknie, hinten Säbelbein) wie auch mancher andere Exterieurmangel (etwas zu steile Schulter, steile Fesselung) scheint nicht mehr vorhanden zu sein. Einwandfreie Hufe.
Durchschnittsgröße: Hengste 159 cm, Stuten 156 cm. Farbe: Goldig glänzende Fuchsfarbe.
Beurteilung: Ein nicht übermäßig schnelles, doch sehr ausdauerndes und leistungsfähiges, charakterlich einwandfreies Pferd, das zum Reiten und Fahren gut zu verwenden ist, als Turnierpferd trotz der im letzten Jahrzehnt erfolgten Verbesserungen aber Grenzen hat.
Zuchtgebiete/Gestüte: Das Don-Pferd wird nur in der UdSSR gezüchtet. Gestüte im Raum Rostow sowie Lugowsk-Gestüt in Kasachstan und Issyk-Kul-Gestüt in Kirgisien.

Einsiedler Erhielt seinen Namen nach der Benediktiner-Abtei Einsiedeln im Schweizer Kanton Schwyz und wird im Zusammenhang damit im Jahre 1064 zum ersten Male erwähnt. Höhepunkte erreichte die Zucht wie die der Schweizer Pferde überhaupt im 16. und 18. Jahrhundert. Nach der Französischen Revolution wäre sie aber um ein Haar vernichtet worden, als fast alle Tiere als Beute nach Frankreich verschleppt wurden. Nur durch Zuführung einheimischen und fremden Blutes konnte die Zucht erhalten werden, da der Einsiedler als Saum- und Reitpferd sehr geschätzt war.
Einen neuen Abschnitt seiner langen Geschichte erlebte er mit der Einführung englischer Hackney-Hengste zu Beginn dieses Jahrhunderts, zu denen 20 Jahre später Anglo-Normannische Hengste hinzukamen, die wohl am stärksten die jetzige Einsiedler-Zucht beeinflußt haben.

Englisches Jagdpferd Siehe Hunter.

Finnischer Klepper Man sollte Finnlands bodenständige Pferde, historisch gesehen, als zu einer Rasse gehörend betrachten. Denn der sog. Finnische Klepper, um den es hauptsächlich geht, dürfte wie der schwerere und größere, inzwischen zum allergrößten Teil in den Kleppertyp aufgegangene karelische Schlag von den nordeuropäischen Pferden (dem Equus caballus celticus nahestehend) abstammen, auf die auch das Wjat- und das Fjordpferd zurückzuführen sind.
Manche haben der heute einzigen einheimischen Rasse den Namen „Finnisches Universal-" oder „Allroundpferd" gegeben. Allgemein gebräuchlich aber ist die Bezeichnung „Finnischer Klepper", wobei das Wort „Klepper" keine Herabsetzung bedeutet oder als ein verächtlicher Ausdruck für einen „alten, schlechten Gaul" verstanden werden darf.
Klepper im ursprünglichen Sinne bedeutet einfach Reitpferd oder Pferd überhaupt. Gewissermaßen ein onomatopoetischer Ausdruck für das „Klappern" der Pferdehufe (wie z.B. das Quaken der Frösche).
Als einen „miesen Klepper" kann man das finnische Pferd auch wirklich nicht ansehen. Im Gegenteil! Ein Pferd mit erstaunlichen Qualitäten, die sich schon im vorigen Jahrhundert zuerst vor dem Traberschlitten, dann auch vor dem -wagen offenbarten. Überhaupt ist der Finnische Klepper immer mehr ein Wagen- und Schlitten- als ein Reitpferd gewesen, obwohl es vom Exterieur her gesehen durchaus in der Lage ist, einen Reiter tragen zu können.
Früher einmal ein kleines, nur selten die Ponygröße überschreitendes Pferd, hat es später durch Zuführung von Hackney- und anderem Fremdblut (Orientalen, Schweden- und Russen-Pferden) und vor allem infolge der Kreuzung mit dem Karelier an Größe, Gewicht, Kraft und Aussehen gewonnen, ohne seine eigenen interieuren Werte, Härte, Energie, Ausdauer, Widerstandskraft, Genügsamkeit, Langlebigkeit usw., zu verlieren.
Der moderne Finnische Klepper ist, insgesamt gesehen, ein ziemlich kräftiges, zähes und nach wie vor schnelles und wendiges Pferd mit stabilen und gesunden Gliedmaßen und mit guten Bewegungen vor allem im Trab.
Meist Füchse mit weißen Abzeichen an Kopf und Beinen; die einst häufigeren Rappen und Braunen sind fast ganz verschwunden.
Es erreicht ein Stockmaß bis zu 159 cm (Durchschnitt 154,0) und wird überwiegend weiterhin als Zugpferd verwandt — wie einst, als es noch ein paar hunderttausend in Finnland gab und es am Gesamtbestand von über 400000 Pferden (bis 1950) am stärksten beteiligt war. Der Anteil ist geblieben, nur die Zahl hat sich gesenkt (rund 70000) und damit auch die der tüchtigen, flinken Pferde aus Finnland.

Frederiksborger Die Entwicklungsgeschichte dieser alten dänischen Rasse läßt sich in folgende Perioden aufteilen:
1. Züchtung eines Luxuspferdes, wie die Spanier und Neapolitaner, denen es im 1562 gegründeten königlichen Gestüt Frederiksborg bei Kopenhagen seine Existenz zu verdanken hat. Starke Nachfrage von zahlreichen fürstlichen Höfen Europas vor allem im 17. und 18. Jahrhundert nach dem stattlichen dänischen Edelpferd, das wegen seiner „Eleganz, seines lebhaften und doch freundlichen Temperaments, seiner energischen, schwungvollen und hohen Aktion bewundert" (Wrangel) wird. Außer seinen Vorzügen als Reit- und Schulpferd beweist es auch hohe züchterische Qualitäten. Hengste aus Frederiksborg sind an der Bildung der Lipizzaner seit 1718 maßgeblich beteiligt. Ihr bedeutendster Vererber, der 1765 geborene Pluto, begründet sogar eine eigene Stammlinie. Eine dänische Stute trägt zur Entstehung der Orlow-Traber bei. Ihr Enkelsohn Bars I. (von ihrem Sohn Polkan aus einer holländischen Harddraverstute) wird Stammvater der Orlowzucht. Frederiksdorfer Hengste vermitteln außerdem dem Jütländer mehr Aktivität.
2. Mit der 1839 verfügten Schließung des königlichen Gestüts in Frederiksborg, das der Rasse seinen Namen gab, beginnt ein neuer Abschnitt. Aber die nach 1860 festgelegte neue Zuchtrichtung mit dem Ziel der Gewinnung eines sehr gängigen Warmblut-Kutschpferdes auf Frederiksborger Grundlage im neuen Zuchtgebiet Seeland kann zu keiner Homogenität führen, da zu viele Rassen züchterisch verwandt werden. Um den Frederiksborger schwerer zu machen, wird ihm Jütländer-, Yorkshire- und Oldenburger Blut zugeführt. Um den Adel und die Eleganz zu erhalten, werden Vollblut, Ostpreußen, Holsteiner, Hannoveraner und Hackneys eingekreuzt. Die Ergebnisse können nicht befriedigen.
3. Seit 1900 verzichtet man auf Fremdblutzuführungen, um ein mittelschweres, aber edles Gebrauchspferd zu erzüchten, das zum Reiten und Fahren gleich gut verwendbar ist. Obwohl dieses Zuchtziel erreicht werden kann, muß es nach beinah einem halben Jahrhundert wieder geändert werden.

4. Einige Jahre nach dem 2. Weltkrieg fordert der Markt einen neuen Typ, nämlich den eines Reitpferdes, das vielseitig einzusetzen ist. Durch Einkreuzung mit englischem und arabischem Vollblut u.a. hofft man dieses neue Ziel zu erreichen.

Beschreibung: Mittelgroßer, oft ramsnasiger, ziemlich edel wirkender Kopf; stattlicher, schön getragener und gut aufgesetzter Hals; wenig Widerrist; muskulöser, ziemlich kurzer Rücken; lange, abfallende Kruppe. Kräftige, kurze, trokkene Gliedmaßen.
Haarfarbe: Überwiegend Füchse, gelegentlich Schimmel und Braune.
Größe: Um 160 cm.
Ein durch seine stolze Haltung beeindruckendes Pferd von lebhaftem Temperament, ausgeglichenem, freundlichem Charakter und überdurchschnittlicher Intelligenz.
Freie, harmonische, bodendeckende Bewegungen im Schritt und Trab; ausreichendes Galoppiervermögen.
Zuchtgebiete: Beschränkt auf Dänemark (Seeland und Bornholm).

Furioso-Northstar Eigentlich waren es rein militärische Gründe, die die frühere Donaumonarchie veranlaßten, die kleinen, aber zähen und schnellen ungarischen Landpferde mit den beiden Englischen Vollbluthengsten Furioso und North Star zu kreuzen. Zuchtziel war die Erzeugung eines in Typ und Leistungsvermögen dem englischen Halbblut nahekommenden, zähen und ausdauernden Pferdes mit schönen Linien und ausgeprägtem Adel.
Furioso, 1836 geboren, kam 1841 in das ungarische Gestüt Mezöhyges, North Star folgte 12 Jahre später nach. Beide waren hochklassige Hengste und ausgezeichnete Vererber, die jeder für sich eigene Linien gründeten. Später wurden beide Halbblutschläge miteinander verbunden; das Resultat war eine ausgeglichene, gefestigte Rasse, die den Zuchtvorstellungen auch ganz entsprach.
Da beide Linienbegründer in gleichem Maße daran beteiligt waren, erhielt sie als Rassebezeichnung auch beider Namen, nämlich Furioso-Northstar.
Beschreibung: Pferde im englischen Halbbluttyp, die zwar ursprünglich nur zur reiterlichen Verwendung vorgesehen waren, aber auch für jeden anderen Gebrauch geeignet sind. An besonderen Vorzügen weisen sie eine große Härte und Ausdauer auf, sind genügsam, zuverlässig, eifrig und gelehrig, von gutem Charakter und angenehmem Temperament. Äußerlich kräftige, korrekt gebaute Pferde mit langen Linien und adligem Ausdruck.
Größe: Zwischen 155 und 160 cm Stockmaß.
Farbe: Fast ausschließlich Braune in verschiedenen Tönungen.
Harmonische Bewegungen in allen drei Gangarten: langer, flacher Schritt, bodendeckender Trab, schneller, elastischer Galopp.
Zuchtgebiete: Ungarn (Gestüt Mezöhegyes); CSSR (Kladrub); Österreich, Burgenland (hier auch starke Einwirkung des Furioso-Northstar-

Ungarische Halbblut-Stute mit Fohlen (Furioso-Northstar)

Ungarischer Halbblut-Hengst (Furioso-Northstar)

Blutes auf das österreichische Warmblutpferd auf der Grundlage des Nonius).

Galla-Pferd Ein aus Dongola-/Araberblut gezüchteter Reitpferdeschlag, der zuerst von den Gallas, einem hamitischen Volksstamm am afrikanischen Osthorn, gezüchtet wurde. Das Galla-Pferd kommt fast ausschließlich in Äthiopien vor; die besten Exemplare befanden sich in den kaiserlichen Gestüten.
Mit europäischen Augen gesehen entspricht das Galla-Pferd nicht ganz den Vorstellungen von einem edlen Pferd, das in vielem dem Dongola (s. d.) ähnelt. Meist von schwarzer Farbe mit großen weißen Abzeichen hat es einen ziemlich großen Kopf mit langen Ohren und ist sehr hochbeinig. Soll angeblich schnell und ausdauernd sein.

Gelderländer (Gelderse) Ein mit dem Groninger und Ostfriesen verwandtes und diesen auch ähnliches, schweres Warmblutpferd, das sich zur Zeit in der Umfunktionierung vom Wagen- zum Reitpferd befindet. Ist außerdem neben dem Groninger an der Entstehung des Niederländischen Warmbluts (s. d.) entscheidend mitbeteiligt.
Der bisherige Typ des Gelderländers galt als ziemlich unausgeglichen, da in der Zucht außer Oldenburgern und Ostfriesen auch Hackneys, Anglo-Normänner und Holsteiner (Fuchshengst Domberg!) eingesetzt wurden.
Im Interesse einer einheitlichen Zuchtrichtung werden seit einigen Jahren hauptsächlich Groninger Deck-Hengste benutzt.
Ein sehr kraftvolles, starkes Pferd mit einem gewaltigen, meist gut getragenen Hals. Größe zwischen 165 und 170 cm. Meist Füchse mit Abzeichen.
Trotz seiner Maße geht es einen energischen Schritt und Trab (mit ziemlich hoher Aktion). Wuchtig wirkender Galopp.
Zuchtgebiet: Gesamte Niederlande mit Schwerpunkt im Süden des Landes.

Gidran (Anglo-Araber) Ein ausgezeichnetes, edles, zähes anglo-arabisches Halbblut, einst als Pferd der Honved-Husaren; noch im letzten Krieg oft als Reitpferd bei den bespannten ungarischen Einheiten eingesetzt gewesen. In der eigenen Erinnerung ein meist schönes, aber etwas schwieriges Pferd, das nur ungern über Brücken ging.
Geschichte: Den Anfang bilden: ein fuchsfarbener Original-Araberhengst, Gidran senior, aus dem Stamme der Siglavy-Jidran und die spanische, in Mezöhegyes stationierte Stute Arrogante. Der aus dieser Verbindung 1820 entstandene Gidran II wird der Stammvater der Gidran-Rasse. Durch ihn trotz unterschiedlichen Stutenmaterials Verbreitung des arabischen Typs. Ab 1830 Verwendung Englischer Vollbluthengste, dadurch typische Anglo-Araber. Später wieder Einkreuzung mit Arabern, um Typ zu erhalten und auftretende negative Erscheinungen vor allem im Interieur wieder zu verdrängen. Heute wieder fest im Angloarabischen Typ stehende Gidrans, die sogenannten Gidran-Füchse.
Beschreibung: Elegante, mittelschwere Pferdeerscheinung mit lebhaftem Temperament und nicht immer ausgeglichenem Charakter. Meist stark an den Araber erinnernde Exemplare mit kleinem, feinem Kopf, nicht zu kräftigem, mittellangem Hals; deutlich markierter Widerrist; schräge, lange Schulter; ziemlich gerade Kruppe mit hohem Schweifansatz; einwandfreie, trockene Gliedmaßen.
Größe: Bis 160 cm.
Farben: Meist Füchse (im Radautzer Gestüt, das ebenfalls Gidrans züchtete, kamen auch Braune und Schimmel vor).
Geht einen langen Schritt, einen fördernden, eleganten Trab und vor allem einen ausgezeichneten Galopp.
Wird als Reit- und als Wirtschaftspferd gezüchtet.
Zuchtgebiete: Hauptsächlich Ungarn (Mezöhegyes); Rumänien.

Groninger Hauptsächlich in der holländischen Provinz Groningen gezüchtet, daher sein Name, gehört er zu den schwersten und stärksten Warmblütern überhaupt. An der Entstehung der Rasse beteiligt waren außer den einheimischen Friesen (Kaltblut) Ostfriesen und vor allem und mit besonderer Nachwirkung Oldenburger; letzterem ähnelt er dem Typ nach auch am stärksten.
Als Wirtschafts- und Wagenpferd war er noch bis vor etwa 20 Jahren sehr gefragt. Seitdem ist die Zahl der in Holland vorhandenen Groninger zurückgegangen. Doch bemüht man sich, durch Einkreuzung mit geeigneten Hengsten (u. a. auch Vollblut) ihn edler und leichter und damit rittiger zu züchten. Wie es scheint, mit Erfolg. Seit einigen Jahren werden vermehrt Hengste der neuen Richtung Gelderländer Stuten zugeführt, um eine Angleichung beider Zuchtrichtungen zu erreichen. Groninger Stuten sind außerdem mitbeteiligt an der Bildung der Niederländischen Warmblutrasse (s. d.).
Insgesamt betrachtet, ein starkes, ausdrucksvolles, im Typ einheitlicheres Pferd als der etwas

leichtere Gelderländer, mit viel Hals und raumgreifenden Gängen. Größe 160 bis 165 cm.

Zuchtgebiet: Ganz Holland mit Schwerpunkt im Norden des Landes.

Guarapuavano Eine in Brasilien früher häufiger, jetzt kaum noch gezüchtete Warmblutrasse auf Crioulo-Grundlage von nur örtlicher Bedeutung.

Hack (engl.) Eigentlich die abgekürzte Form von „hackney"; bezeichnet in England im allgemeinen Sprachgebrauch ein Miet- und Arbeitspferd. Pferdekundlich dagegen ist unter „hack" ein Pferdetyp zu verstehen, der sich in erster Linie zum Reiten eignet und keiner bestimmten Rasse anzugehören braucht, also einen Gebrauchstyp bezeichnet.

Es kann sich dabei um ein gewöhnliches Reitpferd zum Spazierreiten (ordinary oder road hack; pleasure-horse) oder um ein hochklassiges Schau-Reitpferd (park-horse, show-horse), handeln, das durch seine Erscheinung und seine Gangarten beeindruckt. Bei den Nordamerikanern kommen noch eine hohe Kopf- und Schweifhaltung sowie eine sehr hohe Knieaktion und — wenn möglich — die Beherrschung von fünf Gängen hinzu (s. American Saddle Horse).

Die Größe des Pferdes spielt dabei keine entscheidende Rolle; sie beträgt durchschnittlich 150 bis 160 cm.

Hackney Extravagant zu sein, galt schon immer als ein Vorrecht der Reichen und Snobs, oftmals auch als eine selbstauferlegte Pflicht, das besitzen und zeigen zu müssen, was andere mit ein paar Nullen weniger auf dem Bankkonto, also aus Mangel an Masse sich nicht erlauben können. Diese Erkenntnis ist so alt wie das Geld und damit fast so alt wie die Menschheit. Wie heute ein teures Auto mit hochgezüchtetem Motor, vielen PS und Extras, entsprach bis zum Ausgang der „guten, alten Zeit" der Besitz eines Hackney-Gespanns mit Wagen und Kutscher in Livree der Vorstellung von Reichtum und Pracht. Der beste und wertvollste Teil davon war fast immer das Pferd, das mehr zu leisten imstande war, als nur in hoher Aktion der Vorhand einherzustolzieren.

Erstaunlicherweise gibt es heute in England, den USA und den Niederlanden wieder zahlreiche Hackneys, edle Pferde, die zu nichts anderem da sind, als auf einer Schau zu zeigen, wie hoch und elegant sie die Knie bringen können. Zur Verwunderung der Zuschauer und zur Freude des Besitzers, der kein Krösus mehr zu sein braucht, um sich ein solch außergewöhnliches Pferd leisten zu können. Auf keinen Fall entspricht es dem, was man in England unter einem „Hack", als einem Arbeitsgaul, versteht, und noch weniger einem „hackneyed horse", ein abgedroschener Klepper. Wie verwirrend und mißverständlich doch eine Sprache sein kann, sogar die englische.

Geschichte: Die Anfänge der Hackney-Rasse liegen noch vor dem 18. Jahrhundert, als es in den englischen Grafschaften Yorkshire und Norfolk ausgezeichnete Traber gab, von denen die meisten einen erheblichen Teil spanisches Blut aufzuweisen hatten. Später kam noch arabisches Blut hinzu, das zu einer weiteren Verbesserung der Norfolk-Traber führte. Doch trat erst mit dem Einsatz von „Old Shales" die entscheidende Wende ein. Dieser 1755 geborene Halbbluthengst stammte über seinen auch für andere Zuchten bedeutungsvollen Vater, Blaze, und seinen Großvater Flying Childers von dem berühmten Darley Arabian ab; er wurde zum eigentlichen Stammvater der Hackney-Zucht. Auf zwei seiner Söhne, nämlich Scot Shales und Driver, und auf des letzteren Sohn Jenkinson's Fireaway (geb. 1780) lassen sich die meisten guten Hackneys zurückführen. Sie alle waren ausgezeichnete Traber, die in einer Stunde 26,0 km zurücklegen konnten; Old Shales soll sogar 27,36 km geschafft haben. Die Anlage fester Straßen und damit verbunden der Bau schnellerer Fahrzeuge brachten es mit sich, daß die bis dahin überwiegend als Reitpferde eingesetzten Hackneys nur noch als Kutschpferde Verwendung fanden.

Ihre große Zeit erlebte die Hackney-Zucht vom letzten Viertel des vergangenen Jahrhunderts bis zum Beginn des 1. Weltkrieges.

Nach 1918 sank die Zahl der Hackneys in England und den USA aus verständlichen Gründen erheblich ab. Verdrängt durch das Kraftfahrzeug, begegnete man immer weniger von edlen Rossen gezogenen Kutschen. Auch der elegante Hackney blieb von dieser Entwicklung nicht verschont. Seine frühere Rolle, als das „extravaganteste Kutschpferd" mit dem außergewöhnlichsten Trab und der stolzen, fast arrogant anmutenden Haltung im Geschirr war für immer ausgespielt. Heute sieht man ihn nur noch als Fahrpferd auf den Turnieren. Immer noch imponiert er, ein adliges Pferd, das zwar kein Monokel, aber in selbstverständlicher Würde Scheuklappen trägt.

Hackney-Hengste haben sich bei Kreuzungen mit anderen Rassen als gute Vererber erwiesen. Abgesehen von der Bedeutung des Vollblüter-Vorfahren Blaze und anderer Hackney-Hengste für

In Holland gezogener Hackney-Hengst

die „American Standardbred" waren Hackneys (Norfolk Traber) an der Entstehung des französischen Postiers beteiligt (Kreuzung mit Bretonen). Sie vererbten außerdem ihre Trabveranlagung u. a. auch den Welsh-Ponys und übertrugen ihr Springvermögen auf zahlreiche Springpferde. Z. B. auf die beiden amerikanischen Hochsprungrekordler Confidence (1912: 2,45 m) und Great Heart (1923: 2,46 m), auf Tora (unter Hasse Olympiasieger 1936), die alle einen Hackney-Hengst zum Vater hatten.

Beschreibung: Der Hackney ist ein edles, muskulöses Pferd von 150 bis 160 cm Stockmaß und meist brauner Haarfarbe vom hellfuchsigen bis zum dunklen Ton, gelegentlich auch Rappen. Fast immer besitzt er weiße Abzeichen an Kopf und Gliedmaßen.

Der gut aufgesetzte Kopf ist verhältnismäßig groß, aber edel, mit geradem Profil (gelegentlich auch nach außen gewölbt), munteren Ohren und ausdrucksvollen Augen; fast immer ausreichender Ganaschenfreiheit. Der stolz getragene Hals muskulös und von mittlerer Länge; Widerrist betont; kräftiger Rücken; ziemlich steile Schulter; gerade bis leicht abfallende Kruppe. Gliedmaßen von größerer Stärke als bei kräftiger gebauten Tieren manchmal erscheinen mag.

Beurteilung: Zweifellos ein außergewöhnliches, in seinem Exterieur an ein Vollblut erinnerndes Pferd; auffallendstes Merkmal ist der energische, aber nicht immer regelmäßige und raumgreifende Trab mit sehr hoher, oft durch Anspannung, Beschlag oder Abrichtung bis ins Extreme gesteigerter Knieaktion. Wie in seiner Entwicklungsgeschichte mehrfach bewiesen, birgt es auch manche andere positive Veranlagung in sich.

Zuchtgebiete: Privat-Gestüte in England, den USA und Niederlanden.

Verbände/Organisationen:
Großbritannien: Hackney Horse Society, 35 Belgrave Square, London SW 1/8 OB. Mit Stutbuch.
USA: American Hackney Horse Society (AHHS), 527 Madison Avenue, New York/NY 10022. Register umfaßt ca. 8000 Hackneys.
Der „kleine Bruder" des Hackney wird im Kapitel „Ponys" beschrieben (siehe Hackney-Pony).

Hailar-Pferd Ein im Westen der Mandschurei und dem Ostteil der Inneren Mongolei (China) gezüchteter Reitpferdeschlag, Kreuzungsprodukt aus bereits zur Zarenzeit aus Rußland eingeführten Hengsten und einheimischen Mongolenstuten. Ein zähes, anspruchsloses Pferd von 142 bis 152 cm Größe und 400 bis 500 kg Gewicht.
Eng verwandt mit dem Sanho- und Sanpeitze-Pferd.

Hesse (Hessisches Warmblut) Ein in dem traditionellen Pferdeland Hessen gezüchtetes mittelschweres Warmblutpferd auf Hannoveraner Grundlage, dem in letzter Zeit vermehrt Trakehner Blut zugeführt wurde. Früher Bevorzugung der oldenburgisch-ostfriesischen Richtung.

Nach dem 1972 erfolgten Zusammenschluß der Pferdezuchtverbände Nord- und Südhessens bildet Hessen nunmehr ein geschlossenes Warmblut-Zuchtgebiet mit besten Bedingungen für die Aufzucht guter und gesunder Pferde. Nimmt heute gemessen am Stutenbestand den 3. Platz in der deutschen Reitpferdezucht hinter Hannover und Westfalen ein.

Die in Hessen gezogenen Warmblüter zeichnen sich durch Eleganz, Adel, konstanter Leistungsbereitschaft, gutartigen Charakter, lebhaftes, aber ausgeglichenes Temperament sowie durch eine sehr gute Bewegungsmechanik aus.

Aus der Hessischen Landeszucht hervorgegangene Leistungssportpferde haben sich auch auf nationalen und internationalen Wettbewerben hervorragend bewährt, u. a. das Springpferd ‚Kosmos' unter Hartwig Steenken (Sieger des Deutschen Springderbys 1974), ‚Thronfolger' unter Fritz Ligges usw.

Verbände/Organisationen: Verband Hessischer Pferdezüchter e. V., 35 Kassel, Kölnische Straße 48/50. Landgestüt: Dillenburg.

Literatur: Verbandszeitschrift: ‚Unser Pferd'; erscheint monatlich einmal.

Hannoveraner Das vor allem als Springpferd in Deutschland und im an Pferdezucht und Reitsport interessierten Ausland bestens bekannte Warmblut, noch bis zum Kriege auch als leichtes Zugpferd im zivilen und militärischen Bereich sehr geschätzt. Steht heute der Vorstellung vom deutschen Reit- und Sportpferd am nächsten. Kein Wunder, daß es in den einzelnen deutschen (und nicht nur diesen) Warmblutzuchten am stärksten vertreten ist.

Geschichte: Von den legendären hannoverschen „Weißgeborenen“ abgesehen, beginnt die eigentliche Geschichte des Hannoveraners mit der Gründung des Landgestüts Celle durch Georg II. von England im Jahre 1735 und der Stationierung von 12 holsteinischen Hengsten, deren Zahl bald auf 60 (einschließlich einiger Vollblüter) erhöht werden mußte. Später kamen noch Hengste einiger anderer Rassen hinzu (Andalusier, Neapolitaner und vor allem Mecklenburger), die zusammen die züchterische Grundlage bildeten, eine einheitliche Zuchtmethode aber nicht erkennen ließen.

Der Napoleonische Krieg wirkte sich auch auf die Hannoveraner aus. Von den wertvollsten Exemplaren, die man in andere deutsche Länder hatte verlagern müssen, kehrte nur ein Drittel nach Hannover zurück. Bald aber wieder Ausgleich der Verluste und verhältnismäßig schneller Wiederaufbau der Zucht. Starker Einsatz von Vollblütern als Landbeschäler (1841: 35 %), deren Produkte sich für den landwirtschaftlichen Einsatz als ungeeignet erweisen, da sie zu edel ausfallen. Daraufhin weniger Vollbluteinsatz und vermehrte Zu-

Ein auf einer DLG-Ausstellung ausgezeichneter Hannoveraner

Hannoveraner-Stute (DLG-Spitzen-Stute 1974)

Hannoveraner-Hengst, der auch ein Trakehner sein könnte

führung von Hengsten aus Pommern und Mecklenburg (von diesen gelten die Hengste Zernebog und Jellalich, in Pommern gezogen, sowie Norfolk aus Mecklenburg als die Stammväter der hannoverschen Zucht) und solchen aus England (Yorkshires, Cleveland Bays und Norfolks).

Nach dem deutsch-französischen Krieg 1870/1871 weitere Festigung der Zucht vor allem durch Einschaltung einheimischer Stämme, außerdem Vergrößerung des Bestandes um 280 auf 500 Hengste.

An organisatorischen Maßnahmen erfolgen:

1888 Gründung des hannoverschen Stutbuchs,
1921 Einrichtung des Hauptaufzuchtgestütes Hunnesrück,
1922 Gründung des Verbandes Hannoverscher Warmblutzüchter,
1925 Gründung eines zweiten Landgestüts in Osnabrück (nach 1945 wieder aufgelöst),
1928 Gründung der Hengstprüfungsanstalt in Westercelle.

An für die hannoversche Zucht bedeutenden Hengstlinien entwickeln sich
die Flick/Ebba- bzw. Flingarth-Linie mit Flavius Flieger, Feiner Kerl, Flugfeuer II und Flintenstein III, die sog. F-Linie, die jetzt der W-Linie entspricht;
die Adeptus-Linie mit Alderman, Aconit, Alter Kerl I, Alkoven I und Alpenflug II, die sog. A-Linie (jetzt W-Linie);
die Detektiv-Linie (von Devil's own ausgehend) mit Dolman und Dwinger, die sog. D-Linie;
die Goldschaum- bzw. Goldfisch-Linie, u. a. mit Gote und später mit Gotthard, die sog. G-Linie.
Dazu kam dann u. a. noch die heute erloschene King-Linie.

Weiterhin von Bedeutung war wegen der Farbvererbung der Schimmelhengst Amurath I (1898 in Radautz geboren).

Wie überall in Deutschland nach dem Kriege starker Einfluß der Motorisierung auf die Wirtschaft, davon ausgelöst die Abnahme des Pferdebestandes (Folge: Auflösung der Landgestüte Osnabrück und Harzburg). Umstellung der Zucht auf die Erzeugung eines reinen Reitpferdetyps unter Zuhilfenahme von Arabern (Shagya XXI/2 und XXII/2), Englischem Vollblut (Marcio, Der Löwe, Adlerschild u. a.) und Trakehnern (Abglanz, Semper idem, Lateran).

Nachzuchten des Hannoveraners in allen Teilen Deutschlands (Westfalen, Bayern, Ostfriesland und der DDR).

Beschreibung: Ein 165 bis 175 cm großes Pferd, das in allen Farben vorkommt, vor allem Füchse, dann Braune, Schimmel und Rappen.

Im einzelnen: Mittelgroßer, meist edler, ausdrucksvoller Kopf mit mittellangen Ohren und großen, wachen Augen; langer, gut getragener, hoch angesetzter Hals; lange, schräge Schulter; deutlich markierter Widerrist; muskelstarker Rücken; gut geformter Rumpf; gut bemuskelte, leicht schräge Kruppe. Kräftige, korrekte Extremitäten.

Gangarten: Raumgreifender Schritt, schwungvoller Trab und Galopp; enormes Springvermögen. Gutartiger Charakter, ruhiges Temperament, nervenstark, zuverlässig, mit einwandfreien Manieren.

Beurteilung: Ein großrahmiges, elegantes, energisches Reitpferd, dessen Springveranlagung besonders ausgeprägt ist. Wird als eines der besten Turnierpferde der Welt bezeichnet, wie seine zahllosen Erfolge eindeutig beweisen.

Zuchtgebiete: Gesamtes Bundesgebiet mit Schwerpunkt im niedersächsischen Raum. Landgestüt Celle. Auktionen in Verden.

Verbände/Organisationen: Verband Hannoverscher Warmblutzüchter, 3 Hannover, Johannssenstraße 10. Verbandszeitschrift: „Hannoversches Pferd", erscheint sechsmal im Jahr.

Berühmte Pferde der Hannoverschen Rasse:

Gotthard: aus der G-Linie; erfolgreicher Springpferde-Vererber.
Simona: Stute; eines der erfolgreichsten Springpferde der Welt unter Hartwig Steenken (Goldmedaille auf den Olympischen Spielen 1968, Mannschaftswertung, Europameister 1971, Springderby-Sieger 1973 (2. 1974), dreimal Deutscher Meister und Weltmeister 1974.

Holsteiner Die Erfolge eines Meteor, einer Retina, eines Torphy und wie sie sonst noch heißen mögen, haben dazu beigetragen, daß der Holsteiner als Springpferd Weltruf erlangte. Aber nicht nur in der Springbahn zeigte er ein überragendes Können; auch in anderen pferdesportlichen Wettbewerben, in der Dressur, im Fahrsport waren es immer wieder Pferde aus dem Lande zwischen der Nord- und Ostsee, die sich besonders bewährten. Der Holsteiner war schon immer mehr als eine alltägliche Pferdeerscheinung.

Geschichte (in Stichworten): Schon zu Beginn des 14. Jahrhunderts spricht die Chronik von einer eigenen Stuterei im Kloster Ütersen in der Haseldorfer Marsch, das „für die Bodenbearbeitung wie für Kriegsnöte ein gut Pferd züchtete". Es

Holsteiner Zuchtstute

Holsteiner Dressurpferd (Venetia)

sollen große, starke Pferde gewesen sein, entstanden aus dem Marschpferd, dem die Zisterzienser Mönche neapolitanische, spanische und orientalische Hengste zuführten. So göttlich verklärt waren die kirchlichen Herren nicht, daß sie den Sinn für die Wirklichkeit verloren. Die Reformation konnten sie allerdings nicht aufhalten, auch nicht, daß sie ihre sich selbst zugesprochenen Rechte und ihren Besitz mit allem Drum und Dran an den jeweiligen Landesherrn verloren. Auch die verstanden eine ganze Menge von Pferden, das gehörte zu ihren aristokratischen Pflichten.

Schon in dieser Zeit (ab 16. Jahrhundert) war der stattliche Holsteiner sehr gefragt. Holsteiner Hengste begründeten die Gestüte in Dillenburg, Celle und Cordoba; Oldenburg und Westfalen holten sich welche, um ihre eigenen Zuchten zu verstärken.

Anfang des 19. Jahrhunderts erhielten die Holsteiner selbst Fremdblutzuführungen, und zwar durch Englische Vollbluthengste, die sich positiv auf Gestaltung und Galoppiervermögen auswirkten und außerdem den Ramskopf verdrängen sollten. Zum anderen wurden Yorkshire-Coach-Hengste eingeführt, die züchterisch besonders gut einschlugen und denen der Holsteiner seine Eignung als Turnierpferd mitzuverdanken hat. Die englischen Hengste Protokoll und Burlington Turk wurden zu Stammvätern des heutigen Holsteiners. Von den später sich bildenden Hengstlinien Achill (mit Tobias-Zweig), Adjutant, Amurath (Araber), Cicero, Ethelbert und Füsilier besteht im Mannesstamm nur noch die Achill-Linie.

Nach dem 2. Weltkrieg typmäßige Umwandlung des Holsteiners von einem kräftigen Reit- und Wagenpferd in ein für den Reitdienst noch geeigneteres Modell, zugleich weitere Harmonisierung und Veredelung durch vermehrten Einsatz von Vollbluthengsten (u.a. Anblick, Cottage Son, Frivol, Marlon, Ladykiller) sowie des aus Polen stammenden Anglo-Arabers Ramzes (s. Westfale). Von diesem stammen an bekannten Turnierpferden u.a. die Schimmel Retina, Robin, Ramona und Romanus ab.

Nicht übersehen sollte man auch die Verdienste des Holsteiners als Fahrpferd, das auf zahlreichen nationalen und internationalen Wettbewerben sich hervorragend bewährte.

Beschreibung: Ein großliniges, eindrucksvolles, elegantes Reitpferd, das in seinem Aussehen mit dem Artillerie-Stangenpferd früherer Zeiten kaum noch Ähnlichkeit hat. Wie der Hannoveraner und der Trakehner entspricht es schon der Vorstellung von einem modernen, edlen Reitpferdtyp.

Erreicht eine Höhe bis 170 cm und kommt meist als Hell- bis Dunkelbrauner vor (Schimmel und Füchse sind nicht allzu häufig).

Im einzelnen: Mittelgroßer, ausdrucksvoller Kopf mit geradem Nasenprofil (Ramsnase kaum noch), mit aufmerksamen Augen und Ohren; kräftige, lange Halsung; lange und schräge Schulterlage; ausgeprägter Widerrist; tragstarker, gerader Rücken; gut geformter Rumpf; muskulöse Lenden; gut bemuskelte, leicht abfallende Kruppe. Einwandfreie Gliedmaßen mit klaren Gelenken.

Charakterlich und im Temperament ohne Makel. Zuverlässig; hart; leistungsbereit. Nervenstark. Intelligent.

Raumgreifende, korrekte Bewegungen in allen drei Gangarten (die einst oft beobachtete ziemlich hohe Aktion beim Trab ist heute nur noch selten zu finden); hervorragendes Springvermögen.

Beurteilung: Ein Pferd, auf das man sich verlassen kann, der Reiter im Parcours ebenso wie der, dem Reiten mehr bedeutet als nur einen gerade in Mode gekommenen Zeitvertreib.

Zuchtgebiete: Holstein.

Verbände/Organisationen: Verband der Züchter des Holsteiner Pferdes, 22 Elmshorn, Klostersand 93. Verbands-Zeitschrift: „Pferdezucht und -sport in Schleswig-Holstein“ (erscheint monatlich).

Bedeutende Pferde der Holsteiner Zucht:

1. Meteor: Mit 150 Siegen das einst erfolgreichste Springpferd der Welt (unter Fritz Tiedemann), zugleich auch das berühmteste.
2. Tora: Unter Hasse Olympiasieger 1936 im Springreiten.
3. Granat: Dressurpferd unter der Schweizerin Stückelberger, das 1974/1975 zahlreiche Siege gegen beste internationale Gegnerschaft errang.

Hunter (Jagdpferd) Seitdem in den letzten Jahren der Pferdesport, vor allem das Springreiten, populär geworden und durch das Fernsehen vielen beinahe auf Tuchfühlung nahe gebracht worden ist, kennt man neben den Holsteinern, Hannoveranern, Westfalen u. a. auch den Hunter, zumindest dem Namen nach. Er ist neben den deutschen Springpferden das Pferd mit dem stärksten Springvermögen, wie auf internationalen Turnieren oft bewiesen. Meist ein gewaltiges Pferd, ein echtes Klasse-, aber kein eigentliches Rassepferd. Denn einer bestimmten Rasse gehört es nicht an, es ist immer ein Kreuzungsprodukt, seit mehr als 200 Jahren in der gesamten angelsächsischen Welt immer wieder neu gezogen. Stets mit Vollbluthengsten, aber mit Stuten verschiedener britischer bzw. irischer Rassen, die eine natürliche Springveranlagung besitzen.

Englischer Hunter (Militäry-Pferd)

Einst das Jagdpferd, der Hunter (von hunt = jagen), mit dem man auf der britischen wie auf der „grünen Insel“ über jede Art Gelände ritt, Koppelzäune übersprang, über Bäche setzte und Steinwälle überwand, mannigfaltige Hindernisse, deren Bewältigung nicht nur einen guten Reiter, sondern auch und vor allem ein zuverlässiges, entschlossenes, mutiges und instinktsicheres Pferd voraussetzte. Heute werden in England und Irland, in Südafrika und Australien noch wirkliche Jagden geritten, nicht mehr so wild wie früher und mit so vielen Feldern, kultivierter, möchte man sagen, aber immer noch hinter dem lebenden Wild und nicht auf einer künstlichen „Duftspur“. Und auf Huntern selbstverständlich. Doch das Pferd, auf das es hier ankommt, ist aus der „creme de la creme“, mit Sehnen aus Stahl und Nerven wie Drahtseile. Hunter im Parcours, gleich, wo und für welchen Zweck aufgebaut, gehören immer zu den Favoriten.

Wie es keine Hunter-Rasse gibt (es ist ja immer ein Gebrauchspferd), fehlt es auch an über größere und geschlossene Zeiträume reichende Entwicklungsphasen, die zu einer gesamtgeschichtlichen Betrachtung berechtigen könnten. Stets sind es pferdliche Einzelschicksale. Das einzig Historische am Hunter ist, daß es ihn erst seit der Entstehung des englischen Vollbluts gibt.

Man unterscheidet zwei Typen:

a) den irischen und
b) den englischen Hunter.

Beide haben außer dem gleichen Zuchtziel eines gemeinsam: der Vater ist immer ein englischer Vollbluthengst. Dagegen können die Stuten verschiedenen Rassen angehören, je nach Land und Möglichkeit. Die Iren haben es verhältnismäßig einfach; sie verfügen nur über das Irish Draught Horse (s. d.), auf keinen Fall zum Nachteil. England hat die Qual der Wahl, nämlich zwischen Stuten der Cleveland Bay-, der Yorkshire-, der Suffolk-, der Shire- und der Clydesdale-Rasse, von den Welshs bzw. Welsh-Cobs abgesehen.

Allgemein wird der irische Hunter als das bessere Turnierpferd angesehen, wie die Erfolgvergleiche eindeutig beweisen.

Entsprechend den Zuchtzielen, die nicht nur auf die Erzeugung eines Spitzenpferdes in der Sprungbahn allein ausgerichtet sind, wird der Hunter in vier Typen gezüchtet, um den verschiedenen Vorstellungen von einem Jagd- und Geländepferd für leichte, schwere und schwerste

Reiter gerecht zu werden. Vorausgeschickt werden muß, daß — nehmen wir das irische Beispiel — das aus der Kreuzung Vollblut-Irish Draught Horse entstandene Pferd immer ein sehr edles Exemplar ist. Noch edler und eleganter fallen naturgemäß die Tiere aus, die aus einer weiteren Kreuzung mit Vollblut entstehen.

Die einzelnen Hunter-Typen sind:

a) Das leichte Jagdpferd (der sog. Leichtgewichts-Hunter). Ein auserlesenes, leicht zu lenkendes Tier von sehr edlem Aussehen, mit sauberen und ausgeglichenen Bewegungen. Für Reitergewichte bis 83 kg geeignet;
b) das mittelschwere Jagdpferd (der Mittelgewichts-Hunter), dem ein Gewicht bis zu 92 kg zugemutet werden kann. Dieser Gruppe gehören fast alle im Turniersport bekannt gewordenen Pferde an. Die kräftigen Exemplare gelten als sehr mutig und ausdauernd und verfügen über ein überdurchschnittliches Springvermögen;
c) das schwere Jagdpferd (der Schwergewichts-Hunter). Ein außergewöhnlich starkes und großes Tier, das fähig ist, einen Reiter um 100 kg Gewicht mühelos über lange Geländestrecken zu tragen;
d) das kleine Jagdpferd (vielleicht nur eine Randerscheinung, aber keinesfalls ein Abfallprodukt!): mit einem Stockmaß bis 157 cm. Ausdauernd, ziemlich schnell. Gedacht für junge und leichtere Reiter und Reiterinnen, die vom Pony auf ein größeres Pferd überwechseln wollen. Auch dieser Typ weist ein sehr wohlgefälliges Äußeres auf und läßt sich leicht reiten.

Beschreibung: Kurz zusammengefaßt ergibt sich folgendes Bild: ein sehr edles, dem Vollblut äußerlich ähnliches, muskulöses Pferd von 152 bis 177 cm Größe. Als ideal wird bei den mittleren bis schweren Typen eine solche von 165 bis 172 cm angesehen.

Der Kopf soll fein und nervig sein und nach unten spitz zulaufen, das Auge munter und freundlich blicken; Nasenlinie gerade oder leicht konvex verlaufend; meist kleine, aufmerksame Ohren, gelegentlich „Hängeohren". Mittellanger Hals, lange, gut gelagerte Schulter; ziemlich langer, gutgerippter Rumpf mit tiefer, weiter Brust; kräftiger Rücken mit guter Sattellage; kurze, gut bemuskelte Kruppe, hoher Schweifansatz. Einwandfreie Gliedmaßen mit ausdrucksvollen Gelenken, stählernen Sehnen und stabilen Knochen.

Die gefragteste Farbe ist braun in verschiedenen Variationen, doch kommen auch zahlreiche Schimmel vor.

Zuchtgebiete: Zuchten vor allem in England und Irland, außerdem in Südafrika, Australien und Neuseeland.

Verbände/Organisationen: Irland: a) Hunter Improvement Society of Ireland, Ballyclough House, Castletroy, Co. Limerick; b) Irish Horse Board, St. Maelruan's Tallaght, C. Dublin. England: Hunters' Improvement and National Light Horse Breeding Society, 17 Devonshire Street, London W 1 N 2 BQ.

Ili-Pferd Ein in der Provinz Sinkiang im Westen Chinas gezüchtetes Reit- und Packpferd von 147 bis 152 cm Größe und 350 bis 400 kg Gewicht. Die früher fast immer mit einem mehr oder weniger ausgeprägten Ramskopf versehene Rasse entstand aus einer Kreuzung einheimischer Mongolen-Stuten und eingeführten größeren russischen Hengsten. Durch Zuchtauswahl versucht man seit neuerer Zeit, das Ili-Pferd mit einer erwünschten geraden Nasenlinie zu züchten.

Irisches Jagdpferd Siehe Hunter.

Irish Draught Horse (Irisches Zugpferd) Einst war es ein richtiges und wichtiges Zugpferd, das den Acker pflügte, die Ernte einbrachte und auf dem der Bauer zur Jagd oder zur nächsten Stadt ritt. Heute dient die Masse der Stuten beinahe ausschließlich der Zucht von Huntern (s. d.), irischen Jagd- und Springpferden, denen es außer dem Springvermögen die gesunde Konstitution, Kraft und Ausdauer sowie ein ausgeglichenes Temperament mitgibt.

Geschichte: Das Irish Draught Horse soll es in seiner Urform bereits vor unserer Zeitrechnung in Irland gegeben haben. Erste Einwirkungen auf die Entstehung der Rasse erfolgten sicherlich durch einheimische, auf besseren Böden und unter günstigeren Lebensverhältnissen aufgewachsene Connemara-Ponys (s. d.), den „Irish Hobbies" (aus hobyn entwickelt), wie sie im 16. Jahrhundert genannt wurden und die auch später zusammen mit orientalischem und spanischem Blut öfter eingekreuzt wurden.

Wie überall erlebte auch die inzwischen konsolidierte und auch das Ausland interessierende Rasse der Draughts im 19. Jahrhundert einen wirtschaftlich bedingten starken Rückgang. Die kleinen Bauern, in deren Händen der Hauptteil der Zucht lag, verarmten und mußten ihre besten Pferde verkaufen. Da aber andererseits ein Mangel an kräftigen Zugtieren bestand, kreuzte man die vorhanden gebliebenen Stuten mit Clydesdalern und anderen englischen Kaltblut-Hengsten- eine Notlösung mit einem im Endeffekt unbefriedigenden Ergebnis. Erst staatliche Unterstützungen erbrachten eine Verbesserung der Situation und eine Rückkehr zu den früheren Zuchtmethoden, zugleich mit dem Ziel, das eingekreuzte Kaltblut wieder zu verdrängen.

So wurden in dem 1917 eingerichteten Stutbuch grundsätzlich nur solche Pferde aufgenommen, die in ihrer äußeren Erscheinung keinerlei Kaltblutmerkmale aufzuweisen hatten.

Längst ist das Draught wieder ein reines Warmblutpferd, das kaum noch an die Tiefpunkte in seiner Geschichte erinnert. Die besten und zur Erzeugung von irischen Jagdpferden geeigneten Stuten sind in einem amtlichen Stutennominierungsprogramm enthalten; Besitzer einer darin vermerkten Stute haben das Recht, diese kostenlos oder gegen eine geringe Gebühr von einem der etwa 300 registrierten Vollblut-Zuchthengste decken zu lassen.

Beschreibung: Insgesamt gesehen ein mittelschweres, 160 bis 170 cm großes, ziemlich muskulöses Pferd mit meist hübschem Kopf, mittellangem Hals, langer, schräger Schulter, betontem Widerrist, langem Rücken, gut entwickelter Brust, oval geformtem Rumpf und leicht abfallender Kruppe. Gliedmaßen gut bemuskelt, trocken und stabil. Gelegentlich leichter Kötenbehang. Hauptfarbe: Schimmel und Braune.

Ausgeglichenes Temperament, energisch, intelligent. Ausdauernd. Geht einen langen Schritt, einen raumgreifenden Trab und, wenn aufgefordert, einen guten Galopp. Springvermögen besonders ausgeprägt.

Zuchtgebiet: Nur Irland.

Organisationen/Verbände:

1. Irish Horse Board (Irische Pferdekammer), St. Maelruan's Tallaght Co. Dublin.
2. Irish Horse Breeder's Society, Harcourt House, Harcourt Street, Dublin 1.

Jakute (Yakute, Jakutenpferd) Das eigentliche Pferd Sibiriens, hauptsächlich als Pack- und Zugtier genutzt und nach den Jakuten, einer türkisch-tatarischen Völkerschaft im Osten und Nordosten Sibiriens, benannt.

Ein äußerst zähes, genügsames, kräftiges, ruhiges und geduldiges Pferd knapp über der Ponygröße, das gegen Kälte ziemlich unempfindlich ist. Wird zu allen in dieser unwirtlichen Landschaft anfallenden Arbeiten verwandt, in der Tundra, auf der Pelztierjagd, in den südsibirischen Wäldern usw. Wenn auch über einen großen Raum verbreitet, hat der Jakute doch nur einen regionalen Charakter.

Kabardin-Pferd (Kabardiner, Kabardinsk-Pferd) Über den Ursprung des kabardinischen Pferdes, das schon im 16. Jahrhundert über die Grenzen seiner kaukasischen Heimat hinaus bekannt war, gibt es verschiedene Ansichten. Vermutlich trifft die am ehesten zu, daß diese zähe Gebirgsrasse in einem langdauernden, anfangs oft von Zufällen bestimmten Prozeß entstanden ist, an dem außer einheimischen Bergpferden und solchen der angrenzenden Gebiete (Karabaghs, Turkmenen, Perser und Araber) Pferde aus der Nogaiischen (Nogaier) und den östlichen Steppen beteiligt waren. Dies mag auch der Hauptgrund sein, daß es drei Typen gibt, die sich heute nicht mehr allzu sehr voneinander unterscheiden wie vor etwa 50 Jahren:

a) den Grundtyp,
b) den leichteren Osttyp (aus der Kleinen Kabarda),
c) einen etwas schwereren und kräftigeren Typ.

Dazu kommt noch ein weiterer Typ, der zur Verbesserung von Schnelligkeit und Dressurfähigkeit durch die Paarung englischer Vollbluthengste mit Kabardiner-Stuten (ohne Typen-Unterschied) in den letzten Jahrzehnten entwickelt wurde, der sog. Anglo-Kabardiner.

Heute findet man den Kabardiner nicht nur in seinem eigentlichen Zuchtgebiet, dem Nordkaukasus. Die wegen ihrer Genügsamkeit, Ausdauer und Härte sehr geschätzte Rasse ist auch in den übrigen Kaukasus-Republiken zwischen dem Asow'schen und Kaspischen Meer häufig anzutreffen.

Verwandt wird der Kabardiner hauptsächlich als Reitpferd, vor allem im bergigen Gelände, in dem ihm „kein Weg zu lang, kein Hang zu steil und kein Wildbach zu reißend“ ist. Gelegentlich begegnet man ihm im Gebirge auch als Saumpferd, als das er sich schon immer hervorgetan hat.

Der Kabardiner gehört nicht zu den schnellsten russischen Reitpferden, doch sind seine Widerstandskraft, seine Wetterunempfindlichkeit und Gesundheit, seine Fruchtbarkeit und Langlebigkeit, sein sprichwörtlicher Orientierungssinn und seine Trittsicherheit kaum von einem anderen in der Sowjetunion gezogenen Pferd zu übertreffen. Außerdem gilt die Milch der Stuten als besonders nahrhaft und wohlschmeckend.

Ein kräftiges, zuverlässiges Reitpferd, besonders geeignet für längere Ritte auch in schwierigstem Gelände. Neben einem ruhigen, gleichmäßigen Schritt geht es einen guten, energischen Trab und einen ausreichenden Galopp, der nur bei den Anglo-Kabardinern leicht und raumgreifend ist.

Beschreibung (für alle Typen außer dem Anglo-Kabardiner): Mittelgroßer, meist etwas ramsnasiger Kopf mit aufmerksamen Augen und sehr beweglichen, großen Ohren, deren Spitzen leicht einwärts gebogen sind. Sehniger, mittellanger Hals; Widerrist nicht besonders ausgeprägt; ziemlich langer, muskulöser Rücken; leicht abfallende Kruppe. Kräftige Gliedmaßen mit stahlharten Sehnen und besonders festen Hufen (brauchen kaum ein Eisen). Hinterhandstellung gelegentlich kuhhessig (Bergpferd!). Weiches, fast seidiges, aber nicht üppiges Langhaar.

Hauptfarbe: Braun; es kommen aber auch zahlreiche Dunkelbraune, Schwarzbraune und Rappen vor. Bis auf etwas Stichelhaar kaum Abzeichen.

Durchschnittsgröße: Hengste 153 cm, Stuten 149 cm; Brustumfang 175,5 bzw. 178 cm; Röhrbein 19,35 bzw. 18,4 cm.

Der Anglo-Kabardiner wirkt, insgesamt gesehen, edler und rassiger (ähnelt ein wenig dem Achal-Tekkiner), ist um 2 bis 3 cm größer und besitzt einen ausgeprägteren Widerrist.

Zuchtgebiete/Gestüte: Kaukasusgebiet (alle Kaukasus-Republiken) und Raum zwischen Schwarzem/Asow'schem und Kaspischem Meer südlich der Linie Rostow—Wolgograd (Stalingrad).

Der Anglo-Kabardiner wird in den Gestüten Malokaratschajewskoje und Malkinskoje im Nordkaukasus gezüchtet.

Karabagh Eine sehr alte, fast 2000 Jahre alte Pferderasse, die schon im vierten nachchristlichen Jahrhundert bekannt war. Schließlich führte bereits zur Römerzeit ein Handelsweg (Chinaseide) in direkter Verbindung vom Schwarzen zum Kaspischen Meer an dem Ufer des Cyprus entlang, der heute Kura heißt. Südlich dieses Flusses bis zum Aras (Araxes) erstreckt sich die Kaukasuslandschaft Karabagh, der „Schwarze Garten", die dem dort heimischen Pferde ihren Namen gab. Heute leben in dem zur Sowjet-Republik Aserbeidschan gehörenden Gebiet nur noch ein paar hundert dieser eleganten Tiere, von denen einige Exemplare vor nicht allzu langer Zeit nach England gebracht werden konnten.

Einst bildete der Karabagh mit dem im persischen Aserbeidschan vorkommenden Karadagh (s. d.) eine Rasse, doch dann gingen beide Stämme ihre eigenen Wege, um sich später zu getrennten Rassen zu entwickeln.

Wie hoch der Karabagh einmal eingeschätzt wurde, beweist sein einstiger Einfluß auf verschiedene Rassen im Süden Rußlands (Don, Kabardin usw.). In unserer Zeit gilt er beinahe als eine zoologische Seltenheit, die zu erhalten eigentlich selbstverständlich ist.

Sehr selten geworden: der Karabagh

Beschreibung: Insgesamt gesehen ein Pferd von imposanter Erscheinung, mit angenehmen, harmonischen Bewegungen und einem ausgeglichenen Temperament. Kleiner, leichter und feiner Kopf mit großen, ausdrucksvollen Augen und sehr betonter Stirn. Kräftiger, mittellanger und gut aufgesetzter Hals; ziemlich lange, schräge Schulter; kräftiger Rumpf; leicht abfallende Kruppe. Fehlerfreie, muskulöse Gliedmaßen. Feines, weiches Haarkleid von brauner, grauer oder falbener Farbe; gelegentlich weiße Abzeichen an Kopf und Gliedmaßen.

Durchschnittsgröße: 150 cm.

Zuchtgebiet: Aserbeidschanische Sowjetrepublik (Kaukasus). Die Zucht ist vom Aussterben bedroht.

Karabaier (Karabairsk-Rasse) Der Karabaier stammt aus der Pferdewiege Zentralasiens, bevor er zum Pferde der Usbeken wurde. Bereits im 18. Jahrhundert war es über die Grenzen seines eigentlichen Zuchtgebietes hinaus bekannt und gefragt. Mancher Karabaier-Hengst wanderte schon damals in benachbarte Provinzen ab, um mit seinem Blut die dort heimischen Rassen (u. a. die Kasachen und Kirgisen) zu verbessern. Ein Jahrhundert später erfuhr der Karabaier selbst einige notwendig gewordene Auffrischungen.

Neben kirgisischen, turkmenischen und mongolischen waren es vor allem hereingeholte Araber-Hengste, die ihn positiv beeinflußten. Diese Einkreuzungen führten letzten Endes zur Bildung der drei heute noch vorhandenen Typen:

a) einem stabilen, kräftigen, charakterlich sehr ruhigen Typ, der als Reit-, Trag- und Zugpferd verwendet wird (Grundtyp);
b) einem reinen Reittyp, untersetzt und kraftvoll, mit leichten, schwungvollen Bewegungen in den Gangarten und
c) einem ausgesprochenen Zugpferd-Typ mit einem längeren und sehr kräftigen Rücken.

Beschreibung: Mittelgroßer, hübscher Kopf mit gerader Nasenlinie, ziemlich breiter Stirn und weit auseinanderliegenden, markanten Ohren, großen, ausdrucksvollen Augen. Kräftiger, kurzer Hals; nicht sehr hoher Widerrist; kurzer, gerader Rücken (beim Gespanntyp etwas länger!); kräftige Lendenpartie; breite Brust; gut bemuskelte, sehr betonte Kruppe; muskulöse, trockene Gliedmaßen; Neigung zur kuhhessigen Stellung der Hinterbeine; einwandfreie, ziemlich kleine Hufe.
Auffallend feine Haut mit dünnhaarigem Fell. Charakteristisch die deutlich hervortretende Beaderung. Schwache Behaarung von Mähne und Schweif.

Hauptfarben: Grau und braun in verschiedenen Tönungen.
Größe:
Typ a) 150—155cm; Röhre 19,8; Brustumfang 174 cm
Typ b) 152—156/19,5/172 cm
Typ c) 152—157/20,5/180 cm.

Beurteilung: Ein ausgezeichnetes, nicht sehr großes, ziemlich kräftiges Gebirgspferd, das sich hauptsächlich unter dem Reiter, aber auch als Trag- und Zugtier sehr gut bewährt hat. Von großer Zähigkeit und Ausdauer; hat sich den in seiner wasserarmen Heimat vorherrschenden klimatischen Bedingungen (heiß und trocken) hervorragend angepaßt.

Zuchtgebiete: Usbekistan (südlich und südöstlich des Aral-Sees).

Karadagh Das persische Gegenstück zum russischen Karabagh (s.d.), von dem es sich trotz früherer engster Verwandtschaft durch mehr als nur einen anderen Konsonanten in der Bezeichnung unterscheidet. Lebt seit langen Zeiten in dem persischen Aserbeidschan, doch ist auch hier die einst in großer Menge gezüchtete Rasse auf wenige Exemplare zusammengeschmolzen.

Ein ausgezeichnetes Bergpferd, das zum Reiten sowie als Zug- und Tragtier gleich gut geeignet ist.
Kopf wie der des Karabagh fein und leicht; große Augen; kräftiger, leicht gewölbter Hals; kurzer Rücken, ziemlich lange, aber muskulöse Gliedmaßen.
Größe bis 157 cm. Hauptfarben sind braun und falb mit metallischem Schimmer.

Kentucky Saddle Horse Siehe Amercian Saddle Horse.

Kladrubber Einst ein k.u.k.-Paradepferd, bestimmt für die Gala-Kutschen des Habsburgischen Kaiserhofs in Wien.

Entstand im 1572 durch Kaiser Maximilian II. gegründeten Hofgestüt Kladrub aus spanischen und italienischen Edelrossen, die alle eine starke, rassetypische Ramsnase aufwiesen. Später Aufteilung der anfänglich einheitlichen Zucht in eine

a) Schimmellinie mit einem italienischen Pepolihengst als Stammvater (1764), dessen Enkel Generale der Linie den Namen gab und eine
b) Rappenlinie, die der 1799 eingeführte spanisch-italienische Hengst Sacramose begründete und die nach ihm benannt wurde.

Kladrubber Pferde wirkten auch auf die Lipizzaner Zucht ein, wie der spanische Schimmelhengst Maestoso (s. Lipizzaner).

Mit dem Ende der Donaumonarchie und der Abtrennung der Tschechoslowakei, zu der Kladrub gehört, ging die Zucht stark zurück; lobenswerterweise wird sie aber von den Tschechen in beschränktem Maße in den vier Stämmen Generale, Generalissimus, Sacramoso und Favory weitergeführt, wobei die Rappen im Gestüt Slatinany, die Schimmel in Kladrub gezüchtet werden. Die Kladruber Dreizehnergespanne gehören zu den Attraktionen pferdesportlicher Darbietungen.

Beschreibung: Ein 160 bis 170 cm großer, kräftiger, in seiner Gesamterscheinung sehr imponierender Karossier in Rappen- oder Schimmelfarbe (getrennte Linien). Mit langem, großem, breitstirnigem Kopf und starker Ramsnase. Starker, stolz getragener Hals, flacher Widerrist; breite Brust; langer Rücken, breite, kurze Kruppe. Muskulöse Gliedmaßen mit trockenen Sehnen und Gelenken. Trotz seines lebhaften Temperaments charakterlich gutartig und verträglich. Geht einen ausreichenden Schritt und einen kurzen Trab mit hoher Aktion; kein Galoppierpferd.

Alte Kladrubber Hengste ...

Generale.

Deckhengst des k. k. Kladruber Hofgestütes, Kladruber Rasse, Schimmel, von Generale Forata aus der Alba VII, 180 cm hoch, geboren im Jahre 1870.

der Schimmellinie (Generale)

Sacramoso.

Deckhengst des k. k. Kladruber Hofgestütes, Kladruber Rasse, von Sacramoso I, aus der Sylvestra IV, 175 cm hoch, geboren im Jahre 1876.

und der Rappenlinie (Sacramoso)

Knabstrupper Eine seit Anfang des vergangenen Jahrhunderts in Dänemark überwiegend als Tigerschecke gezüchtete Unterart des Frederiksborger (s. d.), die wegen ihrer auffälligen Färbung vor allem in Zirkussen Verwendung findet. Früher war der Knabstrupper auch als Kutschpferd sehr beliebt.

Etwas leichter als der Frederiksborger; eine elegante, 155 bis 160 cm große Pferdeerscheinung, die auch ohne ihre typische Fleckung gefallen kann.

Beschreibung entspricht im allgemeinen der des Frederiksborgers.

Zuchtgebiet: Seeland/Dänemark.

Kustanaier (Kustanaisk-Rasse) Rußland ist, was seine Pferde betrifft, ein beneidenswertes Land. Der Kustanaier, vor allem der veredelte, gehört zu seinen schönsten.

Geschichte: Jahrhundertelang hatten sich die mongolisch-tatarisch-türkischen Nomaden mit den kleinen, kräftigen, schnellen und harten Pferden ihrer Steppen zufrieden gegeben, durch die einst die Hunnen und die Reiterhorden Dschingis Khans gezogen waren. Bis ein um 1880 erlassener Ukas des allmächtigen Zaren ihnen befahl, sich mit mehr Sorgfalt als bisher um eine Verbesserung der Kustanaier Rasse zu kümmern und aus ihr ein Pferd zu züchten, das für die kaiserliche Kavallerie geeignet war. Mit den Fohlen fing es an. Im Sommer blieben sie bei den Herden in den Steppen; über die Wintermonate kamen sie in die großen Ställe der Gestüte, die man ab 1886 aufgebaut hatte. Diese Veränderungen, in Verbindung mit einer besseren Fütterung (Körnerfutter), führten schon nach wenigen Pferdegenerationen zu einer Erhöhung der Größe auf durchschnittlich 143 cm. Weitere vor 1914 unternommene Verbesserungsmaßnahmen, z. B. die Einkreuzung mit Don- und Kasachen-Hengsten, wurden durch den 1. Weltkrieg unterbrochen. Erst ab 1920 konnten sie fortgesetzt werden, wobei außer dem Blut der bereits genannten beiden Rassen noch das anderer russischer Rassen (Ukrainer, Orlow-Rostopchiner) und in den späteren Jahrzehnten auch das englischer Vollblüter hinzukam. Letztere waren fast ausschließlich an der Verbesserung des Reittyps beteiligt, den man daher seit 1951 als den „neuen" oder „veredelten" bezeichnet. Mit Recht, wie es scheint; denn der „veredelte" Kustanaier ähnelt mehr dem Vollblut als einem Steppenpferd.

Beschreibung: Man unterteilt die Rasse in zwei Typen (manche nehmen sogar drei an; doch ist der sog. Basis- oder Grundtyp eine Verlegenheitslösung für die Exemplare, die weder dem einen noch dem anderen Schlag entsprechen):

a) der Steppenpferdtyp: Ein sehr kräftiges, als Reit- wie als Zugpferd zu verwendendes Tier, das von Don- und Kasachenblut am stärksten beeinflußt wurde. Gilt als sehr anpassungsfähig, anspruchslos und fruchtbar (die Stuten geben viel Milch), ist aber bei weitem nicht so schnell wie der Reittyp

b) der Reittyp, geformt vor allem durch die zur Einkreuzung verwandten Englischen Vollblut-Hengste. Etwas schwierig in der Haltung und längst nicht so robust wie der Steppenschlag, wird deshalb auch nicht so wie dieser in der großen Herde gehalten.
Kann die 1200-m-Strecke unter 1:18,0 Min. (WR 1:07,4) und die 1600 m um 1:45 Min. laufen (WR 1:32,2 Min). Doch erreicht es auch über lange Distanzen ausgezeichnete Zeiten, z. B. 50 km in 1:35,0 Std., die für die Ausdauer und das Stehvermögen dieses Typs sprechen.

Beiden Typen gemeinsam ist ein mittelgroßer, ziemlich feiner Kopf mit munteren Augen und beweglichen, mittellangen Ohren. Verhältnismäßig langer, aber muskulöser, oft etwas tief angesetzter Hals. Hoher Widerrist; saubere Rückenlinie; kurze, leicht abfallende Kruppe; lange, schräge, gut gelagerte Schulter; kräftiger, beim Steppentyp weniger schlanker Rumpf mit gut ausgebildeter Nierenpartie. Gliedmaßen sehnig und trocken mit deutlich markierten Gelenken und kleinen, festen Hufen.
Durchschnittsgröße: Hengste 157, Stuten 153 cm; Röhrbein 20,3 bzw. 19,4 cm; Brustumfang 185 cm.
Farben: Braun in verschiedenen Tönungen dominiert.

Beurteilung: Ein ausgezeichnetes, über kurze wie über lange Strecken ziemlich schnelles Pferd, von großer Ausdauer und Leistungsfähigkeit (Reittyp). Der Steppentyp im Gelände unverwüstlich, genügsam, hart. Als Reitpferd nicht so schnell wie der Reittyp, aber ebenfalls sehr ausdauernd; hat sich auch als ein zugkräftiges Wagenpferd bewährt.

Gangarten: Langer Schritt, langer, flacher Trab, raumgreifender Galopp.

Zuchtgebiete: Kasachische Republik der Sowjetunion mit Schwerpunkten in den Gebieten Kustanaisk (gab der Rasse den Namen), Akmolinsk und Kokchetavsk. Im Nordwesten Kasachstans vor allem Zucht des Steppentyps.

Lettisches Warmblut Ein in erster Linie als Fahrpferd in der Landwirtschaft eingesetztes, kräftiges und ziemlich großes Tier, das auch zum Reiten verwendet werden kann.

Entstand aus den primitiven bodenständigen Pferden Lettlands und eingekreuzten Hengsten vor allem westeuropäischer Rassen. Besonders stark wirkten dabei Oldenburger Hengste mit, von denen einige eigene Linien begründen konnten.
Beschreibung: Größe: durchschnittlich 163 cm (Hengste), 160 cm (Stuten), Röhrbeinumfang 23,3 bzw. 22,1 cm.
Farben: Füchse, Braune, Rappen.

Limousin Benannt nach der einstigen königlichen Provinz Limousin (heute Dep. Haute-Vienne), mit der Landschaft um Pompadour (mit berühmtem Gestüt!) als Pferdezucht-Schwerpunkt mit fruchtbaren Weiden und einem sehr ausgeglichenen und bekömmlichen Klima.
Obwohl das Gebiet schon seit längerer Zeit zum Bereich des Anglo-Arabers gehört, dürfte das Limousin-Pferd mehr vom Anglo-Normannen beeinflußt worden sein. Es sollte allerdings nicht unberücksichtigt bleiben, daß im eigentlichen Limousin, der weiteren Umgebung von Pompadour usw der Araber aus ökologischen Gründen fülliger, starkknochiger und großrahmiger ist und dem „type selle“ mehr ähnelt als in anderen Gebieten Frankreichs.
So erweist sich auch der Limousin als ein ziemlich großes (170 cm Durchschnitt), starkknochiges, kräftiges, mit harmonischer Linienführung und ausgeglichenem Temperament versehenes Pferd, das gut galoppieren und springen kann und selbst einen schweren Reiter mühelos zu tragen in der Lage ist.

Lipizzaner Das Edelroß, das wie kein anderes die Hohe Schule auf und über der Erde beherrscht. Das Pferd, dem man den Adel glaubt, ohne einen Nachweis zu verlangen.

Geschichte (in Stichworten): Entstanden in dem 1580 von Erzherzog Karl gegründeten Gestüt Lipizza bei Triest aus dem Spanischen, dem einheimischen Karst- und dem arabischen Pferd.
Hengste spanischer Herkunft aus den bedeutendsten Gestüten Europas begründeten fünf der sechs Stämme des Stammgestüts: Pluto, geb. 1765 aus Frederiksborg; Conversano, geb. 1767 aus Neapel; Favory, geb. 1779 aus Kladrub; Maestoso, geb. 1786 aus Spanien über Kladrub; Neapolitano, geb. 1790 aus Neapel.
Zu diesen fünf Stammbegründern kam 1826 als sechster der Araberhengst Siglavy hinzu.
Bis auf den Pluto-Stamm erhielten alle anderen später eine Auffrischung durch arabisches Blut.
Seinen besonderen Ruf als Pferd der Hohen Schule erhielt der Lipizzaner durch die 1735 von Karl VI. gegründete Spanische Hofreitschule in Wien, die ihn bis in unsere Tage bewahrt hat.
Längst schon werden die Lipizzaner der Hofreitschule nicht mehr im heute zu Jugoslawien gehörenden Karster Gestüt gezüchtet, sondern im Bundesgestüt Piber in der Steiermark. Aber es sind die gleichen Pferde geblieben, die seit 240 Jahren Tausende von Menschen erfreut und beglückt haben, in der Spanischen Reitschule in Wien oder in einem Zirkus.

Lipizzaner-Hengste bei einer Vorführung im Zirkus Krone

Ungarisches Fünfergespann mit Lipizzaner-Stuten

Beschreibung: Meist ramsnasiger, mittellanger, edler, trockener Kopf mit großen, dunklen, aufmerksamen Augen, ziemlich kleinen Ohren und weiten Nüstern; kräftiger, manchmal sogar starker, doch stolz getragener Hals; breite Brust; kräftiger, gut geformter Rumpf; wenig Widerrist; muskulöse, runde Kruppe; kurze, kräftige, trokkene Gliedmaßen mit einwandfreien Gelenken; kleine, feste Hufe.

Farben: Ausschließlich Schimmel, lediglich bei den in Jugoslawien gezüchteten Exemplaren des Tulipan-Stammes kommen Braune vor. Haarkleid fein und dicht.

Durchschnittsgröße: 152 cm ($\pm$ 5).

Charakterlich ohne Makel. Ruhig, ausgeglichen. Aufmerksam; sehr intelligent und gelehrig. Spätreif, langlebig (Durchschnittsalter 24 bis 26 Jahre). Schritt und Trab („Spanischer Tritt") sind die Gangarten, die der Lipizzaner am besten und sichersten beherrscht.

Nur Hengste kommen für die „Hohe Schule" in Frage. Sie tragen übrigens alle einen Doppelnamen, von denen der erste die Linie bezeichnet (z. B. Maestoso), während der zweite die Mutter nennt (z. B. Austria).

Die in Vorführungen gezeigten Gespanne (in Ungarn mit Schimmeln, sog. Jucker) werden fast immer von Stuten gebildet. In Jugoslawien gilt der Lipizzaner als ein ganz ausgezeichnetes Wirtschaftspferd.

Beurteilung: Ein Schulpferd, wie es kaum ein zweites gibt; ein Pferd der Dressur, aber kein dressiertes.

Zuchtgebiete: Österreich: Gestüt Piber bei Köflach in der Steiermark; Ungarn: Bábolna, Kisbér u. a.; Jugoslawien: Stanic, Lipizza, Lipik, Kutjevo, Fruska Gora, Prnjavor, Dobricevor.

Literatur: Ackerl/Lehmann: Die edlen Lipizzaner und die Spanische Hofreitschule. 1940. — Lehmann: Hengst Maestoso Austria. — Podhajsky: Die Spanische Hofreitschule. 1954. — Podhajsky: Ein Leben für den Lipizzaner. 1960.

Lokaier (Lokaisk-Rasse) Vor etwa einem halben Jahrhundert hätte sich die Überlegung erübrigt, ob man den Lokaier zu den Ponys oder zu den warmblütigen Pferden hätte zählen sollen. Damals stand er eindeutig im Ponymaß, und selbst die größten Exemplare wuchsen nicht über 146 cm hinaus. Heute liegt die Durchschnittsgröße der Hengste bei 150 cm, dagegen beträgt die der Stuten nur 142 bis 145 cm.

Geschichte: Eine Jahrhunderte alte zentralasiatische Rasse, die sich aus der mongolischen entwickelte und im Laufe der folgenden Zeit mehr oder weniger verändernde Blutzuführungen von anderen Rassen erhielt. Daran beteiligt waren vor allem die nahe verwandten Karabaier (s. d.), Iomuds (s. d.) und schließlich auch Araber.

Gezüchtet wurde es von Beginn an von dem zu den Usbeken zählenden Lokai-Stamm, der dem Pferd den Namen gab und dieses im 16. Jahrhundert aus dem alten Lebensraum nördlich des

Aral-Sees in ein Gebiet südlich und südwestlich des gleichen Sees mitbrachte, das heute die Sowjetrepubliken Usbekistan und Tadschikistan umfaßt (an der Grenze zu Afghanistan, Pakistan und China). In diesem Raum entwickelte sich der Lokaier aus einem Reit- und Tragpnoy von höchstens 135 cm Größe infolge der bereits erwähnten Einkreuzungen zu einem ausdauernden, kräftigen Reitpferd, das in den letzten Jahrzehnten rein gezüchtet wird. Eine Ausnahme bildet eine kleinere Gruppe von Lokai-Stuten, die, vermutlich in erster Linie zu Studienzwecken, von Tersker, Araber- und Vollblut-Hengsten gedeckt werden.

Beschreibung: Kein einheitlicher Kopf, der je nach dem Grad der Einkreuzung dem eines Mongolen wie dem eines Arabers ähneln kann. Meist gerade Nasenlinie, breite Stirn. Mittellanger, kräftiger Hals. Rücken muskulös, kurz und gerade mit kräftiger Nierenpartie. Gut entwickelte Brust, Widerrist nur schwach betont, Kruppe abfallend. Gliedmaßen im allgemeinen knochig und sehnig und mit guten Gelenken. Manche Exemplare mit etwas kurzem Unterschenkel bzw. Unterarm. Gelegentlich säbelbeinige Stellung der Hinterbeine. Hufe klein bis mittelgroß und fest.

Haarfarbe: Überwiegend Braune, gefolgt von Schimmeln; Rappen und Falben selten. Spärliches Langhaar.

Durchschnittsgröße: Hengste: 150 cm, Stuten 142 bis 145 cm; Brust: um 172 bzw. 168 cm; Röhrbein 19,0 bzw. 18,0 cm.

Beurteilung: Der Lokaier gilt nicht als besonders schnell (der Karabaier ist schneller); er verfügt aber über eine große Beweglichkeit und wird außerdem als mutig, temperamentvoll, gelehrig sowie als außerordentlich zäh und genügsam geschildert. Da er einen sehr kräftigen Körperbau auf stabilem Fundament aufweist, wird er neben seiner hauptsächlichen Verwendung als Reitpferd auch als Tragtier eingesetzt.

Zuchtgebiete: Die UdSSR-Republiken Tadschikistan (Hauptzuchtgebiet) und Usbekistan.

Lusitaner Neben dem Altér die zweite bodenständige Warmblutrasse in Portugal. Sie wird im Süden und im Zentrum des Landes gezüchtet und ist auf der gleichen Grundlage wie der heute noch im Typ nahestehende Andalusier (s. d.) entstanden. Ihren Namen erhielt sie nach der römischen Provinz Lusitania im alten Spanien (jetzt Portugal).

Entwicklungsgeschichtlich wirkten Araber, Berber und von den germanischen Völkerschaften mitgebrachte Pferde nordischen Typs nachhaltig auf dieses harte, anspruchslose portugiesische Pferd iberischen Ursprungs ein, das noch vor wenigen Jahrzehnten das Standard-Reitpferd der Armee Portugals war.

Obwohl Esel und Maultier, wie seit uralten Zeiten, die Hauptlast der landwirtschaftlichen Arbeit tragen, trifft man gelegentlich auch den Lusitaner vor dem Bauernwagen an. Etwas häufiger sieht man dieses hübsche, ziemlich edle Pferd in den Stierkampf-Arenen, in denen nicht nur der Rejoneador sein Können zeigt, sondern auch sein Reitpferd, Andalusier oder Lusitaner, außer Mut, Reaktionsfähigkeit und Intelligenz seine außergewöhnliche Wendigkeit, mit Schnelligkeit gepaart, zeigen muß. Werte, die die meisten Lusitaner besitzen.

Mit 150 bis 160 cm Größe ist es nicht so groß wie der Andalusier, wirkt aber härter und trockener als dieser.

An Farben kommen vor allem Schimmel und Braune vor.

Malopolska-Pferd (Anglo-Araber) Ursprünglich ein in Polen aus bodenständigen Stuten und eingekreuzten Orientalen entstandenes anspruchsloses, leistungsfähiges und ziemlich edles Pferd. Heute umfaßt der Begriff ‚Malopolska' Pferdestämme anglo-arabischen Halbbluts, das in Zentral- und Südpolen gezüchtet wird und im Ausland als „Polnischer Anglo-Araber" bekannt geworden ist.

Die Polen unterscheiden auf Grund ihrer Abstammung drei Typen:

a) den Anglo-Araber mit hohen Blutanteilen des Shagya (s. d.) aus dem Radautzer Gestüt, gezüchtet im Raum Lublin-Kielce;
b) den Anglo-Araber aus dem Gebiet Sacz-Tarnow, auf dessen Entwicklung österreich-ungarische Stämme (Furioso, Gidran und Przedswit) besonders stark eingewirkt haben. Hauptgestüte: Chystow (Gidran), Stubno (Furioso) und Walewice;
c) den Anglo-Araber, der aus nach dem letzten Krieg aus Frankreich eingeführten Anglo-Arabern gezüchtet wurde. Hauptgestüt Pruchna.

Der polnische Anglo-Araber gilt als ein ausgezeichnetes Sportpferd mit viel Eleganz und elastischen, raumgreifenden Bewegungen in allen drei Gangarten sowie einer starken Springveranlagung. Er ist mittelgroß (bis 160 cm) und von wohlgefälligem Äußeren, im Wesen angenehm und im Temperament lebhaft, aber sanft. Auch in der Zucht beeindruckend, wie der 1938 geborene Schimmelhengst Ramzes in Holstein und Westfalen bewiesen hat.

Mangalarga Der Mangalarga (örtlich auch Junqueira genannt) ist ein schnelles und leichtes Reitpferd, das fast ausschließlich in den weniger heißen Südstaaten Brasiliens gezüchtet wird. Es fällt vor allem durch seine elegante Erscheinung auf, die es seinen iberischen Stammvätern (Altér und Andalusier) zu verdanken hat.
Die Durchschnittsgröße liegt bei 1,50 m. Pferde, deren Maß 1,55 m und mehr beträgt, sind eine Ausnahme.
Die Zucht von Mangalargas besteht seit über 150 Jahren. Ein ihnen sehr ähnlicher Schlag gleichen spanischen Ursprungs gibt es in Chile unter der Bezeichnung Caballo Chileno.

Mecklenburger Rückblickend betrachtet ist der Werdegang des Mecklenburger Pferdes ein Musterbeispiel dafür, wie man eine einst hervorragende Zucht durch falsche Maßnahmen, plan- und sinnlose Experimente, Verwendung minderwertigen Zuchtmaterials usw. an den Rand des Untergangs bringen kann. Eigentlich erstaunlich, denn die mecklenburgischen Bauern und Gutsbesitzer hatten immer einen guten Pferdeverstand, aber auch die größten Kartoffeln, wie man sagt.
Eine der ältesten deutschen Rassen, hatte sich die der Mecklenburger schon im 18. Jahrhundert mit Englischem Vollblut veredelt und außerdem auch positiv auf den Hannoveraner eingewirkt, dem sie den ersten Vollbluthengst zukommen ließ, weitere folgten. Beide Rassen wiesen daher viele Gemeinsamkeiten auf, so daß die besten und typvollsten Exemplare beider Rassen kaum irgendwelche Unterschiede zeigten.

Mit Recht nahmen die mecklenburgischen Pferdezüchter für sich und ihre Hengste in Anspruch, an der Begründung der Hannoverschen Zucht mitbeteiligt gewesen zu sein.

Das 19. Jahrhundert dagegen brachte den Mecklenburgern nicht viel Glück, vor allem keinen züchterischen Erfolg. Die von Napoleons Requirierungskommandos eingezogenen Pferde hätte man im Laufe einiger Jahre wieder ersetzen können, aber der dauernde Wechsel von untauglichem Vollblut- auf ebenso ungeeignetes Kaltblut-Hengstmaterial (Suffolk, Shire und Clydesdale) mußte auf die Dauer auch der gefestigsten Rasse schaden. Was den Mecklenburger einst ausgezeichnet hatte, Härte, Beweglichkeit, guter Charakter und ruhiges Temperament, ging verloren. Erst gegen Ende des Jahrhunderts besann man sich wieder auf die alten Werte. Mit Hilfe Hannoveraner Hengste begann man, den alten Mecklenburger wieder zurückzuzüchten. Hannoversche Deckhengste waren seitdem in großer Zahl in Mecklenburg zu finden.
Der letzte Krieg wirkte sich wieder verheerend auf die Mecklenburger Rasse aus, die sich inzwischen gut erholt hatte. Über 70 % des gesamten Zuchtmaterials gingen in ihm verloren. Wieder waren es die Hannoveraner, die am Wiederaufbau maßgeblich beteiligt waren. Der Mecklenburger, zu dem dann noch die Reste der pommerschen Zucht kamen, ist wieder eine konsolidierte Rasse, für die vor allem die beiden hannoverschen A- und F-Blutlinien von großer Bedeutung sind.
Dem Zug der Zeit entsprechend werden heute auch Vollblut- und Ostpreußen-Hengste eingesetzt, um eine erwünschte Veredelung des Mecklenburgers herbeizuführen.
Beschreibung: Ein dem Hannoveraner (s. d.) ähnliches Warmblutpferd, das sowohl als leichtes Zug- wie als zuverlässiges Reitpferd verwendet werden kann. Mit einem Stockmaß von 160 bis 172 cm gehört es zu den größeren Rassen. An Farben kommen hauptsächlich Braune mit schwarzen Beinen vor. Im Wesen ruhig und gutartig; nervenstark. Kräftig; hart; ausdauernd.
Etwas hohe, ansonsten korrekte Bewegung im Schritt und Trab; guter Galoppierer und Springer.
Zuchtgebiete: Ostdeutschland, Land Mecklenburg.

Mimoseano Eine Crioulo-Unterart und keine Rasse; wird im Norden Brasiliens gezüchtet und ist nur von regionaler Bedeutung.

Mongolen-Pferd Im Grunde genommen ein veredeltes Mongolen-Pony, das an der Entstehung des einige Zentimeter größeren (um 152) und über die obere Ponygrenze hinaus reichenden Pferdetyps hauptsächlich beteiligt war und ihm seine wichtigsten Werte (Ausdauer, Zähigkeit, Härte, Genügsamkeit) mitgegeben hat.
Die Mongolen selbst betrachten das Mongolenpferd, an dessen Entwicklung auch größere Steppenpferde aus dem russich-chinesisch-mongolischen Grenzraum beteiligt waren, nicht als eine eigene Rasse, sondern als eine spezielle Unterart ihres Ponys, die vor allem in den nördlichen Teilen der Mongolei gezüchtet wird.

Morgan (Morgan-Horse) Nordamerika kann in einigen Jahren den 200. Geburtstag eines Pferdes feiern, nach dem nicht nur die erste rein amerikanische Rasse benannt wurde, sondern das auch viele andere des Landes wie die Standardbred (Traber) und das Saddle Horse mehr oder weniger

stark beeinflußt hat: der Hengst Justin Morgan, nach dem etwas älteren Messenger (s. American Standardbred) die wohl bedeutendste Pferdepersönlichkeit in der hippologischen Geschichte der USA. Er begründete die Morgan-Rasse, die heute in den Staaten einen Bestand von über 50000 Exemplaren aufweist und ausschließlich als Reitpferd verwandt wird, nachdem es vorher über ein Jahrhundert auch als ein fleißiges, zugstarkes und zuverlässiges Wagenpferd, ja, gebietsweise sogar als Ackerpferd sehr geschätzt war. Außerdem gab Justin Morgan einer heute noch bestehenden Linie der amerikanischen Traberrasse (American Standardbred) seinen Namen (über den Sohn Sherman Morgan und den Enkel Black Hawk). Von den Blutanteilen vieler Morgan-Töchter abgesehen, die mit männlichen Messenger-Hambletonian-10-Nachkommen zum Nutzen der amerikanischen Traberzucht gekreuzt wurden. Justin Morgan wurde 1789 in Springfield, Massachusetts, geboren und zuerst mit dem Namen Figure bedacht; sein zweiter Besitzer und eigentlicher Züchter Justin Morgan benannte ihn dann später nach sich selbst.
Mit Sicherheit steht fest, daß Justin Morgan edel gezogen und als ein schönes Pferd zu bezeichnen war. Nach einer erfolgreichen Tätigkeit als Beschäler verstarb er 1821 mit 31 (!) Jahren in Randolph, Vermont, wo er die letzten Jahre seines Lebens verbracht hatte. Er soll angeblich nur um 135 cm groß und von rotbrauner Farbe mit schwarzen Beinen und besonders dichtem Langhaar gewesen sein. Merkmale, die sich immer wieder auf seine zahlreichen Nachkommen vererbt haben, wie auch die kräftige Bemuskelung, die hohe Leistungsfähigkeit, die Zähigkeit und Gesundheit sowie den einwandfreien Charakter und das gute Temperament.

Beschreibung: Das heutige Morgan-Pferd mit 150 bis 160 cm Stockmaß und mit 500 kg Gewicht ist erheblich größer und schwerer als der schon zur Legende gewordene Rassebegründer. Nach wie vor weist es allgemein eine sehr kräftige Bemuskelung auf, vor allem des Halses, der Schulter, des ziemlich kurzen Rückens und der ungewöhnlich langen Unterarme. Neben Braunen gibt es jetzt auch zahlreiche Füchse.

Beurteilung: Ein sehr harmonisch gebautes, hübsches, tragstarkes Pferd mit einwandfreier Wesensart und beachtlicher Intelligenz. In seinen Gangarten fleißig, energisch und schwungvoll. In den Staaten ein sehr beliebtes Reitpferd nicht alltäglicher Prägung.

Zuchtgebiete/Gestüte: Bis auf einige kleinere örtliche Zuchten in Kanada nur auf die USA beschränkt, hauptsächlich Kalifornien (im Westen), Connecticut und Vermont (im Osten). Wichtigstes Gestüt: The United States Morgan Horse Farm in Middleburg, Vermont, außerdem eine Morgan Horse Farm der University of Vermont in Weybridge.

Organisationen/Verbände:

a) American Morgan Horse Association, P.O. Box 17157, West Hartford, Conn. 06117.
   Seit 1894 offizielles Register (doch wurde ein solches bereits ab 1850 geführt).
b) Morgan Horse Club (MHC), 1909 gegründet. Über 2000 Mitglieder in 50 lokalen Gruppen. Anschrift wie a).

Clubzeitschrift: „Morgan Horse Magazine“.

Neukirgisisches Pferd (Nowokirgise) Eine erst nach 1930 entwickelte neue Rasse, die aus kontinuierlich durchgeführten Kreuzungen bodenständiger Kirgisen mit Don-Pferden und Anglo-Vollblut sowie Anglo-Don-Pferden entstand. Zuchtziel war von Anfang an die Schaffung eines harten, widerstandsfähigen, ausdauernden, genügend schnellen Reitpferdes, das vor allem für das bergige Gelände geeignet war, im Endeffekt ein Allround-Sportpferd von besonderer Leistungsfähigkeit.
Die in Kirgisien und Kasachstan zuerst unternommenen Versuche, Kirgisen-Stuten mit engl. Vollblut-, Achal-Tekkiner-, Karabai- und turkmenischen Yomud-Hengsten zu kreuzen, ergaben nicht gleich das erhoffte Resultat. Am besten schnitten die Anglo-Kirgisen ab, die dann mit Don-, Anglo-Don- und Kirgisen-Don-Pferden weiter gekreuzt wurden. Aus diesem Prozeß als Beste hervorgegangene Hengste führte man schließlich Don-Kirgisen- und Anglo-Kirgisen-Stuten zu. Was sich

Neukirgisischer Hengst

daraus entwickelte, war endlich der Neukirgise, in dessen Adern sich das Blut dreier Pferderassen vereinigt: das des Don-Pferdes (50 %), des Engl. Vollbluts (25 %) und des kirgisischen Steppenpferdes (25 %). Ein kräftiges, doch elegantes Pferd von 153 cm (Hengste) und 148 cm (Stuten) Durchschnittshöhe und einem Röhrbein-Maß von 20,0 bzw. 18,7 cm, mit einem muskulösen Körper, stabilen Beinen, gut entwickelten Gelenken und einwandfreien, festen, mittelgroßen Hufen. Ein Pferd, das über eine ausreichende Schnelligkeit und ein gutes Springvermögen verfügt, das sehr hart und ausdauernd sowie anpassungsfähig und intelligent ist. Außerdem ergibt die Milch der Stuten einen sehr gefragten Kumyß.

Die Hauptfarben sind braun, dunkelbraun und grau.

Neuseeländer Keine eigentliche Rasse, sondern ein großrahmiger Warmbluttyp, an dessen Entstehung Englisches Vollblut stark beteiligt war.

Die Neuseeländer traten verhältnismäßig spät auf internationalen Turnieren auf, wobei sie ausschließlich Pferde ihrer eigenen, noch nicht gefestigten Zucht ritten. Auf den Olympischen Spielen in Rom (1960) wie auf denen in Tokio (1964) konnten sie daher außer Erfahrung nichts gewinnen, trotz gut veranlagten Materials. Berücksichtigen muß man dabei allerdings auch, daß es erst seit 1950 einen zuständigen Verband gibt (New Zealand Horse Society).

Äußerlich ähnelt das Neuseeländische Halbblut dem australischen Waler (s. d.).

Niederländisches Warmblutpferd Eine verhältnismäßig junge, vielversprechende, aber noch nicht ganz ausgereifte Rasse, entstanden aus Gelderländern und Groningern, die mit Vollblut- und einigen anderen Warmblut-Hengsten (u. a. Holsteinern, Trakehnern, Anglo-Normannen) gekreuzt wurden.

Man kann annehmen, daß die beiden anderen holländischen Warmblutrassen, Gelderländer und Groninger, die sich im Prozeß der Umfunktionierung zum ausgesprochenen Reitpferd befinden, eines Tages im Niederländischen Warmblut aufgehen werden. Dieses wirkt insgesamt gesehen etwas edler und nicht ganz so wuchtig wie die beiden anderen Rassen, besitzt aber immer noch reichlich Masse.

Wird fast ausschließlich als Reitpferd (mit Erfolg auch in Turnieren) verwendet, doch findet man es auch gelegentlich vor dem Kutschwagen.

Größe: 160 bis 170 cm. Farbe: Überwiegend Füchse, gelegentlich Schimmel.

Niederländisches Warmblut (das Springpferd Rex the Robber)

Geht einen gleichmäßigen, bodendeckenden Schritt und energischen Trab mit betonter Knieaktion. Kraftvoller Galopp, der schwerfälliger aussieht als er in Wirklichkeit ist. Gutes Springvermögen.

Nonius Am Anfang dieser über 100 Jahre alten Rasse stehen ein Halbbluthengst (Orion) und eine Normänner Stute, Eltern eines hellbraunen Hengstes, der, 1810 auf einem Gestüt in der Normandie geboren, zum Stammvater einer sehr brauchbaren Warmblutrasse wurde, die seinen Namen erhielt: Nonius.

Nach den Befreiungskriegen nahmen ihn österreichische Kavalleristen als eine Art Souvenir an das besiegte napoleonische Frankreich mit in die Donau-Monarchie. Dort landete der inzwischen ausgewachsene, 171 cm große Hengst, mit seinem schweren Kopf, den kleinen Augen, langen Ohren und sonstigen Exterieur-Mängeln nicht gerade eine Pferdeschönheit, 1816 im Gestüt Mezöhegyes, das erst nach einiger Zeit seine Vererberqualitäten entdeckte. Ziemlich wahllos wurden ihm spanische, Lipizzaner-, Kladruber-, Araber-, Normänner- und englische Halbblut-Stuten zugeführt. Am Ende seiner 20jährigen Laufbahn als Beschäler hatten ihm schließlich 137 Stuten und 79 Hengste, davon 15 später als Hauptbeschäler in Mezöhegyes eingesetzt, ihr Leben zu verdanken.

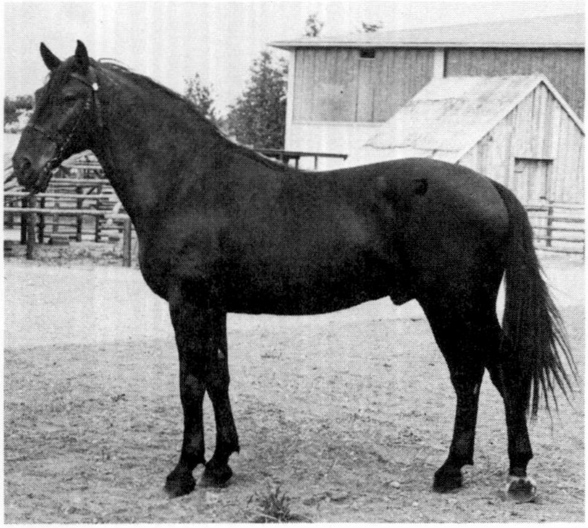

Nonius-Hengst aus dem Gestüt Mezöhegyes, Ungarn

Es ist nicht sicher, ob die für das ungarische Gestüt Verantwortlichen von vornherein die Absicht hatten, mit Nonius eine neue Rasse zu gründen. Aber im Laufe der Zeit stellte man bei dessen Nachkommen so viele ausgeglichene positive Eigenschaften fest, daß man die nunmehr gefestigte Nonius-Zucht 1840 zu einer neuen Rasse erklären konnte.

Auf Grund der abstammungsmäßig bedingten Zuchtergebnisse züchtet man seitdem zwei Typen:

a) einen größeren, schwereren und kräftigeren Karossiertyp, den sog. Großen Nonius, dessen stattliche Erscheinung auf spanisches und wiederholt eingeflossenes normannisches und anglo-normannisches Blut zurückzuführen ist und

b) einen kleineren, leichteren und in seiner äußeren Erscheinung nicht ganz so gefälligen Typ, den sog. Kleinen Nonius, der seine Entstehung hauptsächlich Araber- und später auch englischen Vollblut-Stuten zu verdanken hat und als leichtes Zug- und Reitpferd zu verwenden ist.

Beide Stämme weisen in der Wesensart gleiche gute Züge auf. Sie sind von einem lebhaften Temperament, einem guten Charakter und im allgemeinen gesund, hart und ausdauernd. Der Große mit sechs Jahren etwas spätreifer als der Kleine Nonius. Beide verfügen, trotz unterschiedlicher Größe, über einen langen Schritt, einen gleichmäßigen, korrekten Trab und können außerdem ausgezeichnet galoppieren und springen.

Beim Großen Nonius findet man häufig an die spanischen Ahnen erinnernde Ramsnasen. Er ist mit 160 cm Höhe um etwa 10 cm größer als der kleinere Typ. Die Hauptfarbe ist schwarz; es kommen aber auch Dunkelbraune vor. Abzeichen sind kaum vorhanden.

Beurteilung: Ein sehr zuverlässiges, ausgeglichenes, ausdauerndes Warmblutpferd mit sehr guten Zugpferdeeigenschaften; der Kleine Nonius vielleicht etwas härter als sein großer Bruder.

Zuchtgebiete: Ungarn: Gestüt Mezöhegyes; CSSR: Gestüt Topolcianky; Jugoslawien: Hauptgestüt Karadjordjevo und einige Staatsgestüte (der dort gezüchtete, weit verbreitete Nonius ist etwas kleiner, aber stämmiger und leichtfuttriger als der ungarische. Er gilt in Jugoslawien als das beste und zuverlässigste Wirtschaftspferd); Österreich: In Nieder-Österreich sehr häufig anzutreffen. Hauptzuchtgebiet ist das Burgenland; Gestüt Stadl.

Nowokirgisisches Pferd Siehe Neukirgisisches Pferd.

Oldenburger Früher, vor dem letzten Kriege, sah man ihn oft, meist im Zweiergespann, nicht nur im oldenburgischen Land. Auf den schlesischen Gütern war er ebenso zu finden wie auf den größeren Bauernhöfen in Land und Provinz Sachsen, in Thüringen und gelegentlich in Niederbayern. Ein großes, kräftiges, stolzes Pferd von meist schwarzer Farbe; und eines sah so aus wie das andere, daß es wenig Mühe gekostet haben muß, sie zu passenden Gespannen zusammenzustellen. Vielleicht trug ein wenig auch die damals herrschende Mode bei, dem Oldenburger Schweif und Mähne zu stutzen; aber die Einheitlichkeit der Rasse hätte selbst ein Laie ohne ein solches Merkmal der Zeit erkennen können.

Geschichte: Sicher ist, daß es schon vor dem 16. Jahrhundert von der Wesermündung bis zum Zuidersee einen Landschlag von Pferden gegeben hat, der trotz gewisser Unterschiedlichkeiten friesischer Herkunft war. Erst allmählich entwickelten sich daraus verschiedene, wenn auch noch lange Zeit miteinander verwandt gebliebene Rassen.

Der eigentliche Begründer der Oldenburger Rasse ist unangezweifelt der Oldenburger Graf Anton Günther (1603—1667), doch alles, was er von Pferden verstand, hatte er seinem Vater, Graf Johann XVI., zu verdanken, dessen Pferdeliebe am dänischen Königshof wahrscheinlich nicht entstanden, dort aber zumindest gefestigt und vertieft wurde. Vermutlich war Johann XVI. auch der erste, der zur Verbesserung und Veredelung der Oldenburger Pferde großrahmige, oft ramsnasige Hengste aus Spanien oder Italien einführte.

In der späteren, im oftmaligen Auf und Ab verlaufenden Zeit sorgten das Land Oldenburg bzw. die, die dafür verantwortlich waren, nicht nur für eine endgültige Festigung der Zucht, sondern auch für die notwendige Ordnung: 1819 Erlaß eines Körgesetzes, dann Einführung von Prämiierungsbestimmungen für Hengste und Stuten, 1891 Einrichtung eines Stutbuches, 1897 Erlaß eines neuen Pferdegesetzes, Einführung des heute noch gültigen Brandzeichens (ein ‚O' mit Krone) usw. In diesem Zeitraum wurde dem Oldenburger häufig verschiedenes fremdes Blut zugeführt (Cleveland

Oldenburger Hengst Ruthard, geb. 1890.

Oldenburger Hengst der alten Art

Bays — Stäwescher Hengst! —, Yorkshires, Hannoveraner — Emigrant! — Normannen — Normann mit den Zweigen Rubico-Ruthard und Rubico-Wittelsbacher —) mit der Absicht, ein starkes, elegantes Kutschpferd mit hohen, fördernden Gängen zu erzielen. Später wurde wieder rein gezüchtet.

Eine Umstellung vom Karossier zum vielseitig verwendbaren Wirtschaftstyp erbrachte die Zeit nach dem 1. Weltkrieg, verbunden mit einer Reihe neuer, die Zucht betreffende gesetzlicher Bestimmungen. In den dreißiger Jahren auch Einkreuzung mit Vollblut (Lupus) und anglo-normannischem Halbblut (Condor).

Oldenburger Hengst von heute

Eine erneute Umstellung auf ein anderes Ziel, nämlich die Erzüchtung eines vielseitig verwendbaren Reitpferdtyps, erfolgte in den Jahren nach dem 2. Weltkrieg: Einschaltung von Vollblut- (u. a. Adonis), Ostpreußen-, Hannoveraner- und vor allem anglo-normannischem Halbblut (Fursiose II und Futuro).

Wenn auch der letzte Akt der Umwandlung vom Karossier über den Wirtschafts- zum Reittyp noch nicht ganz abgeschlossen ist, so hat sich doch bereits ein neues Bild ergeben, das ein anderes ist als das vor 300 oder 50 Jahren, das Bild eines Pferdes, das ein edles Reitpferd darstellt, aber im Grunde genommen immer noch ein Oldenburger ist.

Oldenburger Stute (von Furioso II)

Beschreibung: Ein stattliches, schöngestaltiges Warmblutpferd von 160 bis 165 cm Stockmaß und fast immer schwarzer, dunkelbrauner oder brauner Haarfarbe.

Im einzelnen: mittelgroßer, feiner Kopf mit edlem Ausdruck; langer, hoch aufgesetzter und schön getragener Hals; lange, gut gelagerte Schulter; ausgeprägter Widerrist; kräftiger, nicht zu langer, gerader Rücken; muskulöse, meist nur leicht abfallende Kruppe; gut bemuskelte, korrekte, trokkene Extremitäten.

Ein Pferd von einwandfreiem Charakter; gutartig, energisch, zuverlässig; ausgeglichenes Temperament; zäh, ausdauernd (Military-Pferd).

Gangarten: Langer, gleichmäßiger Schritt, bodendeckender, harmonischer Trab (kaum noch mit der hohen Aktion des früheren Karossiers), ausreichender, flüssiger Galopp; kann auch gut springen.

Beurteilung: Ein Klasse- und ein Rassepferd zugleich, das zu den Besten in der deutschen Warmblutzucht gehört und auch als Leistungssportpferd, wie die Erfolge beweisen, von Bedeutung ist.

Ein Pferd von gutem Charakter, bestem Temperament und hohem Leistungswillen.

Verbände/Organisationen: Verband der Züchter des Oldenburger Pferdes, 2900 Oldenburg, Johannisstraße 1. Verbandszeitschrift „Das Oldenburger Sportpferd" (erscheint viermal im Jahr).

Ostbulgare Gilt als das beste und vielseitigste Warmblutpferd in der bulgarischen Pferdezucht. Die Rasse entstand anfangs dieses Jahrhunderts, als man im Gestüt Kabijuk (1894 gegründet) und im Militärgestüt Bojurischte bei Sofia (1896 gegründet) zur Schaffung eines zähen, ausdauernden Reitpferdes vor allem für militärische Zwecke einheimische Warmblutstuten mit Vollblut kreuzte. Später kamen an Stuten auch Araber, Anglo-Araber und englisches Halbblut sowie an Hengsten außer einigen Arabern hauptsächlich englisches Voll- und Halbblut hinzu, die aus Ungarn, Rußland, Polen und Deutschland eingeführt wurden.

Auch in den folgenden Jahren erhielt die ostbulgarische Rasse immer wieder Blut von Vollbluthengsten. Außerdem war sie scharfen Leistungsprüfungen unterworfen, die nur die zähesten, widerstandsfähigsten und für die Weiterzucht geeignetsten Tiere bestehen konnten. So entwickelte sich ein außergewöhnlich ausdauerndes, selbst härtesten Anforderungen gewachsenes Pferd, das sowohl als Reitpferd im allgemeinen und als Sportpferd im besonderen wie auch als leichtes Zugpferd mit bestem Erfolg eingesetzt werden konnte. Das beweist sein gutes Abschneiden in vielen nationalen und internationalen Wettbewerben bis in die jüngste Zeit hinein. So befinden sich unter den Siegern von Pardubitze zahlreiche Ostbulgaren, unter ihnen auch die Stute Vezna II, die 1970 das 80. Pardubitzer Jubiläums-Rennen vor 21 anderen Pferden gewann.

Beschreibung: Feiner Kopf mit ausdrucksvollem Gesicht, großen Augen, kleinen Ohren, gerader Nasenlinie und verhältnismäßig weiten Nüstern. Mittellanger, schön getragener, nicht zu starker Hals; lange, schräge Schulter; betonter Widerrist; gut bemuskelter, ziemlich langer Rücken; hoch angesetzter Schweif. Schlanke, aber kräftige Gliedmaßen. Insgesamt gesehen ein sehr drahtig wirkendes, wohlgestaltetes Pferd, auf dessen äußere Erscheinung der Anglo-Araber am stärksten eingewirkt zu haben scheint. Größe: Durchschnittlich 162 cm. Hauptfarben: Braun in verschiedenen Tönungen und schwarz.

Beurteilung: Ein sehr hübsches, rassiges Pferd mit harmonischen Bewegungen und einem ausgezeichneten Galoppier- und Springvermögen. Wird seit einiger Zeit im östlichen Ausland sehr geschätzt.

Zuchtgebiete: Der ganze nordostbulgarische Raum mit Schwerpunkt in den Bezirken von Ruse, Shumen, Tolbuhin, Varna, Burgas, Turgoviste und Razgrad.

Ostfriese Wenn man ein Bild des alten ostfriesischen Pferdes sieht, glaubt man, daß es einmal ein Kaltblut gewesen sein kann, lange bevor es andalusische und orientalische Hengste veredelten. Stark und wuchtig wirkte der Ostfriese immer, aber er besaß von jeher auch viel Adel, wie ihn ein Kaltblut nie hätte ausstrahlen können.

Geschichte: Caesar und Tacitus wußten von den Pferden der Friesen, die Sachsen- und Frankenkönige kannten sie. Später war es ein gewaltiges Ritterroß, das an allen europäischen Fürstenhöfen als besonders standfest und tragstark galt. Sicher wurde dabei auch das westfriesische Pferd mit einbezogen, das einmal mit dem Ostfriesen eng verwandt war.

Immer waren es Kriege, die grundlegende Wandlungen mit sich brachten, so auch in der Geschichte des Ostfriesen. Die Ritterheere verschwanden, mit ihnen ihre schweren Rosse. Auch im 30jährigen Krieg brauchte man sie nicht, nur die Bauern verwandten sie auf schweren, fetten Ackerböden lieber als die leichteren Pferde.

Schließlich gelangte später doch veredelndes Blut nach Ostfriesland, Vollblut, Cleveland Bays, Yorkshire Coachs, bis über die englischen Rassen, Anglo-Normannen und Hannoveraner aus dem Ostfriesen ein neuer Typ geworden war mit freieren und leichteren, aber auch hohen Bewegungen, ein Karossier, der endlich in ein kleineres Geschirr paßte.

Und wieder drehte sich der Wind. Das elegante Kutschpferd war passé; an seine Stelle trat das vielseitig verwendbare Wirtschaftspferd. Die Pfunde, die es vorher hatte abgeben müssen, sollte es zurückgewinnen, wieder rumpfinger, wuchtiger werden, ohne dabei das eingezüchtete gute Gangvermögen und den Adel einzubüßen. Kaum war dieses Ziel erreicht, war es schon wieder überholt. Nach dem 2. Weltkrieg wurde ein möglichst vielseitiger Reitpferdtyp gefordert, auch von den schweren Warmblutrassen, deren Arbeit der Motor übernommen hatte. Um nicht den langen Weg über eine genau zu beachtende Selektion gehen zu müssen, versuchte man durch Einschaltung von Araberhengsten den Ostfriesen zu veredeln und in die gewünschte Form zu bringen. Hengste aus Polen, Marbach und Bábolna machten den Anfang. Aber von den sog. Arabo-Friesen oder Friesen-Arabern wies trotz manch guten Ergebnisses ein großer Teil einen zu knappen Rahmen auf, so daß man diese Versuche wieder unterließ. Nach dem Anschluß an den Hannoverschen Zuchtverband (1964) verließ man sich lieber auf die ins ostfriesische Land geholten, bewährten Hannoveraner Hengste. Auch Vollblütern verwehrt man nicht mehr den Zugang.

Beschreibung: Ein infolge der Einkreuzungen verschiedener Rassen nicht ganz einheitliches äußeres Bild. Daher eine Größe von 150 bis 165 cm (die kleinen Exemplare vor allem bei den Friesenarabern). An Farben Füchse, Braune sowie vermehrt Schimmel.

Meist kleiner, edler, trockener, ausdrucksvoller Kopf mit gerader oder eingedellter Nasenlinie (gelegentlich auch ramsnasig). Starker, muskulöser, mittellanger Hals; schwach entwickelter Widerrist; genügend lange, gut gelagerte Schulter; starker, gut gewölbter, tiefer Rumpf mit ziemlich langer, muskulöser, meist gerader Kruppe. Sehr kräftige, gut gestellte, kurze Gliedmaßen mit einwandfreien, trockenen Sehnen und Gelenken.
Gutes Gangvermögen: langer, energischer Schritt, raumgreifender ziemlich hoher Trab. Die arabisch beeinflußten Friesen können auch ausgezeichnet galoppieren und springen.

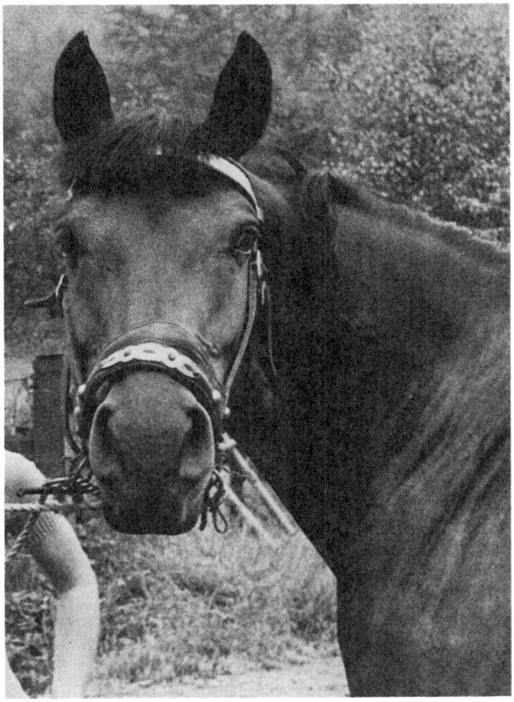

Kopfbild einer ostfriesischen Stute

Ein im Wesen gutartiges, zuverlässiges Pferd mit viel Energie und Arbeitswillen.
Beurteilung: Wie auch bei einigen anderen Warmblutrassen des schwereren Typs verlief die Entwicklung beim Ostfriesen ein wenig unglücklich. Wie soll man auch in kurzer Zeit aus einem Pykniker einen Asketen machen, ohne daß er seine besten Werte verliert. Und die besaß der Ostfriese immer.

Pahlavan Die Perser bezeichnen diese neue, erst vor etwa einem Vierteljahrhundert begründete Rasse als „Persisches Vollblut“. Gezüchtet wurde es auf Anregung und unter Aufsicht des damaligen Leiters der königlichen Gestüte, Atabai, sowie seines Sohnes und Nachfolgers aus Englischem Vollblut, Berg-Persern und Arabern zu einer Rasse, die heute als konsolidiert gilt.
Die Pferde dieser Rasse vereinigen in sich einerseits Gesundheit, Harmonie, Adel und Anmut des Berg-Persers und Arabers und andererseits Größe und Fähigkeiten des Vollbluts.
Eine sehr elegante, rassige Pferdeerscheinung von 157 bis 165 cm Größe.

Paint Horse Siehe American Paint Horse.

Palomino Ein ebenfalls zu den Western Horses zählendes Pferd ist der Palomino. Er unterscheidet sich von den anderen Angehörigen dieser Gruppe (Appaloosa, Albino und Pinto) am deutlichsten durch die Farbe seines Haarkleides in einem Goldton, der durch das Weiß von Mähne und Schweif besonders hervorgehoben wird. Solche „Goldisabellen“ mit weißem Langhaar können auch bei anderen, nichtamerikanischen Rassen vorkommen (bei den Welsh-Ponys, den New Forests u. a.).

Wie alle Western Horses stammen auch die „amerikanischen“ Palominos von spanisch-berberischen Vorfahren ab, unter denen sich sicherlich einige Isabellen befunden haben, denen die Palominos ihre Existenz verdanken.

Palominos zu züchten, scheint eine nicht immer dankbare Aufgabe zu sein; denn selbst bei reinen Palomino-Eltern ergibt es sich nicht selten, daß das Paarungsergebnis andersfarbig ausfällt. So erbfest ist gerade die Palominofärbung nicht, daß sie nicht hin und wieder von einer anderen, meist der Fuchsfarbe, verdrängt wird. Diese Tatsache kalkulieren die amerikanischen Palominozüchter ein. Pferdezucht ist eben keine Fließbandarbeit.

Palominos sind immer gefragt, aber nicht leicht zu bekommen, zumal nicht die Farbe allein, sondern das ganze Erscheinungsbild (Ex- und Interieur) den heutigen Vorstellungen und Anforderungen entsprechen muß. Dazu gehört auch die wachsende Beliebtheit des Palominos als Kinderreitpferd; denn es ist ein ebenso hübsches wie freundliches Geschöpf, das mit einer Durchschnittshöhe von 140 bis 150 cm Stock das Kleinste und Zierlichste der Western Horses und damit fast oder eigentlich schon ein richtiges Pony ist.

Geschichte: Zu den obigen Andeutungen ist lediglich hinzuzufügen, daß auch die Geschichte der Palominos eng mit der Einführung von Pferden in den nordamerikanischen Kontinent durch die spanischen Eroberer des 16. Jahrhunderts zusammenhängt. Daß später Araberblut eingekreuzt sein soll, ist möglich, aber nicht erwiesen. Etwas von diesem edlen Saft hatten die Palominos bereits von einigen ihrer iberischen Ahnen mitbekommen. Übrigens gab es sie gar nicht selten in den zahlreichen Mustang-Herden des vergangenen Jahrhunderts. Manchem Wildpferdjäger schlug das Herz höher, wenn er einen Palomino-Hengst erspähte, unbeweglich wie ein Denkmal am Horizont, „und sein Fell glänzte wie Gold in der Abendsonne über der Mesa ...“

Beschreibung: Diese ist, was die Fellfarbe als auffallendstes Merkmal betrifft, bereits in den vorstehenden Abschnitten erfolgt. Bei den Beurteilungen auf den Pferdeschauen durch die Richter der „Horse Shows Association“ spielen die Reinheit der Farbe und der Glanz des Haarkleides eine wichtige Rolle. Ansonsten ähnelt der Palomino in seinem Körperbau den anderen Western Horses, am ehesten dem Appaloosa (s. d.).

Beurteilung: Ein für alle Cowboyarbeiten im Ernst wie in der Schau sehr brauchbares, zähes, ausdauerndes, fleißiges und intelligentes Pferd mit einem gut entwickelten „Cow Sense“; auch eindrucksvoll als Show- und Parade-Horse.

Gestüte/Zuchtgebiete: Meist Privatzuchten in fast allen Staaten der USA, besonders in Texas und Kalifornien sowie in den südlichen Provinzen Kanadas. Die in England angebotenen Palominos gehören überwiegend der Welsh-Pony-Rasse an.

Organisationen: Wie sehr der Palomino (als Rasse!) in den Vereinigten Staaten geschätzt wird, beweist die Tatsache, daß die Amerikaner über drei Verbände verfügen, die sich mit der Erfassung, der Zucht sowie der Beaufsichtigung und dem sportlichen Einsatz dieses prachtvoll gefärbten Pferdes befassen. Der älteste ist die bereits 1936 gegründete „Palomino Horse Association (PHA)“ in Chatsworth, Kalifornien, mit über 3000 Mitgliedern. 1941 wurde die Vereinigung der „Palomino Horse Breeders of America“ mit dem Hauptsitz in Mineral Wells, Texas, ins Leben gerufen. Ihr gehören 2300 Mitglieder an, die sich auf 32 Staaten verteilen. Der wahrscheinlich wirkungsvollste und international bekannteste ist die „National Palomino Breeders Association (NPBA)“ in London, Kentucky. Sie wurde erst 1956 gegründet. Ihr Bereich erstreckt sich außer über die Staaten einschließlich Hawaii und Alaska auch über Kanada. Die Zahl der Mitglieder beträgt 1500, die der registrierten Palomino-Pferde und -Ponys (die Amerikaner machen trotz bestehender Rassengleichheit diesen Unterschied) über 2000.

Pasopferd (Caballo de Paso, Paso Fino) Obwohl es in mehreren südamerikanischen Staaten und in den USA zahlreiche Pasopferde gibt, kommt das Verdienst, es zuerst planmäßig bis zur Reife gezüchtet zu haben, allein den Peruanern zu, eine Tatsache, auf die die peruanischen Pferdezüchter sehr stolz sind.

Wie fast alle Pferde Südamerikas stammen auch die Pasos blutmäßig von den spanischen, portugiesischen und berberischen Pferden der Konquistadoren des 16. Jahrhunderts ab (nach Peru brachte Francisco Pizarro 1532 die ersten Pferde).

Doch gab es in neuerer Zeit auch Einkreuzungen mit europäischen und nordamerikanischen Rassen.

Als das charakteristischste Rassenmerkmal gilt der angeborene gebrochene Paß, eine für den Reiter angenehme, schon in der Antike hochgeschätzte Gangart, in der die Gliedmaßen einer Körperseite gleichzeitig vorgeführt werden, wobei der Hinterhuf zeitlich vor dem gleichseitigen Vorderhuf aufsetzt. Selbstverständlich beherrscht das Pasopferd auch alle anderen Gangarten.

Beschrieben wird es als ein anspruchsloses, widerstandsfähiges, ausdauerndes, berg- und trittsicheres sowie anhängliches Pferd von ansprechendem Äußeren, das mehr oder weniger stark an seinen iberischen Ahn erinnert. Größe von 140 bis 155 cm. Es kommt in allen Farben vor.

Zuchtgebiete: Außer in Peru, Kolumbien und anderen südamerikanischen Ländern wird es seit 1960 auch in den Vereinigten Staaten gezüchtet (Nachzucht). Die Nordamerikaner unterscheiden dabei zwischen dem sog. „American Paso Fino" (Bestand: ca. 2000, Register seit 1964) und dem „Peruan. Paso Horse" (ca. 500 Tiere, Register seit 1970). Die für den zuerst genannten Pasotyp zuständige Organisation ist die „American Paso Fino Pleasure Association, 501 Wood, Pittsburg/USA".

Auch in Europa befindet sich seit einigen Jahren eine kleine Herde von aus Peru und Kolumbien stammenden Pasopferden, und zwar in den Tierzuchtbetrieben des Schweizers Jean-Claude Dysli in Gündisau, der seine Pasos auf der Essener Equitana 1975 zum ersten Male einem größeren Publikum mit Erfolg vorstellen konnte.

Pfälzer Siehe Zweibrücker.

Pinto Die Begeisterung der Amerikaner für auffallende Farben und Farbkombinationen äußert sich auch in ihrem Interesse für den Pinto, einem zu den Western Horses zählenden Reitpferd mit der Scheckenzeichnung als deutlichstem Markenzeichen. Dieses „spotted horse", wie es in Nordamerika allgemein genannt wird, gehört keiner bestimmten Rasse an, sondern stellt eine uralte, von den Spaniern in die Neue Welt gebrachte Spielart iberischer Pferde dar, die kontinuierlich zu erhalten, sich schon die Indianer bemühten.

Heute versucht man, unter Beachtung selektiver Prinzipien eine Zucht von Schecken aufzubauen, die zumindest in den USA, mit — man möchte sagen: kindlicher Freude und Hingabe betrieben wird. Es genügt dabei nicht, daß es sich bei dem betreffenden Pferd um einen Schecken handelt. Beim Pinto kommt es auch auf das ‚Wie' an. Man unterscheidet deshalb, ob die dunkle Scheckung auf weißem Grund (beim Overo-Pinto) vom Rükken oder (beim Tobiano-Schecken) vom Bauche ausgeht.

Auch die Paint- und Calico-Horses gehören zu den gescheckten Pferden, doch werden sie von einem anderen Verband erfaßt und bei den jährlichen Pferdezählungen getrennt von den Pintos aufgeführt.

Beschreibung: Bis auf die Scheckenpferde ähnelt der Pinto den anderen Western Horses. Seine durchschnittliche Größe beträgt 150 cm (± 5).

Beurteilung: Ein verhältnismäßig kleines, aber kräftiges Reitpferd, das sich schon in den alten Cowboy-Zeiten bewährt hat. Heute vor allem in den Western-Shows als Cutting- und Roping-Horse zu sehen, ist es auch als Reitpverd von der Jugend sehr gefragt, die schwarz-weiß-gescheckte Pintos am liebsten mag.

Verbände/Organisationen: Für die beiden nordamerikanischen Staaten ist die 1956 gegründete „Pinto Horse Association of America (PtHA)" in San Diego/Kalifornien verantwortlich. Ihr gehören rund 5000 Mitglieder mit ca. 16000 eingetragenen Pintos an.

Pleven-Pferd Ein seit Ende des vergangenen Jahrhunderts in Bulgarien nach dem Hauptzuchtgebiet (Stadt Pleven) im Norden des Landes benanntes Warmblutpferd. An der Entstehung der Rasse waren Anglo-Araber aus Rußland, Araber- und Gidran-Hengste aus Ungarn sowie einige englische Vollblut-Hengste beteiligt, die einheimischen Stuten zugeführt wurden.

Nach jahrzehntelangen Bemühungen, die bis zum Jahre 1938 andauerten, war die Zucht so gefestigt, daß man nunmehr von einer Rasse sprechen konnte. Seitdem wird der Pleven reingezüchtet als dritte bulgarische Warmblutrasse neben der des Danubiers (s. d.) und des Ost-Bulgaren (s. d.).

Beschreibung: Verhältnismäßig kleiner, schöner Kopf mit ausdrucksvollen Augen und mittelgroßen Ohren; gut aufgesetzter Hals; ausgeprägter Widerrist; ziemlich schräge Schulter; kräftiger, muskulöser Rumpf mit nicht immer geradem Rücken; lange, schräge Kruppe; starke, trockene Gliedmaßen mit sauberen Gelenken und Sehnen und meist kleinen, harten, wohlgeformten Hufen. Durchschnittsgröße um 161 cm. Hauptfarbe: Hellbraun.

Beurteilung: Ein ausgezeichnetes Reit- und Sportpferd, das lange und freie Bewegungen im Schritt und Trab sowie ein erhebliches Galoppier- und Springvermögen aufweist.

Zuchtgebiete: Hauptzuchtgebiet ist der Raum Vraca-Pleven-Tirnov-Lovetsch (Nordbulgarien); außerdem einzelne Zuchten im Süden Bulgariens (Gebiet Plovdiv-Pazardzik).

Pommer Die pommersche Pferdezucht machte eine ähnliche Entwicklung durch wie die des westlichen Nachbarn Mecklenburg. Einheimische Landstuten wurden mit Englischem Vollblut und Halbblut gekreuzt; das Ergebnis war wohl ein ziemlich edles, aber nicht der dringend benötigte Typ eines starken Wirtschaftspferdes. Erst die Einschaltung einiger Hannoveraner Hengste erbrachte eine Verbesserung, die allerdings durch die folgenden Kreuzungen mit Kaltbluthengsten wieder zunichte gemacht wurde. Nach 1906 trat eine Wende ein, als man sich eng an die Hannoveraner anschloß, über die man ein schweres, tiefes und starkknochiges Warmblutpferd zu erzüchten begann. Nach dem 2. Weltkrieg und der Abtretung großer Gebiete Pommerns an Polen vereinigte man sich mit der Mecklenburger Zucht (siehe Mecklenburger).

Quarter Horse Vom Einsatz her gesehen könnte man es zu den „Western Horses“ zählen, doch stellt es hinsichtlich seiner Entwicklungsgeschichte und auf Grund seiner äußeren Erscheinung eine selbständige Rasse dar, die von Anfang an als Reitpferd genutzt wurde. Diese Tatsache spiegelt sich auch in den Bezeichnungen wider, die es neben dem lediglich seine sportliche Verwendung betonenden Namen „Quarter Horse“ (Viertelmeiler) trägt: Cow Pony, Ranch Horse, Cutting Horse, Roping Horse. Ein weiterer Name lautet „Copperbottom“; er trifft auf einen örtlichen Schlag in Texas zu, für den ein berühmter, gleichnamiger Quarter-Horse-Hengst des Texashelden Sam Houston Pate stand.

Heute rechnet man das Quarter Horse, das in den USA zahlenmäßig an erster Stelle steht, zu den vielseitigsten Reitpferden in der Welt. Die Amerikaner selbst halten es sogar für das beste Allroundpferd, das nicht nur als Cowboy-Pferd im engeren Sinne Hervorragendes leistet, sondern auch als anspruchsloses, charakterlich sehr ausgeglichenes Hobby- und Familienpferd sowie als ausdauerndes, gelehriges und zuverlässiges Sportpferd (Jagd-, Spring- und Polopferd) zahlreiche Anhänger und Freunde hat.

Geschichte: Bereits während der Kolonialzeit, also vor über 350 Jahren, wurden Quarter Horses

Quarter Horse (Hengst)

Quarter Horse-Stute

in Virginia sowie in Nord- und Südkarolina gezüchtet. An der Zucht, der ersten und ältesten in den Staaten, waren anfangs orientalische Hengste (Araber, Berber, Türken) und englische Stuten gleichermaßen beteiligt. Später kamen englische Vollbluthengste hinzu (von manchen wird ein Nachkomme des englischen Vollblut-Begründers Godolphin Barb, Janus, der Mitte des 18. Jahrhunderts in Virginia eingeführt wurde, für einen der Stammväter der Zucht gehalten). Die geglückten Kreuzungen brachten kompakte, vor allem an der Hinterhand stark bemuskelte Pferde hervor, die über einen erstaunlich schnellen Antritt verfügten. Kein Wunder, daß die sport- und wettbegeisterten Farmer und Plantagenbesitzer der damaligen Zeit das Viertelmeilen-Rennen „erfanden", für das das nach dieser Distanz benannte „Quarter Horse" wie kein anderes prädestiniert war. Eine Rennstrecke über 400 m bot sich überall an, auf einer Dorfstraße oder auf einem Feldweg in der Nähe der Farmen. In der Hauptsache war das Quarter Horse ein Arbeitspferd und zu allem zu gebrauchen, was in den Siedlungen, auf den Farmen und den Ranches an Verrichtungen einem Pferde zugemutet werden konnte, vor allem solche unter einem Reiter. So wurde es zu einem vielseitigen Pferd mit Veranlagungen, die sich im Laufe der Jahrzehnte zu Rassemerkmalen entwickelten. Auch als das Interesse am Viertelmeilen-Rennen allmählich schwand, um sich den Vollblutrennen zuzuwenden, änderte sich nichts an der Wertschätzung des Quarter Horse, das als Rasse erhalten blieb, ohne sich entscheidend verändern zu müssen. Seit Jahren finden die Quarter-Horse-Rennen wieder wachsende Beachtung, deren wichtigstes und wertvollstes in Ruidoso Downs, Neu-Mexiko, durchgeführt wird. Dieser Wettbewerb ist offen für zweijährige Quarter Horses, die bis 1972 nur 400 Yards (365,7 m) zurückzulegen hatten, seit 1973 aber wieder die alte Distanz, die Viertelmeile (402,3 m) laufen müssen. Zeiten unter 22 Sekunden sprechen von der Schnelligkeit dieses außergewöhnlichen Pferdes, das 20 m in einer Sekunde bewältigen kann.

Erstaunlicherweise kam es erst 1940 zur Gründung einer Quarter Horse-Vereinigung (American Quarter Horse Association, AQHA), die heute den größten und wahrscheinlich bestorganisierten Rassepferde-Verband der Welt darstellt. In Nordamerika beläuft sich die Zahl der im Register (seit 1941) eingetragenen Quarter Horses auf über eine Million (im Februar 1975 wurde das millionste Quarter Horse registriert), die der Mitglieder auf rund 100000.

Beschreibung: Nicht sehr großer, edel wirkender Kopf, breite Stirn, kleine „Fuchsohren"; ziemlich weit auseinanderstehende, freundlich und munter blickende Augen, große Nüstern. Kräftiger, gut angesetzter, verhältnismäßig kurzer Hals. Tiefe, breite, muskulöse Brust; schräge Schultern; Widerrist deutlich markiert; kurzer, tragstarker Rücken, gut geformter Rumpf; ausgeprägte Rippenwölbung; kompakte, leicht abgeschlagene Kruppe; Vorderbeine ziemlich weit auseinandergestellt, ansonsten vom Oberarm bzw. Oberschenkel bis zu den Hufen ohne Makel; korrekte, trockene Gliedmaßen; Unterarme und Unterschenkel auffallend stark bemuskelt. Größe durchschnittlich 153 cm (± 5). Gewicht um 500 kg (manche Hengste erreichen bis 650 kg). Farben überwiegend Braune und Füchse; Schecken werden nicht in das Register aufgenommen.

Beurteilung: Ein verhältnismäßig schweres, muskulöses, aber ungemein wendiges Pferd mit hervorragenden Reiteigenschaften und einer Antrittsgeschwindigkeit, die der eines Vollblüters gleichkommt. Ausdauernd, anspruchslos, charakterlich ausgeglichen, intelligent. Stark entwickelter „Cow-Sense", der sich infolge der Verwendung des Quarter Horse als „Cowboy-Pferd Nr. 1" über zahllose Generationen zu einem Rassemerkmal herausgebildet hat.

Gestüte/Zuchtgebiete: USA (Texas, Virginia, Kalifornien, Neu-Mexiko, Florida, Wyoming, Montana, Nord- und Südkarolina), Kanada, Mexiko, Australien, Neuseeland, England. In der Bundesrepublik befindet sich eine kleinere Herde von Quarter Horses auf den „American Horse Farms" in Otterberg bei Kaiserslautern, die dem durch seine Rodeo-Vorführungen in Westeuropa bekannt gewordenen Amerikaner Alan M. Jacob gehören. Über einige weitere Pferde dieser Rasse verfügen die Tierzuchtbetriebe Jean-Claude Dysli in Gündisau/Schweiz. Insgesamt beträgt die Zahl der Quarter Horses in Europa zur Zeit rund 10 Deckhengste sowie 150 Stuten und Wallache.

Organisationen: „The American Quarter Horse Association (AQHA)" in Amarillo, Texas/USA (Zentralverband für den gesamten nordamerikanischen Kontinent). In England gibt es ein „Part Bred Quarter Horse-Register".

Literatur: Die offizielle Verbandszeitschrift der AQHA ist „The Quarter Horse Journal"; sie erscheint monatlich einmal. „The Complett Book of the Quarter Horse" von Nelson C. Nye; „Using the American Horse" von L. N. Sikes und Bob Gray; „The American Quarter Horse" von Jack Widmer; „America's Quarter Horses" von Paul Laune;

„Quarter Horses", a story of 500 centuries, von Robert Moorman Denhardt.

Rottaler (Altrottaler) Auch wenn es ihn nur noch in ganz wenigen, durch Zuführung von Fremdblut im Typ vollkommen veränderten Exemplaren gibt, ist er es wert, ihm ein paar Zeilen zu widmen. Es gibt nicht viele Rassen, deren Geschichte genau 1000 Jahre gedauert hat, von der Turbulenz der fünfziger Jahre des 1000. bis zu den friedlicheren, von Zweckmäßigkeiten bestimmten fünfziger Jahren des 2000. Jahrhunderts. Die Einfälle der Ungarn, die Schlacht auf dem Lechfeld (955) sind der Anfang, die erforderlich gewordene Umstellung auf ein modernes Warmblutpferd im „Stil der Zeit" das Ende.

Benannt nach dem Tal der Rott (linker Nebenfluß des Inn) in Niederbayern entwickelte sich der „Rottaler" zu einer nicht nur für die Landwirtschaft, sondern auch für das Militär wichtigen Warmblutrasse. Um es zur Verwendung als Truppenpferd geeigneter zu machen, wurden bis etwa 1800 hauptsächlich Holsteiner Hengste verwandt, denen englische Halbblüter, Normannen und Zweibrücker und später (Mitte 19. Jahrhundert) Hengste aus dem bayerischen Hofgestüt Rohrenfeld bei Neuburg a. d. Donau und Englisches Vollblut folgten. Da es nahelag, daß diese Einkreuzungen zu feine und zu leichte Nachkommen erzeugten, wurden zur Vermeidung dieser Möglichkeit Cleveland Bays eingeschaltet. Erst ab 1857 kamen Oldenburger Hengste nach Niederbayern, von denen der 1889 geborene „Emigrant XVII" über seine im Rottal gezogenen Söhne und Enkel sich am besten bewährte. Alle anderen eingesetzten Oldenburger Hengste konnten ebenso wie die aus Ostfriesland, Ungarn und Mecklenburg züchterisch wenig überzeugen. Dagegen brachte der 1930 im bayerischen Stammgestüt Achselschwang (1952 aufgelöst) geborene „Gardist" von „Gambo" (Oldenburg) einen besonderen Höhepunkt für die Rottaler Zucht. Ihm waren die überragenden Fahrpferde (vom Einspänner bis zum Zehnerzug) zu verdanken.
Oldenburger Hengste deckten auch nach der Jahrhundertwende neben bodenständig gezogenen im Rottal. Die Wende, ehrlicher gesagt, das Ende brachten die fünfziger Jahre. Die einst ausschließlich in bäuerlicher Hand befindliche Rottaler Zucht hat aufgehört zu existieren, auch wenn hier und da noch ein schwacher Atemzug von ihr zu spüren ist. Im Rottal wie im übrigen Land hat das Warmblut seinen Platz eingenommen, den es 1000 Jahre lang behaupten konnte.

Alt-Rottaler Stute

Sanho-Pferd Ein bereits zur Zarenzeit durch aus Rußland eingeführte Hengste verbesserter Mongolen-Reitpferdschlag im Westen der Mandschurei und dem angrenzenden Teil der Inneren Mongolei (China). Größe: 142 bis 152 cm; Gewicht: 400 bis 500 kg.
Eng verwandt mit dem Hailar- und Sanpeitze-Pferd.

Sanpeitze-Pferd Ein zäher mongolischer Reitpferdeschlag, in der Mandschurei und dem Ostteil der Inneren Mongolei beheimatet. Er wurde durch aus Rußland bereits zur Zarenzeit eingeführte Hengste verbessert. Größe: 142 bis 152 cm; Gewicht: ausgewachsene Hengste bis 500 kg schwer. Eng verwandt mit dem Hailar- und Sanho-Pferd.

Sardisches Pferd Siehe unter Pony: Acchetta.

Schwedisches Warmblut In Schweden hat es schon immer gute, harte und zuverlässige Warmblutpferde gegeben, aber erst aus der Kombination Ostpreuße-Hannover-Vollblut konnte sich der Typ entwickeln, mit dem die schwedischen Reiter, vor allem in der Dressur, aber auch im Spring- und Militaryreiten, auf zahlreichen Olympischen Spielen zu ihren bestaunenswerten Erfolgen kamen. Insgesamt errangen sie zehn Goldmedaillen, und wenn man vom Perde ausgeht, sind es sogar elf. Denn der wunderbare, hochintelligente Gasparin-Sohn Piaff (Hengst) der deutschen Dressurreiterin Linsenhoff entstammt ebenfalls der schwedischen Warmblutzucht.
Beschreibung: Ein mittelgroßes (bis 160 cm), edles, sehr leistungsfähiges, nervlich starkes,

zuverlässiges, für die Dressur besonders geeignetes Pferd mit trockenem, oft ziemlich kleinem, schön geformtem Kopf, gut aufgesetztem, nicht zu langem Hals, ausgeprägtem Widerrist, kräftigem Rücken, gut bemuskelter, verhältnismäßig kurzer Kruppe und korrekten, kräftigen Extremitäten.
Ausgezeichnete, harmonische Gangarten; kann auch gut springen.
Zuchtgebiet: Schweden (vor allem Süd- und Mittelschweden). Von den früheren drei Gestüten besteht nur noch das Staatsgestüt Flyinge, das zwar 1888 aufgelöst, 1924 aber wieder eingerichtet wurde.

Sertanejo Eine im Norden Brasiliens gezüchtete Warmblutrasse von regionaler Bedeutung. An ihrer Begründung war der Crioulo (s. d.) am stärksten beteiligt.

Shagya Den Namen verdankt diese aus kleinen, schnellen ungarischen Landpferden und Araberblut entstandene Halbblutzucht dem 1830 in Syrien geborenen, cremefarbenen, 159 cm großen Araberhengst Shagya, der 1836 für das Bábolnaer Gestüt für 1800 Gulden aufgekauft wurde. Dort deckte er bis 1842.
Shagya wurde zum Begründer einer Zucht von leichten, mittelgroßen, edlen Tieren, die weit über Ungarns Grenze hinaus als außergewöhnlich harte Reit- und Fahrpferde (Jucker) bekannt sind.
Shagyas erwiesen sich auch in früherer Zeit als ausgezeichnete Kavallerie-Pferde in der österreichisch-ungarischen, dann in der ungarischen, tschechischen und polnischen Armee.

Zuchthengst aus dem Shagya-Stamm

Von den zahlreichen männlichen Nachkommen des Stammbegründers, die alle Shagya heißen und hinter dem Namen eine Zahl zur Angabe ihrer Generation tragen, ragen als die bedeutendsten Hengste heraus:
Shagya IV; Shagya VIII; Shagya X, deckte zuletzt (ab 1921) in Kladrub, er war besonders wegen seiner hervorragenden Bewegungen in den einzelnen Gangarten berühmt; Shagya XV, in der CSSR stationiert, seiner Linie entstammen ausgezeichnete Turnierpferde; Shagya XXXII, deckte noch im Alter von 28 Jahren zahlreiche Stuten mit einer Erfolgsquote von 75 %.

Beschreibung: Ein leichtes, elegantes Reit- und Kutschpferd von durchschnittlich 152 cm Größe (± 5 cm) mit deutlichen arabischen Akzenten; sehr trocken, hart, unermüdlich und von einem hervorragenden Charakter. Beherrscht alle drei Gangarten in tadelloser Manier. Farben: Schimmel dominieren; doch kommen auch andere Farben, z. B. Braune, vor.
Zuchtgebiete: Hauptsächlich in Ungarn mit den Gestüten Bábolna und Mezöhegyes. Zahlreiche Nachzuchten u. a. in Österreich, Deutschland, Rumänien, Jugoslawien, Polen und den USA.

Tarbais (Tarber Pferd) Von den Franzosen auch als „demi sang du midi" (Halbblut des Südwestens) bezeichnet. Benannt nach der zum Dep. des Hautes-Pyrénees gehörenden Stadt Tarbes, einst Hauptstadt der alten Grafschaft von Bigorre, berühmt wegen ihrer Pferde- und Maultierzucht.
Der Tarbais gehört zu den „Chevaux de selle en France", ist also ein reines Reitpferd, und zwar vom anglo-arabischen Typ. Er ist etwas leichter und schnellbeiniger als der in Limousin gezüchtete Typ. War bis zum 2. Weltkrieg das Reitpferd der leichten französischen Kavallerie.
Entstand schon früh durch Kreuzung einheimischer Pferde mit eingeführten Orientalen, aus der im Laufe der Zeit sich der Bigourdan (von Bigorre) entwickelte. Er gilt als der eigentliche Vorfahr des Tarbais.

Anfang des 19. Jahrhunderts auf Anweisung Napoleons erneut Zuführung von Araberblut, das zu einer weiteren Verbesserung der dadurch stark arabisierten Zucht führte. Ab 1820 durchgeführte Einkreuzungen mit Englischem Vollblut ergaben dann gegen Ende des vorigen Jahrhunderts den Tarbais, ein sehr feines, leichtes Reitpferd, das sich für sportliche Zwecke hervorragend eignet. Kein Einheitspferd 08/15, sondern mehr ein Pferd mit individuellen Zügen, von denen auf Grund der Entwicklung der eine stärker als der andere betont sein kann. Im allgemeinen aber ein sehr leistungsfähiges, ausdauerndes, gelehriges Pferd mit leichten Bewegungen in allen Gangarten und einer starken Springbegabung, das auf allen Gebieten des Reitsports verwendet werden kann.

Beschreibung: Es hat einen feinen, leichten Kopf mit meist gerader Profillinie und breiter Stirn, großen, ausdrucksvollen Augen und sehr beweglichen Ohren. Der Hals ist von ausreichender Länge und Stärke und gut aufgesetzt, die Brust tief, die Schulter sehr schräg, der Rücken kurz, kräftig und tragstark, der Rumpf ziemlich lang und gut geformt, die Gliedmaßen sehr korrekt mit einwandfreien Sehnen und Gelenken.

Größe: Um 160 cm (± 5). Hauptfarben: Dunkelbraun und fuchsfarben.

Zuständiger Verband: Association des Eleveurs de Chevaux Anglo-Arabes de Midi-Pyrénees, 65 rue d'alsace — 31000 Toulouse.

Tennessee-Walking-Horse Eine im vergangenen Jahrhundert im USA-Staat Tennessee aus den meist rasselosen Reitpferden der Farmer (Plantation Horses) und eingekreuzten Narragansett- und Kanadischen Pacern, Englischem Vollblut, American Saddle- und Standard Bred-Horses entstandene Warmblutrasse von eleganten Reit- und Wagenpferden. Stammhengst ist ein 1886 geborener Standard Bred-Hengst, der Rappe Black Allan, in dem das Blut der beiden berühmtesten amerikanischen Pferde, Justin Morgan und Hambletonian 10, floß.

Außer dem offiziellen Namen trägt das Pferd noch ein paar andere, wie Tennessee-Walker oder nur Walker, Plantation- oder ‚Turn-Row'-Horse (zur Erinnerung an die frühere Verwendung auf den Plantagen) oder — seit jüngerer Zeit — ‚Every one's pleasure horse'. Ein schönes Kompliment an ein Pferd, das die Freizeit auf seinem Rücken zu einem Vergnügen macht.

Nicht ohne Grund gibt es in den USA rund 150 000 Walkers, ein paar tausend mehr, als das American Saddle Horse zählt.

Beschreibung: Mit einem Stockmaß von 162 bis 165 cm etwas größer, mit einem Gewicht von 450 bis 550 kg ein wenig leichter als das American Saddle Horse, hat auch ein höheres Fundament als dieses.

Ziemlich edler Kopf; kräftiger, hoch getragener Hals; kurzer, gerader Rücken; tiefe Brust; lange Kruppe, meist anglisierter Schweif.

Von ruhigem, verträglichem Wesen; gelehrig, intelligent; sehr langlebig (30jährige Walkers sind keine Seltenheit).

Farben: Keine rassetypischen Farben. Beliebt sind Braunschimmel sowie Füchse und Isabellen mit weißem Mähnen- und Schweifhaar.

Neben einem bodendeckenden, flachen Schritt und einem elastischen, langsamen Galopp beherrscht das Tennessee-Walking-Horse einen sog. „running walk", ein im Viertakt vorgetragener Rennschritt, mit dem es in der Stunde bis zu 9 km bewältigen kann. Auf Schauen wird diese Gangart besonders beachtet und beurteilt (abgesehen von der Schnelligkeit des Schrittes soll der Hinterfuß möglichst weit vor der Spur des gleichseitigen Vorderfußes auffußen; es gibt Walkers, die dabei über 35,0 cm erreichen).

Zuchtgebiete: Ursprünglich auf Tennessee beschränkt gewesen; nach Gründung des Zuchtverbandes ist der Walker auch über andere US-Staaten verbreitet, am stärksten in den südlichen, Mittelwest- und westlichen Staaten.

Verbände/Organisationen: „Tennessee Walking Horse Breeder's Association of America", 119 E. Commerce St. Lewisburg, Tenn. 37091.

Der Verband gibt ein monatlich erscheinendes Mitteilungsblatt heraus, das „Tennessee Walking Horse Bulletin".

Tersk-Pferd Eine in den Jahren 1925 bis 1948 auf Betreiben des Sowjet-Marschalls Budjonny in Rußland gezüchtete neue Rasse von hohen Qualitäten. Benannt nach dem berühmten Tersk-Gestüt, das mit der Zuchtstätte in Stawropol als „Wiege" dieses rassigen und intelligenten Pferdes zu betrachten ist. Wird heute im nordkaukasischen Aserbeidshan und im Stawropol-Gebiet überwiegend als Reitpferd gezüchtet.

Tersker Hengst

An der Entstehung der Rasse waren beteiligt Streletzker (einst das Paradepferd der Russen, wird nicht mehr gezüchtet), Araber aus reinsten Stämmen (Kuhaylan), Kabardiner (s. d.), Donpferde und einige Hengste der ungarischen Gidran-Rasse.

In der Sowjetunion trennt man die Rasse in drei Typen, deren Exterieur-Unterschiede auf die verschieden starken Anteile der an der Entstehung beteiligten Grundrassen zurückzuführen sind:

a) der sog. charakteristische Typ, der dem zuerst ins Auge gefaßten Zuchtziel am ehesten entspricht. Ein Pferd mit einem mittelgroßen Kopf, geradem Profil, großen Augen und großen Ohren, einem langen, ziemlich hoch angesetzten Hals, gut markiertem Widerrist, schräger Schulter, mittellangem Rumpf, kräftiger, leicht abfallender Kruppe. Schweif hoch angesetzt und „arabisch“ getragen.
   Durchschnittsgröße: Hengste 153, Stuten 151 cm; Röhren 19,5 bzw. 18,5 cm.
b) der sog. leichte Osttyp, der die stärksten Araber-Anteile erhalten hat und dem Araber auch am nächsten kommt. Ihn zeichnet ein sehr feiner, edler Kopf mit betonter Stirnpartie, großen weit auseinanderstehenden Augen und großen Nüstern aus. Kürzerer Rumpf als bei den anderen Typen; schöner Schweifansatz; trockene Beine mit einwandfreien, deutlich markierten Sehnen und Gelenken; dünnes, seidiges Haarkleid.
   Durchschnittsgröße: Hengste 152, Stuten 150 cm; Röhren 18,8 bzw. 18,3 cm.
c) ein kräftiger, untersetzter Typ von weniger Eleganz sowie robuster und starkknochiger als die beiden anderen Typen.
   Durchschnittsmaße: Hengste 155, Stuten 151 cm; Röhren 20,0 bzw. 19,0 cm.

Man ist bemüht, eine Durchschnittshöhe von 154 (Hengste) und 150 cm (Stuten sowie einen Röhrenumfang von 19,5 bzw. 18,6 cm für alle Typen zu erreichen.

Zuchtgebiete: Nach wie vor die Aserbeidshanische Republik mit dem Gestüt Tersk.

Torisches Pferd (Torik, Toriker) Einheimisches estnisches Warmblutpferd, benannt nach dem bei Pernau (zwischen Riga und Reval) liegenden Tori-Gestüt. Ursprünglich nur um 146 cm groß, entwickelte es sich durch Kreuzungen mit Arabern, Ardennern und Englischem Vollblut zu einem größeren und schweren Tier, auf dessen weitere Gestaltung nach 1888 einige Orlow-Traber (u. a. Jantar) sowie mit besonderem Nachdruck ein polnischer Hengst (Hetman) einwirkten. Schließlich trugen in den Jahren 1908 bis 1912 auch noch ostpreußische, Hannoveraner und ostfriesische Hengste zum endgültigen Bild der torischen Rasse bei. Später in zwei Typen rein weitergezüchtet, von denen der eine schwerer und stärker und als Fahrpferd verwendbar und der andere, leichtere mehr zum Reiten geeignet ist.

Beschreibung: Mittellanger, breitstirniger, Kopf mit gut angesetzten, lebhaften Ohren, großen interessierten Augen und weiten Nüstern. Mittellanger, kräftiger Hals; flacher Widerrist; ziemlich langer Rumpf; lange, schräge Schulter; kräftige Nierenpartie, lange leicht abfallende, nicht immer gut bemuskelte Kruppe. Kurze kräftige Gliedmaßen mit sauberen Sehnen und Gelenken; mittelgroßer Huf aus festem Material. Gelegentlich säbelbeinige Stellung, die wie andere Exterieurmängel als Erbe des eingekreuzten Polenblutes angesehen werden.

Durchschnittsgröße (für beide Typen): Hengste 154, Stuten 153 cm. Röhrbeinumfang schwere Typen 22,4 bzw. 21,5 cm, leichtere Typen 20,6 bzw. 20,0 cm.

Farben: hauptsächlich Füchse.

Ein im Langrechtrahmen stehendes Pferd von ausgeglichenem Charakter, ruhigem Temperament; sehr anpassungsfähig; leichtfuttrig und langlebig; hart und ausdauernd.

Harmonische, korrekte Bewegungen in Schritt und Trab, gutes Galoppier- und Springvermögen.

Trakehner (Ostpreußisches Warmblutpferd Trakehner Abstammung) Lassen wir es bei dem Namen, den jeder kennt, auch wenn Trakehnen für die meisten weiter entfernt liegt als Wladiwostok oder Santiago; das gilt auch für Ostpreußen. Von den dort geborenen Pferden, die 1945 auf beschwerlichen Wegen in den Westen gelangten, lebt keines mehr. Aber die, die in Hunnesrück oder in Rothensande zur Welt gekommen sind, tragen das gleiche Blut in sich wie ihre Eltern und Großeltern, die noch in Trakehnen oder Rastenburg, Marienwerder oder Braunsberg auf den Weiden grasten. Trakehner! Der Name ist gut; er bedeutet Tradition und Verpflichtung.

Geschichte (in Stichworten): Ritterorden seit 1231 im Osten, Züchtung geeigneter schwerer Pferde neben den bodenständigen Schweiken. Vermischungen möglich, aber nicht nachgewiesen.

16./17. Jahrhundert starke Förderung der bis dahin oft durch widrige Umstände, Seuchen, Kriege usw. beeinträchtigten Pferdezucht durch die Großen der Zeit, die sich aber trotz Ausfuhrver-

Trakehner-Hengst (Unkenlied)

Landauer mit vier Trakehner Hengsten

bots manches wertvolle, mit orientalischem Blut veredelte Pferd „schenken" lassen. 1725 Zusammenschluß der über das ganze Gebiet verstreut liegenden Stutereien auf Anweisung Friedrich Wilhelms I., König von Preußen, der sog. „Soldatenkönig". 1732 Einzug in das inzwischen erbaute Gestüt Trakehnen mit 1101 Pferden. Unter Graf Lindenau ab 1786 systtematische Zucht anfangs durch orientalische, dann (ab 1817) durch Englische Vollblut-Hengste, die die Trakehner Zucht besonders beeinflussen. Sie sind zum größten Teil die Stammväter der heutigen Ostpreußen, u. a. Perfektionist mit seinen Söhnen Jagdheld, Tempelhüter und Irrlehrer. Von anderen Linien (aus dem alten Ostpreußenblut) beeindrucken vor allem der Dingo-Sohn Dampfroß mit seinen Nachkommen Pythagoras und Hyperion. Durch ersteren, aus einer Tempelhüter-Tochter gezogen, Verknüpfung der beiden wichtigsten Stämme.

1945 Verlust Ostpreußens und damit des größten Teils des Pferdebestandes (siehe Wielkopolsker Pferd). Neuanfang mit gerettetem Rest in Westdeutschland. Trotz Zerstreuung und sonstiger Schwierigkeiten erfolgreicher Wiederaufbau. 1946: 800 Stuten und 45 Hengste; 1974: 3000 Stuten und 270 Hengste.

Neben Pflege einer eigenen Zucht starker Einfluß Trakehner Hengste als Veredler auf andere Rassen (Hannover — Semper idem, Abglanz, Lateran —, Württemberg — Julmond —, Rheinland, Hessen sowie Schweden, Dänemark, Holland und Übersee).

Als Zuchtziel gilt die Erstellung eines allseits brauchbaren, edlen Reitpferds. Der Trakehner brachte die Voraussetzungen dafür schon aus Ostpreußen mit.

Beschreibung: Die wohl edelste deutsche warmblütige Reitpferdrasse, die sich durch Eleganz und Schönheit besonders auszeichnet. Weist eine Größe von 160 bis 170 cm Stock auf (für die Eintragung in das Hauptstutbuch müssen dreijährige Stuten mindestens 155, vierjährige 157 cm groß sein). An Hauptfarben gibt es Braune, Füchse und Rappen, die schon im alten Zuchtgebiet gesondert gezüchtet wurden (außer einer gemischten Herde).
Im einzelnen: Schöner, ausdrucksvoller, trockener, feiner Kopf mit großen Augen und kleinen bis mittellangen Ohren (gelegentlich Hängeohren); langer, hoch angesetzter, schön geformter Hals; gut gelagerte Schulter; deutlich markierter Widerrist; kräftiger, gerader Rücken; meist lange, leicht abgezogene, gut bemuskelte Kruppe. Alle Gliedmaßen korrekt und trocken mit klaren Sehnen und Gelenken. Schöner Schweifansatz.
Einwandfreier Charakter, lebhaftes Temperament; nervenstark; leichtfuttrig; genügsam; zäh, hart, ausdauernd; leistungswillig.
Beherrscht alle Gangarten mit einwandfreien, elastischen und raumgreifenden Bewegungen.

Beurteilung: Ein Pferd, das der Idealvorstellung von einem leistungsbereiten, zuverlässigen und zugleich edlem Reitpferd am nächsten kommt.

Zuchtgebiet: Neben zahlreichen kleineren Zuchten in der gesamten Bundesrepublik vor allem in den Gestüten Rantzau und Schmoel (Schleswig-Holstein), Hunnesrück (Niedersachsen), Birkhausen (Rheinland-Pfalz) u. a.

Verbände/Organisationen: Verband der Züchter und Freunde des Warmblutpferdes Trakehner Abstammung, 2 Hamburg 72, Aug.-Krogmann-Straße 194 (Trakehner Verband).

Ukrainer (Ukrainische Reitrasse) Die jüngste Reitpferderasse der Sowjetrussen, die erst nach dem 2. Weltkrieg aufgebaut wurde. Die Russen bezeichnen das ukrainische Reitpferd als eines ihrer schönsten.
Die Rasse entstand durch Kreuzung ungarischer Halbblutstuten mit Trakehner, Hannoveraner und Vollblut-Hengsten.

Ihr bisher im Westen bekanntestes Rasseprodukt ist der Hengst Ichor aus dem Alexandrijsker Gestüt (von Chobot a. d. Isida), der nach seinen 1964 unter I. Kisimow errungenen Dressur-Erfolgen in Aachen und Tokio vier Jahre später in Mexiko die Olympische Goldmedaille erhielt.
Als ein ausgezeichnetes Springpferd erwies sich der Hengst Boston unter Schabaila, der auf dem Hamburger Springderby überraschte.

Wie die anderen russischen Sportpferde-Rassen ist auch der Ukrainer verhältnismäßig groß (um 165 cm Stockmaß), kräftig, aber nicht massiv, charakterlich gutartig, intelligent und gelehrig und von einem ausgeglichenen Temperament. Neben seiner ausgezeichneten Dressurfähigkeit weist er auch hervorragende Springeigenschaften auf. Er ist außerdem schnell und ausdauernd und zeigt in allen Gangarten freie und leichte, fördernde Bewegungen. Ein typisches Reitpferd mit einem sehr ansprechenden Äußern, das auch die Kraft hat, mit einem schwereren Reiter über lange Strecken zu gehen.

Zuchtgebiete: Ukraine mit den Derkulsker, Alexandrijsker und Jagelnizker Gestüten.

Virginia Saddle Horse Siehe American Saddle Horse.

Waler (Australien Stock Horse, New South Wales Horse) Die älteste Pferderasse Australiens, die sich aus heute nicht mehr definierbaren Erstimporten und später hinzugekommenen reinblütigen Arabern und Englischem Vollblut nach wenigen Jahrzehnten zu einer hochklassigen Halbblutrasse entwickeln konnte. Bereits in der ersten Hälfte des vergangenen Jahrhunderts wurde der australische Waler zu den besten Reitpferden der Welt gezählt; seit dieser Zeit remontierte er (als New South Wales Horse) fast die gesamte britisch-indische Kavallerie. Auch das australische Heer war mit Walern ausgestattet. Wie groß der Bestand dieser ausgezeichneten Halbblutrasse gewesen sein muß, geht daraus hervor, daß in den Jahren des 1. Weltkrieges über 120000 Exemplare von Australien an die alliierten Truppen in Indien, Afrika und Europa geschickt wurden.
Die letzten mit Pferden ausgestatteten australischen Einheiten waren einige leichte Reiter-Regimenter, doch mußten diese 1940 ihre Pferde abgeben, da sie motorisiert wurden.
Vermutlich hat inzwischen auch die berittene New South Wales Mounted Police sich von ihren Walern trennen müssen, auf denen sie täglich ihre Patrouillenritte durchführte, oft bei Trockenheit und Sandstürmen.
Mit solchen zähen, widerstandsfähigen Halbblütern beteiligten sich Australiens Reiter mit Erfolg an mehreren Olympischen Spielen. Pferde im Huntertyp, der ebenso aussah wie ein solcher aus Irland oder England.
Beschreibung: Ein großrahmiges Pferd von 155 bis 165 cm Stockmaß, mit trockenem, mittellangem Kopf, ziemlich großen Ohren, einem langen, kräftigen, schön aufgesetzten Hals, betonten Widerrist und starken Rücken, mit gut geripptem Rumpf und langer, schräger Schulter. Kräftige Gliedmaßen mit trockenen Sehnen und Gelenken. Äußerlich weist er eine gewisse Ähnlichkeit mit dem Hannoveraner oder einer anderen unserer modernen Warmblutzuchten auf.
Charakterlich gilt der Waler als unkompliziert. Er hat ein munteres Temperament, gute Nerven und ist leicht zu reiten. Zeigt ausgezeichnete Bewegungen in allen drei Gangarten; kann vor allem gut springen.
Zuchtgebiet: Über ganz Australien verbreitet; Hauptzuchtgebiet wie zuvor Neu-Süd-Wales.

Western Horse: Keine bestimmte Rasse, sondern eine Gruppe verschiedener Rassen und Schläge, die in den USA zur „Arbeit am Rind" verwendet wurden oder noch werden. Siehe Appaloosa, American Paint Horse, Palomino, Albino, Pinto und Quarter Horse.

Westfale Spitzenpferde der westfälischen Warmblutzucht sind heute ebenso häufig auf nationalen und internationalen Reitturnieren zu finden wie die der Hannoveraner oder Holsteiner. Längst schon gilt Westfalen nicht mehr als hannoversches Nachzuchtgebiet, obwohl es seit Beginn dieses Jahrhunderts auf hannoverscher Grundlage gezüchtet hat. Im westfälischen Zuchtgebiet gibt es heute über 7250 eingetragene Warmblutstuten; in Hannover, das nach wie vor an erster Stelle steht, sind es rd. 11300. Aber was sollen solche Feststellungen? Im Grunde genommen handelt es sich doch nicht um zwei verschiedene Pferderassen, wohl um zwei große Landeszuchtverbände, die aber auch nicht völlig auseinander-

Westfälisches Warmblut (Military-Pferd Sioux)

Westfalen auf der Hengsteschau in Warendorf

gehende Meinungen über das Pferd im allgemeinen und die Zucht im besonderen haben. In jedem Falle bestehen mehr Gemeinsamkeiten als vielleicht vor 100 Jahren, Gemeinsamkeiten bei dem einen und bei dem anderen Verband, Gemeinsamkeiten auch bei den Pferden, die sie züchten und denen man gar nicht ansehen kann, ob sie Westfalen oder Hannoveraner sind, vorausgesetzt, man übersieht das Brandzeichen. Genügt es nicht, wenn man weiß, daß der eine Reiter aus Warendorf und der andere aus Celle kommt? Beide reiten letzten Endes ein Deutsches Warmblut, und das ist doch auch ein schöner Name.

Geschichte (in Stichworten): Pferdezucht in Westfalen schon im frühen Mittelalter, meist in Wildgestüten, im Emscher Bruch, im Duisburger Wald, in der Senne, im Münsterland, im Meerfelder Bruch (Arenberg-Nordkirchen ist jüngeren Datums). Kreuzung der einheimischen Schläge mit edlen oder weniger edlen Hengsten, mit Voll- oder Kaltblut, je nach Bedarf und Möglichkeit, im Endeffekt nicht zum Wohle einer konsolidierten Zucht, deren Anfänge erst zu Beginn unseres Jahrhunderts spürbar werden. Nach unbefriedigenden züchterischen Experimenten mit Ostfriesen, Oldenburgern, Hannoveranern und Normannen schließlich, schon vor 1914 beginnend, aber nach dem 1. Weltkrieg in starkem Maße Ausrichtung auf die Zucht eines Warmbluts auf hannoverscher Basis, auf Grund der positiven Erfahrung, die man um 1900 mit eingeführten Hannoveraner Hengsten gemacht hatte. Auch nach dem 2. Weltkrieg weiterhin starker Einfluß hannoverschen Blutes auf die Warmblutzucht Westfalens sowie solchen aus hannoversch-ostpreußischer Verbindung. Dazu — sorgfältig dosoert — die Einschaltung einiger Vollblut- bzw. Anglo-Araber-Hengste (z. B. der aus Polen eingeführte Ramzes — siehe Malopolska-Pferd —, der einige ganz hervorragende Spring- und Dressurpferde hinterließ).

Beschreibung: Ein edles, sehr gängiges, großrahmiges Warmblutpferd von durchschnittlich 170 cm (± 5) Größe. Ausdrucksvoller Kopf; ziemlich langer, gut aufgesetzter und schön getragener Hals; betonter Widerrist; gut gelagerte, lange, schräge Schulter; gerader, starker Rücken; schön geformter Rumpf; leicht abfallende Kruppe mit verhältnismäßig hoch angesetztem Schweif. Gut bemuskelte, kräftige Gliedmaßen mit klaren Sehnen und Gelenken.

Farben: Fuchs, Braune, Schimmel, Rappen.

Ausgesprochen angenehmer Charakter; ruhiges Temperament. Verläßlich; nervenstark; zäh; ausdauernd; sehr gelehrig und intelligent.

Beherrscht alle drei Gangarten; außergewöhnliches Springvermögen.

Beurteilung: Ein großes, kräftiges Reitpferd, das auf Grund seiner Qualitäten als Leistungssportpferd Hervorragendes leisten kann.

Zuchtgebiet: Landeszucht Westfalen mit Landgestüt Warendorf.

Verbände/Organisationen: Westfälisches Pferdestammbuch e. V., 44 Münster/Westf., Engelstr. 52. Verbands-Zeitschrift: „Westfalens Roß und Reiter" (monatlich).

Pferde von besonderer Bedeutung: Rasputin: Springpferd von Hendrik Snoek; Sioux: Militarypferd von Horst Karsten; Mariano: Dressurpferd von Josef Neckermann; Radetzky: geb. 1951, von Ramzes, Vererber von besonderer Bedeutung.

Wielkopolksa-Pferd Eine erst nach dem letzten Krieg in Polen entstandene Halbblutrasse, deren Hauptmerkmale ein hoher Wuchs (um 165 cm Stockmaß), ein sanfter Charakter, ein schönes Aussehen und eine besondere Eignung zum leistungsfähigen Sportpferd sind. Sie ergab sich aus der Verbindung des „masurischen" (in Ostpreußen zurückgelassene Pferde des Trakehner Hauptgestüts und der dortigen Landeszucht) mit dem verwandten, aber etwas mehr Araberblut aufweisenden „Posener Pferd", das vor rund einem Jahrhundert auf ostpreußischer Grundlage entwickelt wurde. Auf Grund vieler vorhandener Gemeinsamkeiten faßte man daher beide Typen zu einer Rasse zusammen, obwohl heute noch zwischen einem „masurischen Typ" im Norden (Ostpreußen) und einem „Posener Typ" im Westen Polens unterschieden wird.
Beiden Typen wurden in den letzten 25 Jahren zur Erweiterung des Rahmens je nach Bedarf Englisches Vollblut, Arabervollblut und das von Anglo-Arabern eingekreuzt.

Zuchtgebiete: Für den masurischen Typ: Nordpolen mit zwei Land- und fünf Hauptgestüten (u. a. Liski); für den Posener Typ: Westpolen (Posener Raum) mit zwei Land- und sechs Hauptgestüten (u. a. Raco).

Württemberger (Württembergisches Warmblut) Alte, traditionsreiche Zucht in einem Lande, das schon früh ausgezeichnete Pferde gezüchtet hat, nicht zuletzt durch die Initiative der Hofgestüte (vor allem Marbach a. d. Lauter, 1573 gegründet, seit 1736 bzw. 1763 Landgestüt). Zuerst zur Erreichung eines anspruchslosen und harten Warmblutpferdes Einkreuzung mit Arabern, Brandenburgern, Oldenburgern, Mecklenburgern, Ostpreußen, englischen Kaltblütern (Shire und Clydesdale), Kaukasiern, Anglo-Arabern, Noniussen und englischen Vollblütern. 1870 Beendigung der vielfachen, nicht immer geglückten Experimente und Umstellung der Zucht auf Anglo-Normannen-Basis (wichtigster Stammhengst der Anglo-Normanne Faust) zur Schaffung eines praktischen Pferdes mit guter Rumpfigkeit, Härte, Genügsamkeit und gutem Temperament. Später wieder Einschaltung von engl. Vollblütern, Oldenburgern, Brandenburgern sowie Hannoveranern, Holsteinern und abermals Anglo-Normannen (Hengst Floral), von denen sich die Hengste aus Brandenburg und Hannover am besten bewährten.

Württemberger Warmblut-Stute (Karde)

Nach dem letzten Krieg Festlegung des Zuchtziels auf ein vielseitiges, auch reitsportlich geeignetes Pferd mit Hilfe Trakehner Hengste. Besonders der Julianus-Sohn Julmond erwies sich als ein sehr sicherer Vererber, der mit seinen Produkten dem Zuchtziel sehr nahe kam, das die „Erzüchtung eines edlen, leichtrittigen Warmblutpferdes, umgänglich, mit angenehmem Charakter und Temperament" vorsieht und daß durch seine „vielseitige Veranlagung, Leistungsbereitschaft, Ausdauer und Härte ein Pferd für alle Zwecke" sein soll.

Beschreibung: Ein mittelschweres, 158 bis 165 cm großes warmblütiges Wirtschafts- und Reitpferd mit mittelgroßem, trockenem Kopf und meist hübschem Gesicht. Mittellanger, gut getragener Hals; deutlich markierter Widerrist; lange, schräg gelagerte Schulter; tiefe Brust; nicht zu langer, gerader, kräftiger Rücken; gut bemuskelte, ziemlich gerade Kruppe und schöner Schweifansatz. Einwandfreie Gliedmaßen mit soliden Sehnen und Gelenken.
Korrekte, leichte Bewegungen in allen drei Gangarten.

Beurteilung: Ein qualitätsvolles, kräftiges, edles Pferd, das sowohl als Fahr- wie als Reitpferd mit sportlichen Ambitionen gut verwendbar ist.

Verbände/Organisationen: Verband Württembergischer Warmblutzüchter e. V., 7 Stuttgart 1, Sophienstraße 21 B. Landgestüt: Marbach a. d. Lauter.

Yakute Siehe Jakute.

Yomud (Jomud) Ein schlankes, muskulöses, mittelgroßes Pferd, das von den Turkomanen im nördlichen Iran sowie im angrenzenden sowjetrussischen Gebiet jenseits des Atrek (Grenzfluß zwischen dem russisch-asiatischen transkaspischen Raum und Persien) seit langen Zeiten gezüchtet wird. Im Gegensatz zu seinem „Landsmann“ in der heutigen Turkmenischen Republik, dem Achal-Tekkiner (s. d.), erinnert es in seinem Exterieur mehr an den Araber, dessen Blut ihm häufig zufloß.

Früher galt es bei den Turkmenen als das Pferd mit den ausdauerndsten, der Achal-Tekkiner als das mit den schnellsten Beinen.

Die Vorzüge des Yomud, Härte, Widerstandskraft und Anpassungsfähigkeit, waren vor allem ausschlaggebend für seine frühere Verwendung als Kavalleriepferd. Aus den gleichen Gründen benutzte man Yomud-Hengste gern zur Verbesserung anderer rassischer Rassen.

Beschreibung: Leichter, mittelgroßer Kopf mit gerade, oft aber auch eingedellter Nasenlinie, breiter Stirnpartie, weit auseinanderstehenden Augen, kleinen, lebhaften Ohren, großen Nüstern. Ziemlich langer, schlanker Hals; hoher Widerrist, gerader Rücken mit kurzer, kräftiger Kruppe; hoher Schweifansatz. Lange, schräge Schulter, tiefe Brust. Sehnige, trockene Gliedmaßen; mittelgroße, gesunde Hufe. Weiches, aber nicht ganz so feines, dünnes und seidiges Haarkleid wie der Achal-Tekkiner; trifft auch auf Mähne und Schweif zu.

Farben vor allem grau, braun und dunkelbraun.

Durchschnittsgröße: Hengste 152 cm; Stuten 150 cm; Röhrbein 19,0 bzw. 18,3 cm.

Bis auf einen etwas kurzen, harten Trab weist der Yomud einen flotten Schritt und einen leichten, gut ausgewogenen Galopp auf.

Yorkshire Coach-Horse (Yorkshire-Kutsch-Pferd) Eine wie der Cleveland Bay (s. d.) in Yorkshire gezüchtete und mit diesem engstens verwandt gewesene Rasse. Ursprünglich stellte sie einen der beiden Typen der Cleveland Bays dar, der schon gegen Ende des 18. Jahrhunderts mit Englischem Vollblut gekreuzt wurde, um ein elegantes und leichtes Kutschpferd zu erzüchten. Später wurde auch Araber- und Berberblut eingekreuzt, doch kehrte man dann endgültig zum Vollblut zurück.

Infolge scharfer Auseinandersetzungen innerhalb der Cleveland Bay-Züchterschaft, ob Fremdblut zugeführt werden sollte oder nicht, kam es 1886 zur endgültigen Trennung beider Gruppen. Die Yorkshire Coach-Horse-Anhänger, die auf der Fortsetzung der Vollblut-Einkreuzung beharrt hatten, gründeten 1886 einen eigenen Verband, die Yorkshire Coach Horse Society. Ihre Gegner, die für eine absolute Reinzucht waren. hatten sich schon 1884 zu einer Vereinigung zusammengeschlossen (Cleveland Bay Horse Society).

In Deutschland eingeführte Yorkshire Coach-Pferde beeinflußten stark deutsche Warmblutzuchten (z. B. Burlington Turk die Holsteiner Zucht).

Das Yorkshire Coach-Horse gehörte immer zu den besten und schönsten Kutschpferden der Welt. In ihnen vereinigte sich die Eleganz, das Temperament und die Schnelligkeit des Vollbluts mit der Kraft und Haltung des Cleveland Bay zu einem harmonischen Ganzen, abgesehen von der Vererbung der für letzteren typischen Goldbraun-Färbung.

Ihre Zeit ist nunmehr vorbei. Der Verband wurde bereits vor einer Reihe von Jahren aufgelöst. Schließlich besaßen die Briten neben den stolzen Yorkshire Karossiers noch eine andere Kutschpferd-Rasse, die sich als die langlebigere und vielleicht auch als die edlere erwies: die Hackneys! Für die Yorkshire Pferde mag es eine Art Trot sein, daß sie an der Entstehung dieser Rasse, zumindest an der der Hackney-Ponys beteiligt waren, und zwar durch den Stammhengst „Sir George“, dessen Vater (Sportsman) ein reiner Yorkshire Coach-Hengst war.

Zweibrücker (Pfälzer-Zweibrücker) Das Warmblutpferd der Pfalz, genauer gesagt, der Rheinpfalz, ein schon vor mehr als 300 Jahren wegen

Zweibrücker Hengst

seiner schönen, edlen Pferde berühmtes Gebiet, die in den kurfürstlichen und klösterlichen Gestüten gezüchtet wurden. Als Ahnen des Zweibrükkers sind die in dem gleichnamigen Gestüt (1755 gegründet) aus den Kreuzungen orientalischer Hengste mit Stuten englischer Abstammung unter späterer Einschaltung von Anglo-Normannen entstandenen Halbblüter zu betrachten. Hengste dieser Zucht gelangten als Beschäler schon früh in andere Zuchtgebiete, so um 1800 mehrere Deckhengste nach Trakehnen und einige andere, ein paar Jahre später, nach Neustadt a. d. Dosse. Schwere Verluste erlitten die Zweibrücker durch die Französische Revolution und die von dieser ausgelösten kriegerischen Auseinandersetzungen bis zu den Befreiungskriegen 1814. Wertvolles Zuchtmaterial ging verloren, anderes wurde erbeutet, requiriert, verschleppt, auf jedem Falle ungefragt mitgenommen wie der Hengst Nonius, der später der Begründer der nach ihm benannten Rasse im österreichisch-ungarischen Raume werden sollte. Versuch des Wiederaufbaus mit Englischem und Arabischem Vollblut sowie Normannen-Hengsten. Einkreuzungen mit Oldenburgern, Ostfriesen und schweren Anglo-Normannen ab 1850 bis vor ein paar Jahrzehnten waren die Stationen, die der Zweibrücker Zucht keine Stabilisierung einbrachten und nur das Hin und Her von Meinungen, Standpunkten, Interessen, Bedürfnissen und Wünschen wiedergeben. Nach 1945 Bemühungen um den Wiederaufbau und die Schaffung eines einheitlichen, in die Landschaft passenden, edlen, mittelgroßen, kräftigen Pferdes durch Zuführung arabischen, vor allem ostpreußischen, aber auch Hannoveraner Blutes. 1959 Auflösung des Zweibrücker Gestüts. In den letzten Jahren starke Einschaltung von Trakehnern infolge des engen Kontakts zum ostpreußischen Zuchtverband.

Beschreibung: Ein ziemlich elegantes, mittelschweres Warmblutpferd von 160 cm Durchschnittsgröße (± 5), mit feinem, oft arabisch beeinflußtem Kopf. Mittellanger, kräftiger Hals; ausgeprägter Widerrist; tragstarker Rücken; schräg gelagerte Schulter; nur wenig abfallende Kruppe; gut bemuskelte, kräftige, korrekt gestellte Gliedmaßen mit einwandfreien Sehnen und Gelenken.

Farbe: Meist Füchse.

Gangarten: Energischer Schritt; bodendeckender Trab, schwungvoller Galopp.
Im Wesen ruhig, ausgeglichen, gutartig. Eifrig, zuverlässig.

Zuchtgebiet: Rheinland-Pfalz.

Verbände/Organisationen: Landesverband der Pferdezüchter Pfalz-Saar, e. V., 675 Kaiserslautern, Fischerstraße 11.

Rossologie: Lerne reiten ohne zu klagen

Unter diesem ohne Frage witzigen Titel haben zwei Pferdenarren (ein Schriftsteller und ein Zeichner) die Verhaltensweise von Pferd und Reiter mit viel Humor und großem Sachverständnis einer Beratung unterzogen. In seinem Vorwort für seinen lehrreichen Umgang mit Pferden, insbesondere beim Reiten, sagt Otto Lenz ausdrücklich, daß er hiermit einem dringenden Bedürfnis nachkomme und zu der Aktion „Lerne reiten ohne zu klagen" ein kleines Scherflein beitragen will. Er weist aber höflichst darauf hin, daß es sich bei dem vorliegenden Werk „Rossologie" (64 S., mit vielen Zeichnungen, geprägter Pappband, 19,80 DM, Verlag Limpert, Frankfurt am Main) um eine leicht verdauliche Fachblödelei handelt, das aber jedem Pferdefreund und Reiter ein vergnügliches Studium bereitet, zumal der Karikaturist Eberhard Liebe den Text mit seinen amüsanten Zeichnungen wirkungsvoll zur Geltung bringt. Vorsorglich wird auch in einem Nachsatz allen denjenigen, die das Buch gelesen und betrachtet haben, ein besonderer Dank ausgesprochen. Auch das ist etwas Neues und Nettes, das hoffentlich alle begrüßen werden. W. K.

So urteilt »Die Zeit« über Limpert-Pferdebücher

Die Pony-Rassen

Acchetta (Sardisches Pony) Ein auf der italienischen Mittelmeer-Insel Sardinien seit vielen Jahrhunderten heimisches Pferd, das es in zwei Typen gibt:

a) Einen kleinen, zierlichen, aber zähen und anspruchslosen, das eigentliche Acchetta in Ponygröße um 120 cm Stockmaß und von meist brauner Farbe. Fast ausschließlich frei und halbwild in den unübersichtlichen Gebirgsgegenden und auf den Hochebenen des Landesinneren lebend.
   Das Acchetta stellt die Stammform des sardischen Pferdes dar, das vor mehr als 2000 Jahren von den Numidiern auf die jahrhundertelang unter karthagischem Einfluß stehende Insel gebracht wurde. Es verwundert deshalb nicht, daß das hübsche und sehr bewegliche Pferdchen äußerlich an die kleinen, flinkbeinigen Ponys der verwegenen Reiter aus dem keine 200 km entfernt liegenden Nordafrika erinnert. Trotz gelegentlichen späteren Zuflusses berberischen, arabischen und spanischen Pferdeblutes! Wo dies allerdings bewußt geschah, also mit der Absicht, einen größeren, kräftigeren, zum Reiten und Ziehen geeigneten Typ zu schaffen, entstand bereits im frühen Mittelalter
b) das Sardische Pferd, auch Acchettone genannt, ein drahtig-muskulöses Tier um 152 cm Stockmaß mit feinem Kopf, gerader Nasenlinie, verhältnismäßig großen Ohren, Augen und Nüstern, schön getragenem Hals, kräftigem Rücken, schlank wirkendem Rumpf und abfallender Kruppe. Außerordentlich trockene, sauber modellierte Gliedmaßen. Überwiegend Braune. Gutes Temperament. Ausgezeichnete Springanlagen, die es dem Pferd ermöglichen, mit größeren Pferden erfolgreich zu konkurrieren (dem Österreicher Lichtner-Hoyer gelangen mehrfach Siege auf seinen beiden Sarden Delisio de Nora und Diana de Villamar).

Die sardischen Pferde, die früher wegen ihrer Langlebigkeit und Einsatzfähigkeit bis ins hohe Alter (30 Jahre) als Droschkenpferde in Italiens großen Städten häufig verwendet wurden, sind auch heute noch sehr beliebt. Abgesehen von ihrer unverzichtbaren Mitwirkung auf den zahlreichen Volksfesten Sardiniens (der „Sardische Ritt" in Sassari, die „Ardia" in Sedilo, die „Sartilla" in Oristano, die San Efisio-Kirchweih in Cagliari), wird das sardische Reitpferd auch von den italienischen Carabinieris besonders geschätzt, deren Braune überwiegend von Sardinien stammen. Auch in zahlreichen Reitinstituten bevorzugt man den harten, zähen Sarden als ein außerordentlich gelehriges und anpassungsfähiges Tier.

Afrikanische Ponys (kein Rassebegriff, nur eine Überschrift) Von seinem nördlichen, dem Mittelmeer zugelegenen Teil abgesehen, ist Afrika kein Pferdeland wie Asien und Amerika. Es gab und gibt dort auch keine Stämme und Völker, die wie die Indianer oder die Mongolen riesige Pferdeherden besaßen. Auch rissen keine Pferde europäischer Eroberer aus, um sich auf den Steppen, Prärien und Pampas tausendfach vermehren zu können, keine Mustangs und Cimarrones, auch keine Brumbys. Klimatische Verhältnisse, Tsetse-Fliegen und bösartige Stechmücken unterbanden die Ausbreitung des Pferdes, die auf wenige Gebiete beschränkt blieb.
Es fällt daher leicht, auf eine Einzelbehandlung der im Schwarzen Erdteil vorkommenden Ponyrassen zu verzichten, mit Ausnahme der Basutos (s. d.) und Madagassen (s. d.), die gesondert aufgeführt werden. Eine kurze Zusammenfassung der afrikanischen Ponys erscheint ausreichend, zumal sie für die übrige Welt unwichtig und auch für Afrika selbst ohne besondere Bedeutung sind.
Was in Ost- und Westafrika an Ponyrassen oder -schlägen vorhanden ist, stammt fast immer von Orientalen, Berbern und Dongolas ab. Doch was diese an Adel und Schönheit oder Kraft ansonsten zu vererben pflegten, versickerte im wahrsten Sinne des Wortes in afrikanischen Wüsten oder verdunstete in der Glut der erbarmungslosen Sonne.
Die Ponys der Somalis, Kordofanis und Songhais vom Osthorn bis zum Weißen Nil entwickelten sich zu eben solch armseligen, unterernährten, temperamentlosen Kümmerlingen wie die der Westafrikaner von Kamerun bis Liberia. Möglich, daß bei dem Galla, dem Togo-Pony oder dem Lakka in Kamerun ein bißchen mehr Qualität sich erhalten hat.
Jammergestalten auch die Kaffernponys im süd-

lichen Afrika trotz ihrer orientalischen Abstammung.
Seitdem man sich gegen das Auftreten der tückischen Pferdepest wehren kann, gibt es in den von Weißen regierten Ländern Südafrikas auch zahlreiche Ponys, vor allem britische, an erster Stelle Welshs, die sich hervorragend akklimatisiert haben („gesalzene" sagt man dazu) und von den Südafrikanern selbst gezüchtet werden. Ponyclubs und Pony-Trekking sind dort unten inzwischen genau so bekannte und beliebte Begriffe geworden wie im alten Europa.

Annamiten-Pony Eine in Indo-China verhältnismäßig häufig vorkommende Ponyrasse von 116 bis 125 cm. Vermutlich Abkömmling des Mongolenponys. Benannt nach den an der Ostküste Hinterindiens lebenden Einwohnern, den Annamiten, die selbst mongolischer Herkunft sind.

Appaloosa-Pony Mit dem eigentlichen Appaloosa (s. d.) engstens verwandt. Bei gleichem Ursprung, gleichem Exterieur und den gleichen, für diese Rasse typischen Fellzeichnungen unterscheidet es sich hauptsächlich durch seine geringere Größe, die es eindeutig zur Gruppe der Ponys zählen läßt.
Von seiner Verwendung als possierliches und intelligentes Schau- und Zirkuspferdchen abgesehen, gilt es vor allem in den Vereinigten Staaten als eines der beliebtesten Reitponys für Kinder und Jugendliche. Im Register des zuständigen Ponyverbandes ist deshalb eine Unterteilung in zwei Größenklassen eingeführt: die Klasse A für Appaloosa-Ponys von 40 bis 48 Inches (101,6 bis 121,9 cm) und die Klasse B für solche von 48 bis 56 Inches (121,9 bis 142,2 cm).

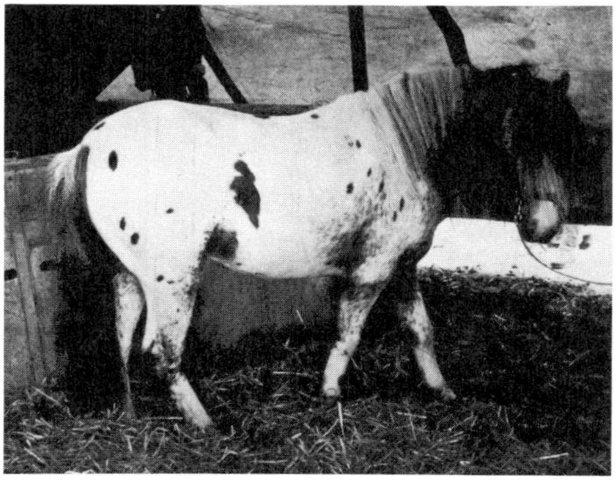

Appaloosa-Pony

Organisationen: „The National Appaloosa-Pony-Incorporation (NAPI)" in Rochester, Indiana/USA. Diese Vereinigung wurde 1962 gegründet. Ihr gehören ca. 2300 Mitglieder mit rund 3000 eingetragenen Appaloosa-Ponys an.

Arabo-Haflinger Siehe unter Haflinger.

Arenberg-Nordkirchener Pony Eine verhältnismäßig junge Zucht; denn sie wurde erst vor rund 50 Jahren von dem damaligen Herzog von Arenburg ins Leben gerufen. Die Grundlage bildeten Dülmener Hengste im Verein mit Panje-Stuten. Das aus dieser Verbindung entstandene Pony war ein kräftiges Tier mit einem gefälligen Äußeren und einem angenehmen Charakter.
Heute umfaßt die ganzjährig im Freien lebende Herde etwa 100 Exemplare. Die seit 1968 unter einem neuen Besitzer erfolgte Einkreuzung mit Welsh-Pony-Hengsten der Sektion B hat sich als sehr vorteilhaft auf die kleine Zucht ausgewirkt. Fast alle Tiere stehen in dem erwünschten modernen Reitponytyp, der auch für leichtere Zugarbeiten verwandt werden kann.
Beschreibung: Der Arenberg-Nordkirchener erreicht eine durchschnittliche Größe von 135 cm; verglichen mit dem ihm ähnlichen und unter gleichen Bedingungen lebenden Dülmener ist er also um ein paar Zentimeter höher. Auch macht er einen etwas feineren und edleren Eindruck.
Die Hauptfarben sind braun, dunkelbraun und schwarz.
Insgesamt gesehen ein hübsches, harmonisch gebautes Pony, zäh, genügsam, gesund; intelligent; anhänglich. Sehr brauchbar als Reitpony für Kinder und Jugendliche. Es ist aber auch stark genug gebaut, einen leichteren Erwachsenen tragen zu können.
In den Gangarten zeigt es leichte, bodendeckende Bewegungen; es besitzt außerdem ein ausreichendes Springvermögen.
Zuchtgebiet: Arenberg-Nordkirchener Wildbahn in Nordrhein-Westfalen.

Ariège-Pony (Ariègois) Siehe Mérens-Pony.

Assateague-Pony Siehe Chincoteague-Pony.

Australisches Pony Das außerhalb des fünften Kontinents kaum bekannte Australische Pony stellt eine verhältnismäßig junge Ponyrasse dar, die aus ab 1911 eingeführten Welsh Mountains und Welshs entstanden ist. Arabische Hengste beeinflußten später in starkem Maße das äußere

Erscheinungsbild des Australischen Ponys, das wie ein klein gewachsener Araber aussieht.
An die intensive Einkreuzung erinnert vor allem der hübsche Kopf mit kleinen Ohren und ziemlich großen Nüstern. Der Hals ist verhältnismäßig lang, gut aufgesetzt und leicht gebogen, der Widerrist deutlich markiert. Gut gelagerte Schultern, kurzer, kräftiger Rücken, muskulöse Kruppe. Schön getragener Schweif mit hohem Ansatz. Einwandfreie, sauber modellierte Gliedmaßen mit kleinen, festen Hufen. Größe: 122 bis 142 cm.
Besitzt für ein Pony hervorragende Bewegungen (langer, elastischer Schritt, sehr gutes Galoppiervermögen).
Organisationen: The Australian Pony Stud Book Society (1931 gegründet).

Aveligneser Die italienische Bezeichnung für den Haflinger (s. d.), benannt nach der Ortschaft Avelengo (entspricht dem deutschen Ortsnamen Hafling).

Barthais-Pony Eine mit dem Landais verwandte Ponyrasse von nur örtlicher Bedeutung; wird südlich Tarbes beiderseits des Adour-Oberlaufs gezüchtet. Wie alle Pyrenäen-Ponys ist auch das Barthais zäh, munter, ausdauernd und genügsam. Fast ausschließlich Braune und Rappen. Mit 130 cm Durchschnitt etwas größer als das Pony Landais.
Kreuzungen mit dem Tarbais (Tarber) ergeben ein ansprechendes Reitpony von harmonischem Äußeren.

Baschkiren-Pony Eine seit langem im südlichen Uralgebiet (umfaßt als Kern die Baschkirische und Tatarische SU-Republik) gezüchtete und nach den einst nomadisierenden türkisch-tatarischen Bewohnern dieses Raumes, den Baschkiren, benannte Ponyrasse von besonderer Härte, Genügsamkeit, Gutartigkeit und Ausgeglichenheit. Als Reit- und als Wagenpferd gleich gut geeignet; die Stuten liefern wie die der benachbarten Kasachen eine ausgezeichnete Milch, die vergoren zu Kumyß verarbeit wird.
Man unterscheidet zwei Typen:
a) den etwas kleineren, zum Reiten geeigneteren Bergtyp, der vor allem im Süden der Baschkiren-Republik bis zu der der Kasachen gezogen wird und nach dem ersten Weltkrieg zur Verbesserung seiner Fähigkeiten als Reitpferd vorübergehend mit Budjonnys und Don-Pferden gekreuzt wurde;
b) den im Westen und Norden des Zuchtgebietes vorkommenden Steppentyp. Ihm wurde nach 1920 zur Veredelung mehrfach Traber- und Ardenner-Blut zugeführt. Dieser Typ wird als Wagenpferd sehr geschätzt, läßt sich aber ohne weiteres auch gut reiten.

Die Hauptfarben sind bei beiden Typen ein helleres bis dunkleres Braun; außerdem gibt es zahlreiche Falben.
Vergleichszahlen:
Bergtyp: Durchschnittsgröße 135 cm, Röhre 17,8 cm; Steppentyp: Durchschnittsgröße 137 cm, Röhre 17,1 cm.

Basuto-Pony Eigentlich war das geschichtliche Leben dieser bemerkenswerten und an der historischen Entwicklung Südafrikas mitbeteiligt gewesenen Ponyrasse bereits zu Ende gegangen. Aber vor 25 oder 30 Jahren erinnerte man sich wieder an die Verdienste und Eigenschaften des zähen, fleißigen Basuto-Ponys, das durch menschliche Unvernunft und Eigensucht seine Widerstandskraft und Unempfindlichkeit einer tückischen Umwelt gegenüber (Tsetsefliege!) verloren hatte. Seitdem versucht man, in dem Lande der Basutos, seinem alten Zuchtgebiet, dem neuen Basuto das wieder anzuzüchten, was er einst an Vorzügen besaß: Härte, Genügsamkeit, Zähigkeit, Trittsicherheit und Ausdauer, die es ihm früher ermöglichte, 100 km und mehr mit 90 kg Gewicht auf dem Rücken an einem Tage zurückzulegen.
Bereits in der Mitte des 17. Jahrhunderts hatten Schiffe der holländischen Ostindien-Companie Araber und Berber zur Verbesserung einheimischer Zuchten in das Kapland Afrikas gebracht. Sie gelten zusammen mit den nachfolgend eingeführten Orientalen und englischen Vollblut-Hengsten als die Begründer des Kap-Pferdes, aus dem schließlich das Basuto-Pony entstand: ein im Durchschnitt bis 140 cm hohes Pferd mit meist an seine orientalischen Vorfahren erinnerndem Kopf, einem ziemlich langen, tragstarken Rücken, einem untersetzten, kräftigen Rumpf, kurzen, stabilen Gliedmaßen, harten Hufen, einer unverwüstlichen Konstitution, einem ausgeglichenen Temperament und einem angenehmen Charakter.
Dies zu erreichen, ist auch das Zuchtziel, das man sich zum Wiederaufbau der Basuto-Ponyrasse gesetzt, in den bisher vergangenen wenigen Jahrzehnten aber sicherlich noch nicht ganz gelungen sein dürfte.

Batak-Pony (auch Deli-Pony genannt) Eine auf Sumatra heimische Ponyrasse, die in geringerer Zahl auch auf Singapur und Malakka anzutreffen ist. Den einen Namen erhielt das Pony nach dem malaiischen Volksstamm der Batak (Batta oder

Battak) bzw. den Batakhügeln, den anderen nach dem kleinen Malaienstaat Deli an der Ostküste Sumatras.
Ein sehr hübsches Pony mit feinem, gut aufgesetztem Kopf, großen Augen und kleinen Ohren. Man sieht dem temperamentvollen und sehr beweglichen Tierchen deutlich an, daß es immer wieder starke Araberblut-Zuführungen erhalten hat (meist von Araber-Hengsten, die in dem von den Holländern gegründeten Gestüt Menangkabau im zentralen Sumatra zur Verfügung standen).
Das als Reit- und Packpferd genutzte Pony erreicht nur eine Größe von durchschnittlich 119 cm; größere Exemplare bis 127 cm sind verhältnismäßig selten.

Beludschi-Pony Eine im pakistanischen Beludschistan (im Winkel Indus/Arabisches Meer) betriebene Zucht, deren Anfänge vermutlich bis in die Antike zurückreichen.
Da das Durchschnittsmaß der Beludschis nicht über 145 cm ($\pm$ 5) hinausgeht, ist es angebracht, sie zu den Ponys zu zählen, zumal u. a. ihre Genügsamkeit und Härte dazu berechtigen. Andererseits besitzt es genügend Eigenschaften, vor allem einen verhältnismäßig langen Schritt und raumgreifenden Galopp, der eine Einstufung in die Kategorie der großen Pferde rechtfertigen könnte. Dies dürfte auch einer der Hauptgründe gewesen sein, die Beludschis als leichtes Kavalleriepferd zu verwenden.
Ein kräftiges, sehr ausdauerndes Pferd mit ausgesprochen leichten Bewegungen, ähnlich den benachbarten Kathiawaris und Marwaris (s. d.), mit denen es sicher mehr als nur weitläufig verwandt ist.
Hauptfarbe: Braun, gelegentlich Grauschimmel.
Gezüchtet wird es in den Distrikten Marri, Bugti und Barkhan.

Bhotia- (oder Bhutia-)Pony Benannt nach den Bhots (Bhotias), einem in Bhutan, Sikkim und Nepal lebenden tibetanischen Volkszweig. Ein typisches Gebirgspony, das in den bereits erwähnten Himalajaländern sowie in Nordindien zu Hause ist, ein Abkömmling der Mongolen- bzw. Tartarenponys und über diese mehr oder weniger eng mit fast allen anderen Bergponys des südlichen Zentralasiens verwandt (s. Tibetpony).
In Nepal und den Nachbarstaaten kennt man drei Variationen von Bhotias, die sich ähnlich den Welsh-Ponys nach Größe und Gewicht voneinander unterscheiden:

a) das Tattu als kleinster und leichtester Bhotia-Typ mit einer Größe von 112 bis 122 cm und einem Gewicht von 200 bis 250. Ein zähes, sehr genügsames Wesen, das hauptsächlich als Packtier verwandt wird;
b) das Chyanta: Es mißt 122 bis 132 cm, wiegt 250 bis 300 kg und dient als Reitpferd bei Hochgebirgstouren. Trittsicher, ausdauernd, hervorragender Kletterer;
c) das Thangan mit 132 bis 142 cm und 300 bis 350 kg das größte und schwerste unter den Bhotia-Typen, mit den gleichen positiven Eigenschaften wie das Tattu und Chyanta. Meist als Reitpferd eingesetzt.

Überwiegend Schimmel in verschiedenen Tönungen, vor allem Braunschimmel.

Birma-Pony Siehe unter Burma-Pony.

Bosniake (Bosnisches Gebirgspony) Noch immer zählt Jugoslawien zu den pferdereichsten Ländern Europas. Über eine Million Pferde in einem Lande, das auf den ersten Blick gar nicht danach aussieht, eine solch gewaltige Zahl verkraften zu können. Aber es ist so! Und rund ein Drittel davon, über 400000, gehört einer einzigen Rasse an, der des Bosnischen Gebirgspferdes.
Die geschichtliche Entwicklung des Landes am Ostufer der Adria war zugleich auch die seiner Pferde. Illyrer, Griechen, Römer, Goten, Awaren durchgezogen oder besetzten es; andere, wie die Hunnen, berührten es. Ihre Zeichen ließen sie alle zurück — bei den Einwohnern wie bei deren Pferden. Am längsten blieben die Türken, mit ihnen ihre Hengste, die sie ritten. Orientalen, die das bosnische Pferd leichter, feinknochiger, sicherlich auch wohlgefälliger werden ließen und ihm die ursprüngliche Vielseitigkeit zugunsten einer einseitigen Verwendung als Reitpferd nahmen. Für die spätere bosnische Kavallerie, einer leichten, lanzenbewaffneten Reiterei zur Zeit Friedrichs des Großen, mochte dies von Vorteil sein, zur Nutzung im eigenen Land als Trag- und Zugpferd nicht. Erst als die Osmanen verschwunden waren, begann man mit Nachdruck, die Vielseitigkeit des bosnischen Ponys züchterisch wieder zurückzugewinnen. Ein Unterfangen, das sich als schwieriger erwies und länger als vorgesehen dauerte, zumal gegen besseres Wissen und mehr aus Verlegenheit immer wieder auf vorhandene orientalische Hengste zurückgegriffen wurde. Verhältnismäßig spät (ab 1933) trat endgültig ein Wandel ein. Mit ausgesuchten kräftigen und massiveren Hengsten (von besonderer Bedeutung waren Misko, Barut und Ajan) kam man dem seit langem gesetzten Ziel näher, ein dauerleistungsfähiges, derberes, robusteres und kurzbeinigeres, mehr im

Langrecht- als im Quadratrahmen stehendes Pony mit einem harten, kräftigen Fundament zu züchten, das als Trag-, Reit- und Zugtier gleichermaßen geeignet war.
Heute gibt es zwar immer noch den einen oder anderen „arabischen Typ", aber die meisten Bosniaken entsprechen dem, was man sich unter einem eisenharten, im Einsatz unermüdlichen Gebirgspferd vorstellt.
Beschreibung: Kleiner, meist feiner Kopf mit geradem oder leicht eingedelltem Nasenrücken, ziemlich breiter Stirn, kurzen Ohren, großen, klug blickenden Augen und ausgeprägten Nüstern. Kurzer bis mittellanger, kräftiger, gut aufgesetzter und schön getragener Hals; tragstarker Rücken mit muskulöser Lende; nicht sehr schräg liegende, aber gut bemuskelte Schulter, tiefe Brust (bis 150 cm); kurze, abfallende Kruppe. Kräftige, stabile Gliedmaßen mit kurzen Röhren (Umfang 18,0 cm) und starken, deutlich markierten Sehnen und Gelenken; kleine, feste Hufe.
Größe: 130 bis 140 cm (es kommen aber auch häufig Exemplare unter 130 cm vor); Gewicht bis 380 kg (bei ausgereiften Hengsten).
Haarfarbe: Meist dunkelbraun und schwarz sowie Schimmel, gelegentlich Füchse; kaum Abzeichen.
Im Wesen hart, ausdauernd, anspruchslos, von fester Gesundheit; trittsicher in schwierigstem Gelände und unter schwerer Belastung; gehorsam und einsatzwillig; temperamentvoll, aber ausgeglichen. Instinktsicher, guter Orientierungssinn; erstaunlich hohe Intelligenz und Anhänglichkeit.
Harmonische Bewegungen in Schritt und Trab; kann außerdem auch gut galoppieren und springen.
Beurteilung: Ein kleines, aber absolut zuverlässiges Pferd, auf das der jugoslawische Bergbauer trotz fortschreitender Mechanisierung ebenso wenig verzichten kann wie das Heer in diesem gebirgigen Lande. Besitzt aber auch hervorragende Qualitäten als Reit- und Hobbypferd, das sich durch besondere Genügsamkeit, Robustheit und Langlebigkeit auszeichnet.
Zuchtgebiete: Gebirgslandschaften in Jugoslawien (vor allem Bosnien). Gestüte: Borike bei Rogatnica/Bos. in der Provinz Herzegowina; Han Pijesak (Militärgestüt, hauptsächlich zur Zucht von Tragtieren bestimmt) sowie weitere staatliche Zuchtstätten in der Nähe von Mostar und Livno.

Brumby Kein Rassenname, sondern die Bezeichnung der in Australien vor allem nach dem großen Goldrausch um die Mitte des vorigen Jahrhunderts in die Buschsteppe entlaufenen Pferde verschiedener Rassen und ihrer Nachkommen. Die rasch verwilderten Tiere vermehrten sich in einem Maße, daß noch im Jahre 1962 Tausende von ihnen abgeschossen werden mußten. Auch heute noch leben zahllose Brumbies in entlegenen und menschenleeren Gegenden des australischen Buschs; doch bemüht sich kaum ein Mensch, sie einzufangen und zu zähmen, was bei dem schwierigen Charakter dieser meist nicht über 148 cm hinaus wachsenden Pferde ein ziemlich nutzloses Unterfangen ist.
Ein Vergleich mit dem Mustang der nordamerikanischen Prärien trifft nur insofern zu, daß beider Entstehungsgeschichte sich ähnelt. Im Gegensatz zum Mustang (s. d.) ist aber der Brumby nie der Ausgangspunkt neuer Rassen geworden, sondern das geblieben, was er von seiner ersten Generation an war: ein verwildertes, mißtrauisches, oft bösartiges Geschöpf, dem selbst die Buckeroos, die Cowboys Australiens, aus dem Wege gehen.

Buchara-Pony Nicht nur der handgeknüpfte tiefrote Teppich wurde nach der turkmenischen Grenzlandschaft benannt, auch eine dort seit undenklichen Zeiten gezüchtete Ponyrasse erhielt ihren Namen. Mit dem eigentlichen Turkmenenpferd ist das Buchara-Pony nicht verwandt, obwohl es sicherlich zu Berührungen zwischen beiden gekommen sein mag, allerdings ohne eine nachhaltige Wirkung zu hinterlassen. Vielmehr soll das stämmige Buchara-Pony ein direkter Nachkomme des rauhen Skythenpferdes sein, dessen Reiter vor mehr als 2000 Jahren immer wieder von ihren zentralasiatischen Steppen aus die vorderasiatischen Reiche beunruhigten und verwüsteten.

Burma-Pony Ein in den hügeligen Schan-Staaten im Osten Burmas beheimatetes Pony, das zweifellos das Mongolenpony zum Ahnen hat. Wie das mit ihm verwandte Manipur-Pony (s. d.) erreicht es eine Größe von 125 bis 132 cm Stockmaß; es besitzt einen meist hübschen Kopf, sauber angesetzten Hals und gut gelagerte Schultern, ist aber lange nicht so kräftig und wendig wie sein edlerer westlicher Nachbar.
Während der Besatzungszeit durch die Briten verwandten es englische Offiziere als Polo-Pony, wenn auch mehr aus Mangel an besserem Pferdematerial.
Was am Burma-Pony schon immer beanstandet wurde, sind eine ziemlich dürftige Kruppe, schwach entwickelte Unterarme und Unterschenkel sowie eine mehr oder weniger deutliche faßbeinige Stellung der Hinterhand.

Cabuli-Pony Siehe Kabuli-Pony.

Calico-Pony Eine in Nordamerika so bezeichnete Spielart der gescheckten Pferde, die zu den Paint Horses (siehe American Paint Horse) gerechnet wird.

Camargue-Pferd (auch Crin Blanc genannt) Hat seinen Namen von der Landschaft, in der es lebt, der Camargue, einer fast 7500qkm großen, sumpfigen, meist aus Weideland bestehenden Delta-Insel der Rhône im Süden Frankreichs. Die andere, weniger gebräuchliche Bezeichnung „Crin blanc" (weißes Roßhaar) deutet darauf hin, daß der größte Teil dieser ausdauernden, genügsamen und sehr widerstandsfähigen Pferde Schimmel sind.
Man nimmt an, daß das Camargue-Pferd von dem altsteinzeitlichen Solutré-Pferd abstammt, im Laufe der späteren Zeit aber mehrfach Zuführungen von iberischem, berberischem und arabischem Blut erhalten hat.
Wie einst wickelt sich sein ganzes Leben auch heute noch in freier Natur ab. Fast ausschließlich lebt es von dem, was es an Kräutern und Gräsern (Grasbauch!) findet. Von Pflege verspürt es wenig; sie beschränkt sich auf das Notwendigste, das für den täglichen Einsatz auf der Jagd nach den schwarzen Stieren erforderlich ist. Ein hart arbeitendes, kleines, zähes Pferd, von dem sein Reiter, der Gardian, verlangt, daß es jede Gangart beherrscht, blitzschnell auf die Unberechenbarkeit der Stiere reagiert und plötzlich auftauchende Hindernisse überspringen kann.
Sein Aussehen entspricht nicht immer dem eines „schönen" Pferdes. Im allgemeinen hat das Camargue-Pferd einen ziemlich schweren, ramsnasigen Kopf, der bei manchen Exemplaren aber auch orientalisch-edel mit kleinen Ohren und großen, lebendigen Augen ausgefallen ist. Der ziemlich kurze Hals meist gerade, gelegentlich hirschhalsig, die Brust breit und flach, der Widerrist nur schwach betont, der Rücken kräftig und muskulös, die Kruppe sehr unterschiedlich, die Gliedmaßen trocken mit soliden Gelenken; einwandfreie Hufe; üppiges Langhaar.
Mit einem Stockmaß von 135 bis 145 cm (oftmals nicht über 130 cm) gehört das Camargue-Pferd zu den größeren Ponyrassen.
Seit einigen Jahren bemüht sich der französische Staat über die zuständigen Zuchtorganisationen, das alteingesessene Camargue-Pferd einem größeren Kreis vor allem am Hobbyreitsport Interessierter „schmackhaft" zu machen.

Cayuse-Pony Von Mustangs (s.d.) abstammende Ponyrasse, benannt nach dem Indianerstamm der Cayuses, der sie zuerst gezüchtet hat. Die Cayuses waren mit den Nez Percé-Indianern verbrüdert, die von allen „Rothäuten" die besten Pferdezüchter waren (siehe Appaloosa).
Das Cayuse-Pony galt unter den sog. Indianer-Ponys als eines der besten.

Chickasaw-Pony Ein auf spanische Pferdestämme zurückzuführendes Pony, das schon vor mehr als zweihundert Jahren von amerikanischen Forschungsreisenden als das schönste, lebhafteste und anhänglichste Indianerpferd bezeichnet wurde. Es soll von spanischen Pferden der Expedition des Hernando de Soto abstammen, die um 1540 die im Südosten der USA (Georgia) ansässigen Chickasaw-Indianer erbeuteten und weiterzüchteten. Die Chickasaws stiegen übrigens rechts auf.
Die einst, vor allem im 18. Jahrhundert, blühende Chickasaw-Pony-Zucht drohte im Laufe der späteren Zeit unterzugehen. Heute bemüht sich die 1959 gegründete Chickasaw Horse Association, in Love Valley/Nord-Karolina, um Erhaltung und Förderung dieses wohlgefälligen, einen hohen Gang aufweisenden, fleißigen Pferdchens, das nur selten über 135 cm Stockmaß hinauswächst.

China-Pony (Chinapferd) Eigentlich nur ein Sammelbegriff der in China vorhandenen zahlreichen Rassen und Schläge, die fast ausnahmslos auf das Mongolen-Pony (s.d.) zurückzuführen sind, sich aber infolge verschiedener Blutzuführungen, Zuchtauffassungen und klimatischer Umweltbedingungen oft sehr in Größe, Gewicht und Aussehen voneinander unterscheiden können.
Die meisten Rassen, zutreffender gesagt: Typen, sind Ponys verschiedener Größenklassen. So weisen als Kleinste das Szetschwan-, Kweitschou-, Lichwan-, Kienyang- und Yunnan-Pony (s.d.) in Südchina, alle eng miteinander verwandt, nur eine Höhe von 102 bis 122 cm auf. Nicht viel höher (um 120 cm) wächst auch das Hsikang-Pony (s.d.) in Osttibet und dem westlichen Teil von Szetschwan. Zu den größeren Ponys (ab 127 cm) zählen die der Inneren Mongolei (127 bis 132 cm), das im Süden dieses Gebietes gezüchtete Wuchumutsin (s.d.), 132 bis 142 cm groß, das Tibetpony oder Nanfan (127 bis 142 cm), das Sining-Pony (132 cm), das Tatung-Pony (132 cm), das Ketschui-Pony (132 bis 137 cm) aus dem Inneren Chinas.
Alle diese Pony-Rassen und -Schläge, von denen nur die wichtigsten erwähnt sind, gelten als außer-

gewöhnlich zäh und anspruchslos, haben meist einen kurzen, starken Hals, einen kräftigen Rumpf und sehr gesunde, knochige Gliedmaßen.
Wo im Laufe der Zeit das Blut fremder Rassen in die der Mongolen einfloß, führte dies meist zu einer Veredelung sowie zu einer Zunahme der Größe der Pferde, vor allem in der an das alte Turkestan (heute Kasachstan) angrenzenden chinesischen Provinz Sinkiang sowie in der Westmandschurei und dem sich anschließenden Teil der Inneren Mongolei. Die dort seit der Zarenzeit aus Kreuzungen zwischen russischen Hengsten (meist solcher der Steppenrassen) und mongolischen Stuten verschiedener Provenienz entstandenen Zuchten (s. Ili-Pferd, Sanho-, Hailar- und Sanpeitze-Pferd) weisen alle ein durchschnittliches Stockmaß um 150 cm sowie ein Gewicht bis zu 500 kg auf und sind nicht mehr als Ponys anzusprechen (Einreihung daher unter ‚Warmblut'). Sie bilden übrigens heute noch die Masse des Pferdebestandes der chinesischen Kavallerie, deren Stärke auf wenigstens drei Divisionen geschätzt wird.
Was die Verwendung der Pferde in China betrifft, werden sie zum allergrößten Teil als Reit- und zu einem geringeren Teil als Packtiere (vor allem in den Gebirgsprovinzen) verwandt. Zugpferde wie in Europa oder anderswo gab es in China eigentlich kaum (wenn man von der militärischen Verwendung vor dem Streitwagen bis zur Mitte des vorigen Jahrhunderts [!] absieht). In den Sielen zu stehen, blieb den Büffeln vorbehalten oder — in einzelnen Gebieten — den Kamelen. Die Zahl der Büffel lag immer (auch jetzt noch) um das Drei- bis Vierfache höher als die aller Equiden zusammen, auch im Zeitalter der Traktoren.

Chincoteague-Pony Die Geschichte der Pferderassen weist viele Abenteuer auf, manches davon hat sogar zur Bildung von Rassen geführt, die es heute noch gibt. So war es bei den Shetlands vor Tausenden von Jahren, als das sich ausbreitende Meer den Rückweg zum britischen Festland verschloß. Viel, viel später spielte die See für das Connemara eine wichtige Rolle, und schließlich wurde sie auch den Chincoteague-Ponys zum Schicksal. Wir wissen kaum etwas von der Schiffstragödie, die sich im 16. Jahrhundert vor der Küste Virginias (USA) ereignet hat. Es wurde lediglich bekannt, daß ein für Peru bestimmtes spanisches Schiff mit iberisch-maurischen Ponys an Bord kenterte. Was mit dem Schiff nicht unterging, rettete sich schwimmend auf die beiden Inseln Chincoteague und Assateague. Schiffbrüchig gewordene Pferde, die nicht nur über-, sondern fortlebten — über zahlreiche Generationen bis in unsere Zeit.
Es dauerte lange, ehe man die vierbeinigen Inselbewohner entdeckte. Sie hatten sich an das wilde Leben bald gewöhnt und den neuen Verhältnissen schnell angepaßt. Auch heute leben sie, inzwischen mit dem Namen der Insel Chincoteague bedacht, ganzjährig im Freien, aber unter der Einwirkung selektiver Aspekte, eine kleine Ponyrasse, die in ihrem äußeren Erscheinungsbild ein wenig dem Welsh-Pony ähnelt.
Jedes Jahr findet auf der Insel Chincoteague eine öffentliche Verkaufsauktion statt, ein „Penning" oder Round-up, auf der die meisten Jährlinge verkauft werden. Die besten Exemplare aber verbleiben zur Weiterzucht auf der Insel.
Die Chincoteagues erreichen eine Größe um 125 cm. Die Schecken herrschen vor, doch sind alle Farben bis zum tiefen Pechschwarz vertreten. Charakterlich gelten die Insel-Ponys als etwas schwierig, wenn nicht sogar als eigensinnig und widerspenstig. Doch behandelt man sie mit Vorsicht und Geduld, können sie zu sanften, freundlichen Wesen werden, die ihr ungebundenes Leben auf den kleinen Atlantik-Inseln für immer vergessen zu haben scheinen.

Connemara-Pony Ein nach den „Irischen Hochlanden" in der Grafschaft Galway benanntes Pony mit erstaunlichen Qualitäten und einer langen Geschichte, die in ihren Anfängen auf das keltische Pferd zurückführt und in ihrer späteren Entwicklung auch eine öfter wiederkehrende Verbindung mit spanischen Edelrossen erkennen läßt.
In der abgeschiedenen und von Menschen nur dünn besiedelten Welt der Berge und Schluchten konnte das Connemara seine Urtümlichkeit bewahren und sich ungestört entfalten. Nur einmal, in der zweiten Hälfte des vergangenen Jahrhunderts, bedrohte die Nachfrage nach Pferden für die englichen Kohlengruben seine Existenz. Aber zu seinem Glück verlagerte sich das Interesse dafür auf die kleineren Shetlands und Welsh Mountains, und der bereits eingetretene Substanzverlust konnte bald wieder ausgeglichen werden.
Heute wird das Connemara nicht nur in den Wildgestüten seiner irischen Heimat gehalten; in fast allen westeuropäischen Staaten und in den USA gibt es zahlreiche Nachzuchten mit hervorragendem Material. Als eines der gefragtesten und beliebtesten Reitponys zählt es auch zu den ganz wenigen Ponyrassen, die im Turniersport die Konkurrenz ihrer größeren Vettern nicht zu fürchten brauchen. Dundrum (aus einer Connemara-Stute)

In England gezogene Connemara-Stute (Snowgirl)

Connemara-Stute mit Fohlen

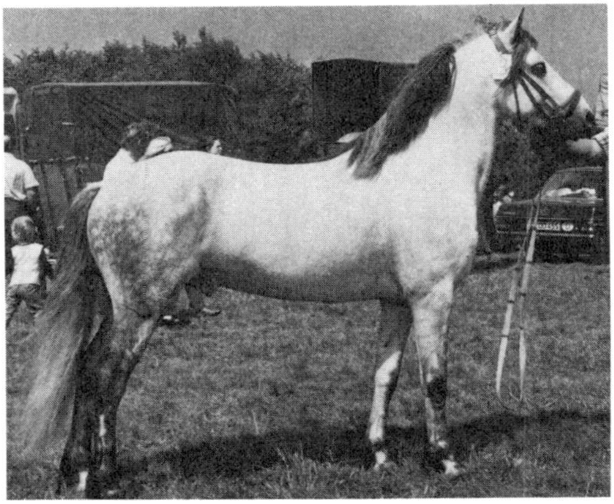

Connemara-Hengst

siegte zahlreiche Male auf nationalen und internationalen Turnieren; er übersprang selbst 2-m-Hindernisse mit einer Bravour und Eleganz, als messe er 170 und nicht 147 cm. Der kaum größere Stroller unter seiner englischen Reiterin Marion Coakes ersprang beinahe olympisches Gold. Aber auch die Silbermedaille, die er in Mexiko errang, beweist sein unglaubliches Springvermögen wie der Sieg im Deutschen Springderby 1970 in Hamburg.

Außerdem kann das Connemara hervorragend galoppieren und einen ausgezeichneten langen Schritt gehen, gleich einem großen Pferd; wie ein solches ist es zu reiten.

Auch in seinem Exterieur gefällt es sehr. Es besitzt einen edel geformten Kopf mit großen, klugen und aufmerksamen Augen. Meist sind die Ohren ein wenig größer als die bei anderen vergleichbaren Ponyrassen. Der lange Hals ist schön angesetzt und gut getragen, die Schulter kräftig und gut gelagert, der Rücken tragstark, die Sattellage im allgemeinen hervorragend. Auch an den übrigen Körperteilen ist kaum etwas auszusetzen: die Gliedmaßen sind korrekt und trocken mit deutlich markierten Sehnen und Gelenken, die Hufe einwandfrei und von bester Qualität. Die Durchschnittsgröße liegt bei 140 cm Stockmaß (132 bis 147 cm); man sollte aber beachten, daß Jungpferde auf guter Weide leicht zu groß werden und ihren Ponytyp verlieren können. Das durchschnittliche Gewicht beträgt 350 bis 400 kg.

Überwog noch bis vor ca. 50 Jahren der Falbe (andalusisch/spanisches Erbe), so hat sich in letzter Zeit die Schimmelfarbe an die erste Stelle geschoben, gefolgt von den Braunen und Rappen. Erst dann kommen die Falben, meist mit Aalstrich, die vor allem in Schweden bevorzugt werden. Es dürfte sicher sein, daß dieses intelligente, mutige, zähe und genügsame Pony gerade für den anspruchsvolleren Freizeitreiter mit sportlichen Ambitionen besonders geeignet ist.

Verbände/Organisationen: Der älteste Connemara-Zuchtverband wurde 1923 im Heimatland dieses Ponys gegründet. Anschrift: Connemara Pony Breeder's Society, 4 Nuns' Island, Galway/Irland. Von ihren Veranstaltungen gilt als wichtigste die Jahresschau, die jedes Jahr im August in Clifden/Galway stattfindet. Ihre Interessen, vor allem im Ausland, vertritt die „irische Pferdekammer" (Irish Horse Board, St. Maelruan's Tallaght, Co. Dublin/Irland).

Weitere Connemara-Organisationen gibt es in

a) England, nämlich The English Connemara Pony Society. The Quinta, Bentley, Farnham/Survey;

b) der BRD, die „Interessengemeinschaft Deutscher Connemara-Züchter und -Freunde", 4507 Hasbergen, Tecklenburger Straße 21;
c) den USA: American Connemara Pony Society, New York (über die „American Horse Shows Association", 527 Madison Avenue, New York, NY 10022).
d) Holland, „Ver. Nederl. Connemara-Stamboek", Koniginnegracht 43, Den Haag;
e) außerdem bestehen Connemara-Zuchtverbände auch in Schweden, Dänemark und Frankreich.

Costeño-Pony Ein neben dem größeren Costeño (s. d.) in Peru vor allem für den Einsatz als Reit- und Lasttier in den Anden gezüchteter tragstarker und trittsicherer Ponyschlag um 130 cm Stockmaß.

Cowpony (engl. Kuhpony) Das für den „Dienst am Rind" abgerichtete und mit dem Cowboy „auf Zusammenarbeit angewiesene" Reitpferd, ob es nun als „Cutting Horse" (zum Aussondern einzelner Rinder aus der Herde) oder als „Roping Horse" (Einfangen mit dem Lasso) verwendet wird. Ein richtiges Stock Horse (Viehpferd) muß beides und noch mehr beherrschen, nicht nur technisch, sondern auch vom „Gespür" her, eine Art sechster Sinn, den der Amerikaner mit „Cow Sense" (Kuhgefühl) bezeichnet. Es muß ferner intelligent und eifrig, hart und ausdauernd und vor allem sehr beweglich sowie reaktions- und antrittsschnell sein. Verfügt es in ausreichendem Maße über diese Qualitäten, ist es ein Cowpony, auf das sich sein Reiter jederzeit verlassen kann — auf einem Rodeo oder auf der Weide.
Das Cowpony stellt keine eigene Rasse dar; es kann ein Quarter Horse (s. d.) sein oder auch zur Gruppe der „Western Horses" (s. d.) gehören. Sie alle erfüllen die Voraussetzungen gleichermaßen, obwohl sie verschiedener Herkunft sind und im Exterieur sich mehr oder weniger deutlich voneinander unterscheiden.

Crin Blanc Siehe Camargue-Pferd.

Dales-Pony Man sieht ihm die Kraft an, die in ihm steckt, und ist versucht, die Engländer zu verstehen, warum sie sich dann an dieses Pferd erinnerten, wenn sie sich in einer Art Notsituation befanden.
Obwohl es zu den Ponys zählt, wenn auch zu den großen und schweren, holten es die Grubenbesitzer nach Northumberland, Durham und Nordwest-Yorkshire, weil sie (diesmal Übertage!) ein kraftvolles, ausdauerndes Pferd brauchten, das geförderte Blei zu den Industrieanlagen und Häfen im Nordosten bzw. an der Ostküste Englands zu transportieren. Hunderte von Dales (und mit ihnen die verwandten Fellponys, s. d.) zogen über die hügeligen Straßen und Wege, jedes beladen mit den 100 kg schweren Körben voller Blei. Unentwegt, Woche für Woche.
Als die englische Armee vor dem 1. Weltkrieg in Vorahnung kommenden Unheils nach einem Pferde suchte, das einfach in der Haltung, tüchtig im Zug, schnell in der Bewegung und nervenstark im Donner der Kanonen sein mußte, erwarb sie zahlreiche Dales, die aus Kreuzungen mit Vollblut hervorgegangen waren.
Um die Jahrhundertwende verlangte die englische Landwirtschaft nach einem leichten bis mittelschweren, genügsamen und harten Pferd, das sich vor allem für den Einsatz im hügeligen bis bergigen Gelände eignete. Im Dales-Pony fanden sie es. Was ihm an ein paar Kilo Gewicht fehlte, legten ihm die eingekreuzten Clydesdales zu. Die

Dales-Ponystute

Dales-Ponyhengst

weißen Abzeichen an den Gliedmaßen erinnern heute noch daran.

Alles ändert sich einmal. Als der 2. Weltkrieg begann, war die Zahl der einst so starken Dales-Pony-Rasse auf wenige hundert zusammengeschmolzen. Auch danach blieb sie ziemlich konstant, weil der Mensch das Pferd und insbesondere das Pony wieder entdeckt hatte. Das Dales-Pony wurde nicht übersehen. Es fand bald Freunde und Anhänger, hauptsächlich unter der älteren Generation, die in dem Dales-Pony das fand, was sie brauchte: ein ausgeglichenes, intelligentes, leistungswilliges, genügsames und — wenn nötig — auch geduldiges Pferd mit angenehmen Gängen.

Heute wird das Dales-Pony wieder rein gezüchtet; doch dürfte es sicherlich noch einige Zeit dauern, bis die letzten Spuren einer Kaltblut-Einkreuzung gelöscht sind.

Man schätzt die Zahl der eingetragenen Exemplare zur Zeit auf etwas über 100, darunter höchstens zehn Zuchthengste.

Beschreibung: Ein 140 bis 148 cm großes Pony von pechschwarzer Farbe (gelegentlich kommen auch Braune und Schwarzbraune vor). Früher als Erbstück des Kaltbluts häufiger auftretende weiße Abzeichen werden von den Züchtern nicht gern gesehen, stellen sich aber leider immer wieder ein. Mittelgroßer Kopf mit geradem Nasenrücken, aufmerksamen Augen und ziemlich kleinen Ohren. Kräftiger, gut getragener Hals, sehr breite Brust, kurzer, tragstarker Rücken; kräftige Nierenpartie. Gut entwickelte, leicht abfallende Kruppe. Starkknochige, gut bemuskelte Gliedmaßen (Röhrbein ca. 22,0 cm); gelegentlich kuhhessig. Üppiges Langhaar; Fesseln mit langem, seidigem Behang.

Zuchtgebiete: Nur in Nord-England, östlich des Pennine-Gebirges.

Verbände/Organisationen: Dales Pony Society, Cleveland House, Hutton Gate, Guisborough, Yorkshire.

Dartmoor-Pony Ganz früher einmal engster Verwandter des Exmoor-Ponys (s. d.) und wie dieses in Südwest-England heimisch. Erhielt seinen Namen nach dem im Herzogtum Cornwall liegenden Dartmoorgebiet, einer ziemlich kargen, oft mit kahlen Felsen „garnierten" Landschaft, die nicht immer genug Futter für die bescheidenen Ponys aufbringt. Es verwundert deshalb nicht, daß sich diese kleine Ponyrasse in einer solchen Einöde und infolge einer gnadenlosen natürlichen Selektion zu einem genügsamen, harten und langlebigen Wesen entwickelt hat, das im Winter unter dem Schnee nach ein paar Bissen Futter suchen mußte.

Auch heute noch leben die meisten Exemplare in kleinen Herden halbwild in dem Hochmoor der englischen Südwest-Ecke. An die Stürme, die vom Atlantik her über das einsame Land fegen, haben sie sich längst gewöhnt.

Gefährlicher und verheerender als die Launen der Natur wirkten sich um die Jahrhundertwende die selbstsüchtigen Maßnahmen der Menschen aus. Um ein kleineres, kräftiges Pony für den Bergbau zu gewinnen, kreuzten sie zahlreiche Dartmoors mit Shetlands. Fast hätte dies das Ende der Ponyrasse bedeutet. Noch heute erinnern manche Exemplare an die Shetland-Einkreuzungen. Positivere und deutlicher erkennbare Spuren hinterließen die eingesetzten Vollblutpferde, denen in erster Linie der ausgesprochene Reitpferdtyp, das

Dartmoor-Hengst

Dartmoor-Stute

stahlharte Fundament, die Verbesserung der Gangarten und des Springvermögens usw. zu verdanken sind. Heute wird das Dartmoorpony wieder völlig rein gezüchtet — als ein kleines, schnelles, ausdauerndes Reitpferd von überaus edlem Aussehen.

Beschreibung: Kleiner, feiner Kopf mit kurzen, beweglichen Ohren, munteren Augen; mittellanger, bei Hengsten stärker bemuskelter, gut aufgesetzter Hals; schräge Schulter; muskulöser, fester Rücken; leicht abfallende Kruppe; ausgezeichnete, gut bemuskelte Gliedmaßen; wohlgeformte, gesunde Hufe.
Hauptfarben: Braun, dunkelbraun und schwarz. Gelegentlich kleinere weiße Abzeichen. Schecken werden nicht eingetragen.
Größe: Höchstmaß 127 cm.

Beurteilung: Ein sehr hübsches Pony von freundlichem Wesen; bei aller Kleinheit verfügt es über hervorragende, flüssige Bewegungen in den einzelnen Gangarten. Als Kinderpferd besonders geeignet.
Kreuzungen zwischen dem Dartmoor und kleineren Vollbluthengsten ergeben übrigens ganz ausgezeichnete Reitponys mit einem höheren Stockmaß.

Zuchtgebiete: England, Dartmoor-Landschaft. Nachzuchten seit einigen Jahren auch in einigen weiteren europäischen Ländern, u. a. Holland und die Bundesrepublik.

Verbände/Organisationen: England: Dartmoor Pony Society, Lower Hisley, Lustleigh, Newton Abbot/Deven. Holland: Nederl. Dartmoorpony Stamboek, Koniginnegracht 43, Den Haag.

Deli-Pony Siehe Batak-Pony.

Dosanko Siehe Hokkaïdo-Pony.

Dülmener Pony Von den drei in Deutschland vorhandenen, in freier Wildbahn lebenden Ponyrassen ist die Dülmener die älteste, größte und bekannteste. Die beiden anderen, die Arenberg-Nordkirchener und die Lehmkuhlener, entstanden erst viel später mit Hilfe aus dem Merfelder Bruch stammenden Materials.
Seit über 600 Jahren leben die Dülmener in diesem unwirtlichen Gebiet, vermutlich sogar noch ein paar Jahrhunderte länger. Nur ist das Stichjahr das Jahr 1316, in dem sich die Merfeldener Herren das ganze Gebiet urkundlich überschreiben ließen.
Daß die Tiere sich nicht vermehrten wie die Mustangs auf den Prärien, ist erstaunlich. Aber vielleicht gab es ein Rezept, egal, von wem ausgeschrieben, von der Natur oder dem Menschen, das für ein Gleichgewicht zwischen der Herde und ihrem damals sehr beengten Lebensraum sorgte. An eine Zucht dachte niemand. Dieser Gedanke kam erst dem neuen Herrn, dem Herzog von Croy, der bei der Markenteilung des Merfelder Bruchs im vergangenen Jahrhundert einen großen Teil des Geländes mit den kleinen Pferden erworben hatte. Er und seine Nachfolger müssen ihren Spaß an den munteren Ponys gehabt haben; denn sie vergrößerten das Wildgehege, das sie mit 20 ha übernommen hatten, immer mehr (heute sind es ca. 280 ha). Nunmehr nahm die Herde ständig zu, zumal die dem neuen Besitzer zugestandenen 20 Hengste nicht untätig blieben. Später verschenkte man die überzähligen Junghengste an Freunde und Bekannte, nachdem man sie unter Mithilfe der Jugend aus den umliegenden Dörfern zusammengeholt hatte. Anfang eines Volksfestes, das im Laufe der folgenden Jahrzehnte sich einen festen Platz im Kalender eroberte. Immer am letzten Sonntag im Mai findet der Auftrieb der Jährlingshengste statt, denn nur diese werden verkauft bis auf die Exemplare, die das Wildgestüt zur Zucht benötigt.
Längst ist seit der herzoglichen Übernahme des Bruchs den Dülmener Ponys frisches Blut zugeführt worden, von Hengsten aus England (Exmoor- und Welsh-Ponys), aus Spanien (baskisch-navarresische Ponys) und aus Polen (Koniks), die sich besonders bewährten. Sie alle sorgten dafür, daß es heute zwei Hauptlinien von Dülmenern gibt, eine mausfalbene mit Aalstrich und Beinstreifen und eine dunkelbraune mit hellem Maul, von den Zwischenfarben abgesehen, die sich aus den naheliegenden Begegnungen zwischen der einen und der anderen Linie ergeben. Echte Dül-

Dülmener Wildpferde

mener sind sie alle, ob sie nun grau oder braun oder gar Falben sind, einen Aalstrich haben oder schwarzgestiefelt sind.

Beschreibung: Meist feiner, trockener, hübscher Kopf mit großen, aufmerksamen Augen und kleinen Ohren; mittellanger, nicht besonders starker Hals; kräftiger Rumpf mit guter Rippenwölbung; ausreichend markierter Widerrist; schräg gelagerte Schulter; stark abfallende Kruppe. Einwandfrei gestellte, trockene Gliedmaßen mit kleinen, festen Hufen.

Größe: Durchschnittlich 130 cm; Gewicht ausgereifter Tiere um 300 kg.

Im Wesen freundlich, zutraulich; temperamentvoll; gelehrig. Zäh, genügsam, hart.

Leichte, harmonische Bewegungen in allen drei Gangarten; Springvermögen vorhanden.

Beurteilung: Ein intelligentes, munteres, mittelgroßes Pony von angenehmem Charakter und hübschem Aussehen, geprägt vom Leben in freier Wildbahn. Würde ein hervorragendes Reitpony für größere Kinder und Jugendliche abgeben, wenn es in genügender Zahl zur Verfügung stünde. Aber auch in der Wildbahn des Merfelder Bruchs, der schon eine Art Nationalpark geworden ist, bieten die Herden einen erfreulichen Anblick.

Zuständig für die Dülmener Ponys ist die Herzog von Croy'sche Verwaltung in 4408 Dülmen/Westf., Schloßpark 1.

Exmoor-Pony Ein lebendiges Stück Vergangenheit, das über Jahrtausende bis in unsere Zeit erhalten geblieben ist, ein bedeutendes Kapitel in Englands Pferdegeschichte, die mit dem Exmoor-Pony als der wahrscheinlich ältesten bodenständigen Rasse beginnt. Ein Pony mit vielen Qualitäten! Direkter Nachkomme der prähistorischen Wildpferde auf den britischen Inseln, von dem man glaubt und sagt, daß er sich am reinsten in seinem Urtyp erhalten haben soll. Mitbeteiligt an der Entstehung des Englischen Vollbluts, oft vermerkt in den Stammbäumen englischer Hunter, denen er mehr mitgab als nur ein paar Tropfen Blut. In unserer Zeit ein beliebtes Reitpony für Kinder und Jugendliche, frei- und wildlebend, unter oft harten Bedingungen aufgezogen in dem zu den Grafschaften Somerset und Devon gehörenden Gebiet von Exmoor, einer Heide- und Moorlandschaft, die dem Pony ihren Namen übertrug.

Beschreibung: kleiner, hübscher Ponykopf mit auffallend breiter Stirn, weit auseinanderliegenden, aufmerksamen, hellumrandeten Augen (Krötenaugen), mit kurzen, spitzen, dickhäutigen Ohren, weiten, sehr dunkel gefärbten Nüstern, heller Färbung der Maulpartie (Mehl- oder Eselsmaul). Gut geformter, kräftiger, ziemlich kurzer Hals; schräg gelagerte, kurze Schulter; breite, tiefe Brust; kräftiger, muskulöser Rücken; gute Rippenwölbung; Kruppe häufig etwas abfallend. Einwandfreie, gesunde, kurze Gliedmaßen; Vorderbeine ziemlich breit gestellt.

Größe: Hengste bis 129 cm Höchstmaß, Stuten bis 127 cm (Durchschnittsgröße 122 cm).

Das im Winter rauhe, aber elastische Fell ist in den Sommermonaten dicht und hart und glänzt wie Messing. Farbe: Braun in verschiedenen

Exmoor-Jungstute

Exmoor-Stute mit Fohlen

Tönungen mit helleren Stellen am Bauch und an der Innenseite der Schenkel. Dichtes Langhaar.

Beurteilung: Ein kleines, tüchtiges Reitpferdchen, das früher (und gelegentlich auch heute noch) die Bauern auf der Jagd und der Suche nach ihren Schafen ritten. Sehr hart und genügsam. Gilt als besonders intelligent und gelehrig. Zutraulich, charakterlich ohne Tücken. Harmonische Bewegungen in den einzelnen Gangarten; kann schnell galoppieren und für seine Größe erstaunlich gut springen.

Zuchtgebiete: Die Landschaft von Exmoor im Südwesten Englands mit Schwerpunkten u.a. in Withypool und Winsford Hill.

In einem jährlichen, immer im Herbst stattfindenden Auftrieb werden die Fohlen, die sog. „sukkers", auf ihre züchterische Eignung begutachtet. Liegt sie vor, erhalten die Jungtiere ein Nummern-Brandzeichen. Tiere, die in ihrer Jugend nicht mit einem solchen versehen wurden, können später nicht mehr registriert werden.

Verbände/Organisationen: Exmoor Pony Society (1921 in England gegründet), Quarry Cottage, Sampford Brett, Williton/Somerset.

Falabella-Zwergpony Ein nach der argentinischen Familie Falabella benanntes Mini-Pferd, die es seit fast 100 Jahren auf der bei Buenos Aires gelegenen Recreo de Roca-Hazienda züchtet.

Zwergpony-Stute mit Fohlen (Zoo Frankfurt)

Besonders kleine Shetlands bildeten den Ausgangspunkt der Zucht, zu deren Konsolidierung immer wieder nur die allerkleinsten Tiere verwendet wurden, bis dann nach zahlreichen Generationen die Zucht so gefestigt war, daß heute keines dieser Zwergponys über 0,76 cm hinauswächst.

Mit dem Shetland hat das heutige Falabella nicht mehr viel Gemeinsames. Von der unterschiedlichen Größe abgesehen, fehlt dem „kleinsten Pferd der Welt" die Zähigkeit, Stärke und Robustheit seiner Stammeltern, so daß es zum Reiten selbst von kleineren Kindern kaum verwandt werden kann.

Erstaunlicherweise verfügt es über ein erhebliches Springvermögen, das es ihm erlaubt, seine eigene Größe zu überspringen. Im Grunde genommen ist und bleibt es ein niedliches Spielzeug auf vier Beinen, ein Schauobjekt in Zirkus und Zoo, das in allen Farben vorkommt, gescheckt oder „getigert" aber am beliebtesten ist.

Färöer-Pony (Färinger) Auf den im Nördlichen Eismeer zwischen den Shetlands und Island gelegenen „Schafinseln" lebendes Pony. Mit dem Island-Pony (s.d.) eng verwandt und vermutlich wie dieses von den Normannen im 9. Jahrhundert aus Skandinavien auf die Färöer-Inseln gebracht. Kleines, nicht über 120 cm hinauswachsendes Pony, das sehr zäh, anspruchslos und kälteunempfindlich ist. An Farben kommen meist Dunkelbraune und Füchse vor.

Fellpony Obwohl das Pennine-Gebirge im Norden Englands wie ein Grenzwall zwischen dem Fellpony im Westen und dem Dales-Pony im Osten liegt, waren beide in früheren Zeiten eng miteinander verwandt. Auch heute noch bestehen manche Gemeinsamkeiten, wie der kräftige, muskulöse Körper mit dem tragstarken Rücken und die Rappenfarbe. Mit der Farbe beginnt aber auch der augenfälligste Unterschied: beim Fellpony fehlen die Abzeichen, beim Dales-Pony sind sie fast immer vorhanden, ein weißer, meist starker Behang an den Gliedmaßen, Erinnerung und Beweis, daß einst kaltblütiges Clydesdale-Blut eingekreuzt wurde. Das Fellpony dagegen blieb rein, weil es seine Züchter vor beinahe einem Jahrhundert für richtiger hielten. So präsentiert sich dieses sympathische, robuste Bergpony in dem gleichen beeindruckenden Air, das ihm schon immer eigen war. Nur trug es früher (wie das Dales-Pony) zentnerschwere Körbe voll Blei über Hunderte von Kilometern bis zu den Industrieanlagen im Nordosten der Insel oder zu den

Häfen an der Ostküste, zu einer Zeit, in der selbst Kinder in den Gruben schuften mußten. Heute transportiert es keine derartigen Lasten mehr, aber mit der gleichen Unentwegtheit benimmt es sich sicher und ruhig beim Ritt im Gelände, auch wenn sein Reiter nicht zu den leichtesten gehört. Es gilt als eines der tüchtigsten und zuverlässigsten Mehrzweckponys überhaupt, ob es nun unter dem Sattel oder an der Deichsel geht.

In Massen wurde das Fellpony nie gezüchtet. Doch gab es einmal Zeiten, in denen 2000 oder 3000 Exemplare in den Dörfern von Westmoreland und Cumberland gezählt werden konnten. Jetzt sind es nicht mehr als 300 bis 400 Tiere.

Geschichte: Über die Herkunft des Fellponys gehen die Meinungen auseinander. Die einen bringen es (und damit auch das Dales-Pony) mit dem niederländischen Westfriesen in Verbindung, der die gleiche schwarze Fellfarbe und — bis auf die Größe — manche weitere äußerliche Ähnlichkeit mit dem Fellpony aufweist.

Die andere Auslegung, von der Deutung des Wortes „Fell“ her betrachtet, läßt einen anderen Schluß zu. Danach ist „Fell“ von dem norwegischen „Fjell“ gleich Berg abzuleiten; ein interessanter Gegensatz zum englischen „Dale“ gleich Tal.

Auch zwischen Norwegen und der britischen Insel gab es schon gegen Ende des 8. Jahrhunderts enge, wenn auch nur von den Wikingern ausgehende Kontakte, die später die Dänen übernahmen. Schließlich war der größte Teil Englands ebenso wie halb Norwegen einmal in dänischem Besitz — für ein paar Jahrzehnte. Norwegische Pferde können also durchaus aus dem skandinavischen Raum nach Britannien gekommen sein. Pferdeverschiffungen größeren Stils war den Wikingern ja nichts Neues (Island!). Vielleicht erinnert an die Norweger auch nur der Name, den sie den Pferden gaben, die sie auf ihren Erkundungsvorstößen in das Innere des Berglandes antrafen. Man kann nur raten oder vermuten, aber nicht beweisen.

Beschreibung: Ein meist schwarzhaariges, schwarzbraunes oder dunkelbraunes Pony von durchschnittlich 137 cm Stockmaß, mit mittelgroßem Kopf, schön geformtem Hals. Kräftiger, muskulöser Körper, lange, schräge Schulter; nur wenig ausgeprägter Widerrist; Brustumfang um 180 cm. Einwandfreie, gut bemuskelte Gliedmaßen mit wenig Behang; tadellose, feste Hufe. Röhrbein bis 22 cm. Dichtes, langes Schweif- und Mähnenhaar.

Beurteilung: Ein äußerst kräftiges, zu den schwereren Rassen zählendes Pony, das zum Reiten und Fahren gleichgut geeignet ist. Vor allem kann es einen Reiter mit größerem Gewicht müheloser tragen als die meisten anderen englischen Ponyrassen (vom Dales und Highland abgesehen). Außer seinen körperlichen Vorzügen verfügt es über eine angenehme Wesensart, ist leicht zu behandeln, gilt als fromm, sehr willig und anspruchslos. Kurz gesagt: ein starkes Pony, das den Freizeitreiter nie enttäuschen wird, auch wenn er einmal etwas zu viel von seinem Tier verlangt.

Verbände/Organisationen: England: Fell Pony Society, Packway, Windermere/Westmoreland.

Fjordpferd (Norweger; Vestlandspferd) Ein kleines, kompaktes Pferd, das immer, wenn man es sieht, an ein Urpferd erinnert, das heißt, wie man in seiner Fantasie sich ein solches vorstellt. Gewiß besteht eine oberflächliche Ähnlichkeit mit dem Przewalskipferd, vor allem im Winter, wenn der dicke Pelz die Konturen verwischt. Irgendwann, vor langen Zeiten, hat es sicherlich für beide eine gemeinsame Wiege gegeben und ein Stück gemeinsam begangenen Weges, der sich dann für immer trennte.

Geschichte: Zu einer nicht mehr festzustellenden Zeit muß das Fjordpferd einmal nach Norwegen, auf unbekannten Pfaden in ein Land gekommen sein, das kein sorgenfreies, üppiges Leben verhieß und in dem nur der existieren konnte, der genügsam und hart war, die langen, kalten Winter zu überstehen.

Mit dem Menschen kam das Fjordpferd verhältnismäßig spät in Berührung. Aber als sie erfolgt war, geschah es zu beider Nutzen. Damals sah es noch gar nicht wie ein Fjordpferd aus, so akkurat, wie wir es kennen. Meist waren es Braune; nicht größer als 120 bis 130 cm, und viel leichter als die heutigen Exemplare. Sie glichen mehr den Isländern, zu deren Existenz sie später den entscheidenden Anteil beitragen sollten.

Auf welche Weise sich die typische Falbfarbe durchgesetzt hat, wissen wir nicht genau. So unberührt war das skandinavische Land in seiner Geschichte nicht, daß es fremden Einflüssen verschlossen blieb. Fremde Pferderassen kamen immer mal ins Land; zweifellos wirkten sie auch auf das Fjordpferd ein, verändernd und veredelnd wie ein aus dem Kaukasus stammender weißsilbergrauer Kabardinerhengst (doch dies erfuhr man erst später).

Bis zum Beginn unseres Jahrhunderts nutzten die Norweger allein die Vorteile, die das Fjordpferd ihnen bot. Es arbeitete für den Bauern, im Feld und im Wald, zog in den Städten Kutschen und

Milchwagen und erwies sich auch im militärischen Dienst als ein unersetzbares Tragtier.
Die Dänen waren die ersten, die gleich zu Hunderten das tüchtige und zugkräftige Fjordpferd einführten, bis sie schließlich keines mehr brauchten (von dem einen oder anderen Zuchthengst zur Auffrischung abgesehen), da sie selbst eine gute, etwas schwerere Zucht aufgebaut hatten. Auch zum Nutzen ihrer südlichen Nachbarn, den Deutschen, die nach dem 2. Weltkrieg massenweise

Fjordpferde beim Paarspringen

Fjord-Stute mit Fohlen

Fjordpferde nach Schleswig-Holstein, Hessen, Hannover, Weser-Ems und andere Bundesländer holten, um sie vor allem in der Landwirtschaft einzusetzen. Überall sah man die hellfarbigen Gespanne, vor dem Ackerpflug, dem Erntewagen, der Hochzeitskutsche und gelegentlich auch schon unter einem Reiter. Es schien fast, als sei das schon getrennte Land, was den Einsatz der Pferde betrifft, auch in eine Nord- und Südhälfte geteilt. Vom Meere bis zum Main dominierte das Fjordpferd, südlich davon bis zum Hochgebirge der Haflinger. Aber nichts ist beständig. Auf den Feldern rattern die Maschinen, und die Hochzeitskutsche hat das Auto verdrängt. Gelegentlich trifft man in Hessen oder Hannover vereinzelt auf Fjordpferde-Gespanne, da, wo sich ein Maschineneinsatz nicht lohnt oder nicht möglich ist.
Die Zahl dieser hübschen, starken Pferde hat sich in den letzten Jahren ziemlich verringert. Doch aus der deutschen Landschaft wegzudenken sind sie nicht. Als Freizeitpferd mit weniger Masse und mehr Eleganz hat es eine neue, reizvolle Aufgabe erhalten.

Beschreibung: Ein hübscher, kleiner, manchmal edel zu nennender Kopf mit breiter, flacher Stirn und großen, klaren, dunklen Augen und kleinen, aufmerksamen Ohren. Kräftiger, gut aufgesetzter Hals, der durch die für das Fjordpferd charakteristische Stehmähne stärker wirkt, als er in Wirklichkeit ist; ziemlich langer, muskulöser Rumpf mit guter Rippenwölbung und fester, breiter Nierenpartie; Widerrist wenig betont; gut bemuskelte Kruppe. Kräftige, trockene Gliedmaßen; Hinterbeine gelegentlich kuhhessig.
Größe: 132 bis 145 cm; Gewicht: 400 bis 450 kg (manche ausgewachsenen Hengste können bis 500 kg wiegen).

Fellfarbe: Rassetypische Falbfarbe (vom blassen Gelbweißgrau bis zum satten Ocker); Aalstrich vom Schopf bis zum Schweif; dunkelgefärbte Beine.
Ein sehr kräftiges, widerstandsfähiges, hartes, zähes, arbeitsfreudiges, anspruchsloses und leichtfuttriges Pferd. Langlebig, fruchtbar; nervenstark, gutmütig, von munterem Temperament und wacher Intelligenz. Wendig, flink; trittsicher; mit ziemlich flotten und schwungvollen Bewegungen in allen Gangarten; kann auch einigermaßen springen.
Spätreifer Typ, der erst mit fünf bis sechs Jahren sich voll entwickelt hat.

Beurteilung: Ein großes, starkes Pony von hoher Qualität, das es verdient hat, nicht vergessen zu werden.

Zuchtgebiete: Norwegen (westliche Küstenlandschaft), aber auch in den anderen Landesteilen. Dänemark und die Bundesrepublik (die beiden geschlossensten Nachzuchtgebiete).

Verbände/Organisationen:

Norwegen: Züchtervereinigung „Norges Fjordhestlag"; Dänemark: „Samwirkende Danske Husmandsforeningers Udvalg for Stambogsföring for Heste of Norsk Fjordrace", Johs. Bjersgade 5, Aarhus; Bundesrepublik: „Arbeitsgemeinschaft Deutscher Ponyzuchtverbände" sowie die einzelnen Landes-Zuchtverbände; Holland: „Ver. Nederl. Fjorden-paarden Stamboek", Lambalgsweg 21, Woudenberg.

Literatur: Nissen/Gorbracht: „Ponybuch", Kapitel „Eine uralte Rasse — das Fjordpferd", Limpert-Verlag 1974.

Galiceno-Pony Dem Namen nach ein Pony aus Galicien in Nordwest-Spanien, das es heute dort noch gibt und das der Legende nach der Ausgangspunkt der in Nordamerika seit langem gezüchteten Galiceno-Ponyrasse war. Wie man erzählt, sei der Stammvater der Galicenos ein galicischer Hengst gewesen, der sich unter den 16 Pferden befunden haben soll, die Cortez halfen, Mexiko zu erobern.

Wie immer es auch gewesen sein mag, eines ist sicher: das Galiceno-Pony ist auf spanische Ahnen zurückzuführen, vielleicht auf die Ponys aus dem wald- und wiesenreichen Galicien, das schon im Altertum eine berühmte Pferdezucht betrieb. Doch weist die amerikanische Version mit dem original-galicischen Pony keine Ähnlichkeit mehr auf.

Das Galiceno-Pony in den Staaten ist ein 125 bis 135 cm großes Pferdchen, das bis zu 310 kg schwer werden kann und mehr einem kleinen Pferd als einem Pony ähnelt. Gerühmt werden seine schwungvollen, angenehmen Bewegungen, seine Vielseitigkeit sowie seine verträgliche Wesensart und hohe Intelligenz. Auch im Arbeitseinsatz auf der Ranch erweist es sich als ein vollwertiger Helfer.

In den USA gibt es seit 1959 ein Register, in das zur Zeit rund 2000 Galicenos eingetragen sind.

Garrano-Pony (auch Minho genannt) Von den 70000 bis 80000 Pferden und Ponys Portugals gehört gut die Hälfte der Garrano-Rasse an. Beheimatet ist sie in den nördlichen Provinzen des Landes, Garrano do Minho und Traz des Montes, deren erstgenannte dem Pony auch beide Namen gegeben hat.

Die Masse der Tiere lebt ganzjährig im Freien und ist sich ziemlich selbst überlassen. Eine Selektion nach bei uns gültigen Auffassungen besteht nicht. Verwandt wird das Garrano-Pony als Reit-, Zug- und Lasttier; die Armee setzt es gern als Packpferd ein.

Größe: Sehr unterschiedlich, durchschnittlich 125 cm (± 10). Hauptfarbe: Braun.

Garron Siehe Highland-Pony.

Gayoe-Pony Ein im Norden der Großen Sunda-Insel Sumatra gezogenes Pony, das im Gegensatz zum viel gefälligeren Batak (s. d.) plump und unbeholfen wirkt. Es weist eine schwere Hinterhand auf; die Gliedmaßen sind kurz und von auffallender Stärke. Auch mangelt es diesem Pony an Temperament und Beweglichkeit.

Gobi-Pferd Im Süden der Mongolischen Volksrepublik gezüchtete Unterart des Mongolen-Ponys, mit den gleichen Vorzügen (Härte, Ausdauer, Anspruchslosigkeit) wie dieses ausgestattet. Um 130 cm Stockmaß. Soll der nächste Verwandte des Przywalski-Pferdes sein.

Gotland-Pony (Gotlandsruss, Skogruss, Skogsbagge) Die in den Klammern stehenden schwedischen Bezeichnungen sagen aus, wo es hauptsächlich gezüchtet wird (auf der Insel Gotland), was es ist (ein Roß) und welcher Art es ist (nämlich ein Waldroß). „Skogsbagge" muß als ein mehr spaßhaft als ernst zu nehmender Ausdruck verstanden werden; denn übersetzt bedeutet das Wort „Waldbock".

Geschichte: Vor einigen Jahren fand man in der Sowjetunion ein in einem dicken Eisblock „konserviertes", auf 40000 Jahre geschätztes Steppenpferd im Tarpantyp, das eine frappante Ähnlichkeit mit dem Gotland-Pony unserer Tage aufwies. Sicherlich lag dessen Heimat in den östlichen Steppen und Waldgebieten, ehe es auf die Gotland-Insel gelangte. Wie und wann es war, weiß man noch nicht einmal ungefähr. Dort lebte es ungestört, bis der Mensch seine Freiheit einschränkte. Aber immerhin hatte er so viel Einsicht, es nicht ganz zu verjagen. Manche kümmerten sich sogar um die kleinen, klugen, friedlichen und anspruchslosen Tiere, deren reinste Exemplare auf den Waldwiesen der Lojsta-Heide in einem 1500 ha großen Gebiet der Insel leben.

Zwischenzeitlich zugeführtes Fremdblut (von Arabern und Welshs) änderte nicht viel am Gotland-Pony, weder äußerlich noch innerlich, das auch jetzt noch so aussieht wie vor 100 oder 500 Jahren.

Beschreibung: Nicht gerade das hübscheste, aber sicherlich eines der verträglichsten und „liebsten" unter den Ponyrassen unserer Erde. Langgestreckter Kopf mit geradem Nasenrücken, mittelgroße Ohren und aufmerksam blickende Augen. Muskulöser, nicht besonders starker Hals; gut entwickelte Schultern; ausgeprägter Widerrist. Brust ausreichend tief, aber oft etwas schmal. Feinknochige, sehnige, trockene, ziemlich unempfindliche Gliedmaßen mit unverwüstlichen, kleinen Hufen.

Größe: 112 bis 132 cm; Röhrbeinumfang: 14,0 bis 15,0 cm; Gewicht um 200 kg.

Farben: Braune und Rappen dominieren; doch kommen auch Füchse, Falben und Schimmel vor. Verhältnismäßig schwaches und kurzes Langhaar (vom Leben im Walde!).

Ein trotz seiner Friedlichkeit temperamentvolles, energisches Pferdchen mit fleißigen, bodendeckenden Bewegungen im Schritt und Trab. Wird wegen seiner ausgezeichneten Trabveranlagung in Schweden und den USA in zahlreichen Trabrennen hinter dem Sulky eingesetzt. Besitzt zusätzlich ein erstaunlich gutes Galoppier- und Springvermögen.

Weitere Werte sind seine Anspruchslosigkeit, Widerstandskraft, Ausdauer, eiserne Gesundheit, Langlebigkeit (Exemplare über 40 Jahre sind nicht selten), Anpassungsfähigkeit und Intelligenz.

Beurteilung: Ein Pony von überragender Qualität. Geduldiges Kinderreitpferd, fleißiges Fahrpony, schneller kleiner Traber und ein treuer und besonders geeigneter Helfer auf dem Gebiete der Hippotherapie (Therapeutisches Reiten).

Zuchtgebiete: Hauptzuchtgebiet die Insel Gotland (Schweden). Nachzuchten in den USA (mit mehr Exemplaren als sich auf Gotland befinden). Kleinere Zuchten u. a. in der BRD (Gestüt Hazeborg in Wankendorf bei Plön/Holstein. Dort werden auch Arabo-Gotlands gezüchtet mit einem etwas gefälligeren Exterieur und einer Größe bis zu 140 cm).

Verbände/Organisationen:
Schweden: Verein der Freunde des Gotland-Waldrosses (Gotlandsrussets vänner); 1954 gegründet; USA: American Gotland Horse Association R. R., Box 181, Elkland, Montana 65644 (1960 gegründet). Gibt jeden Monat eine Zeitschrift „Gotland Glimpses" heraus.

Gotlandsruss Siehe unter Gotland-Pony.

Hackney-Pony (Zwerg-Hackney) Der „kleine Bruder" des großen Hackney (s. d.), und wie bei diesem gilt auch für ihn die ungewöhnlich hohe Aktion der Vorhand als typisches Merkmal.

Seine Entwicklungsgeschichte begann vor knapp 100 Jahren mit der Begegnung eines Yorkshire-Hengstes und einer Stute unbekannter Herkunft. Das Ergebnis war der 1866 in Nordengland geborene Sir George, ein nur 142 cm großes Tier, das zum Stammvater aller Hackney-Ponys wurde. Einige Jahre später trugen die Norfolk-Hengste Confidence, ein Brauner von 157 cm Stockmaß, und Sir Horace, wieder ein Pony, zur Festigung der Zwerg-Hackney-Zucht bei, die als Rasse neben der des eigentlichen Hackneys vom gleichen Verband betreut und registriert wird.

Das heutige Hackney-Pony ist 130 bis 142 cm hoch und meist von brauner, schwarzbrauner oder schwarzer Farbe. Die für den großen Hackney typischen weißen Abzeichen fehlen beim Hackney-Pony oft oder sind nur angedeutet. Ansonsten besteht zwischen beiden bis auf die Größen- und einige andere, weniger auffallende Unterschiede (z. B. beim Pony höher angesetzter Schweif) äußerlich eine starke Ähnlichkeit. Hackney-Züchter halten außerdem den „Mini-Typ" für temperamentvoller.

Zuchtgebiete: England, USA, Niederlande, Südafrika und neuerdings Australien. Auch in der BRD gibt es einige Zwerg-Hackney-Zuchten. Über die größte mit ca. 30 Zuchttieren verfügt das Gestüt von K. H. Bumann in Gettdorf bei Kiel.

Verbände/Organisationen: Die gleichen wie beim Hackney (s. d.).

Haflinger Einst schleppte er Lasten über schmale und steile Alpenpfade, ein Saumpferd, das sich schier unermüdlich im gleichmäßigen Schritt bewegte, auch wenn die Luft manchmal dünn oder — im Kriege — eisenhaltig war.

Im Gebirge bewahrheitete sich nicht immer die Meinung, daß das Pferd auf den Menschen angewiesen sei. Meist war es umgekehrt. Wie oft kam es im letzten Kriege vor, daß ein aus dem Flachland stammender Soldat sich ohne sein Wollen und Mittun bei einer Gebirgseinheit wiederfand — mit dem Leitseil in der Hand, an dem das ihm unbekannte Wesen Pferd gebunden war. Pferdeführer nannte man eine solche Verwendung, aber meist führte das Pferd und nicht der Mensch, vor allem dann, wenn dieser nur wußte, daß die Natur ein Substantiv und groß zu schreiben war. So erging es manchem in der ihm fremden Welt der Berge, in der der Haflinger zu Hause war. Und wenn der Mensch sich nicht wie ein Dummkopf benahm, überließ er seinem vierbeinigen Partner die Führung, weil der besser wußte, welcher Weg

oder Pfad einzuschlagen war, ohne das aufgestellte Brett mit dem Kompanie-Zeichen oder der Feldpost-Nummer beachten zu müssen.
Partnerschaft zwischen Mensch und Pferd bewährt sich am echtesten und ehrlichsten in Zeiten der Not und der gegenseitigen Abhängigkeit. Zwischen dem Haflinger und dem Soldaten, dem er anvertraut war, bestand sie.
In unseren Tagen braucht man kaum noch ein

Haflinger Zuchthengst

Haflinger (Wallach) im Arbeitseinsatz

Saumpferd. Auch der Haflinger von heute ist nicht mehr ganz das Bergpferd, das er einmal war. Heute findet man ihn überall, im Flachland, im Mittelgebirge, dort, wo der Mensch erkannt hat, daß nicht alles in seinem Leben Zwang und Verpflichtung ist, daß es auch eine Freizeit gibt, die ihm ganz allein gehört. Warum sollte sie nicht ein so angenehmes Pferd wie der Haflinger mit ihm teilen?
Geschichte: Seinen Namen erhielt der Haflinger erst gegen Ende des vergangenen Jahrhunderts, zu einer Zeit, in der es schon eine konsolidierte Rasse gab. Früher war er ein unscheinbares, kleines, zähes und bescheidenes Pferdchen, ein Gebirgsklepper, und in keiner Weise dem ähnlich, der er später einmal werden sollte. Gelegentlich floß ihm ein wenig fremdes Blut zu, das aber nach ein paar Generationen meist wieder versickerte. Erst eine Begegnung zwischen einem Halbbluthengst (El Bedavi XXII) aus dem Radautzer Gestüt und einer veredelten Tiroler Landstute verhalf zu einem erfolgreichen Start. Der aus ihr entstandene, 1874 geborene Hengst mit der offiziellen Bezeichnung „249 Folie 1874“, ein Fuchshengst mit Aalstrich und Schulterkreuz, wurde zum Stammvater der Haflinger. Von dieser Zeit an entwickelte sich, wenn auch manchmal gestört und unterbrochen, die Rasse der Haflinger, zuerst in Südtirol, der ursprünglichen Heimat, und später auch im österreichischen Tirol.
Heute leben Tausende dieser hübschen, kräftigen Ponys in vielen Ländern der Erde. Nichts spricht deutlicher für seine Verbreitung und Beliebtheit als die Tatsache, die 1975 mit der Gründung eines Haflinger-Weltverbandes geschaffen wurde, eine internationale Organisation, wie sie bisher nur der Araber aufzuweisen hatte.
Beschreibung: Meist kurzer, edler, trockener Kopf mit breiter Stirn, großen ausdrucksvollen Augen, kleinen, beweglichen „Mausohren“ und profilierten Nüstern (arabisches Erbe!); kräftiger, mittellanger, sauber aufgesetzter Hals; wenig Widerrist; tragstarker, breiter Rücken; kräftig bemuskelte Nierenpartie; leicht abfallende Kruppe; schöner Schweifansatz.
Gliedmaßen kurz und stark mit trockenen Sehnen und festen Gelenken in korrekter Haltung.
Größe: 134 bis 140 cm; Gewicht: 350 bis 400 kg.
Farbe: Rassemerkmal ist die helle bis dunkle Fuchsfarbe mit dem flachsfarbenen bis weißblonden Langhaar.
Ein charakterlich einwandfreies, gutmütiges Pony mit einem energischen, nicht gerade bodendeckenden Gang; sehr trittsicher; langlebig und fruchtbar.

Beurteilung: Ein ungemein tüchtiges, äußerlich sehr gut gefallendes, starkes, anhängliches Pony mit abgedrehten Formen, das man von einem athletisch gebauten, fleißigen Arbeitspferd zu einem rittigen, robust und leichtfuttrig gebliebenen Freizeitpferd umgezüchtet hat.

Der mancherorts unternommene Kreuzungsversuch mit kleineren Araberfuchshengsten hat zweifellos zu einer Verbesserung des Exterieurs geführt, den gewohnten Haflinger aber manchmal so verändert, daß er beinahe gar keiner mehr ist. Abgesehen davon, daß bei vielen Arabo-Haflingern die hübsche und charakteristische Kombination Fuchsfarbe/Weißblond verschwunden ist. Spritzer arabischen Blutes hat der Haflinger schon öfter erhalten, aber eben nur Spritzer, die ihm nicht geschadet haben.

Zuchtgebiete:
Österreich: Tirol, Vorarlberg, Kärnten; Italien: Südtirol; Bundesrepublik: Bayern, Hessen, Westfalen, Baden, Pfalz-Saar. Kleinere Zuchten auch in zahlreichen anderen Ländern (u. a. Holland, England, Türkei, Pakistan, USA).

Verbände/Organisationen:
Bundesrepublik (außer den Landes-Zuchtverbänden): Westfälischer Haflingerverein, 4830 Gütersloh, An der Johanniskirche 8; Holland: Haflinger-Club, Koniginnegracht 43, Den Haag; Österreich: Haflinger Pferdezuchtverband, Innsbruck/Tirol, Brixener Straße 1; zugleich Anschrift des Haflinger-Welt-Zuchtverbandes; Italien: Verband der Südtiroler Haflinger Zuchtgenossenschaften, Bozen, Südtirol.

Literatur: Otto Schweisgut: „Der Haflinger, das Freizeitpferd aus den Bergen Tirols", 1971, Innsbruck.

Heilung-Kiang-Pony Eine der zahlreichen Spielarten des Mongolenponys (s. d.), die im Nordwest-Teil der chinesischen Provinz Heilung-Kiang (im Nordosten der Inneren Mongolei) gezüchtet wird. Es hat einen ziemlich großen, gewöhnlichen Kopf mit leicht nach außen gewölbten Profil. Seit einigen Jahren versucht man durch in Wildgestüten eingesetzte, geeignete Mongolenhengste, das Exterieur, vor allem den Kopf, zu veredeln.

Highland-Pony (Schottisches Hochland-Pony, Scottish Highland Pony, Garron) Von den neun bodenständigen Ponyrassen Großbritanniens ist das Highland-Pony das größte, soweit es den Festlandtyp betrifft. In den schottischen Bergen gilt es als ein äußerst zuverlässiger Jagdbegleiter auf vier Beinen, der nicht nur seinen Reiter, sondern auch noch dessen Beute tragen kann. Wie hoch es von den schottischen Jägern geschätzt wird, geht daraus hervor, daß einmal einer von ihnen gesagt haben soll, er werde, wenn es sich als notwendig erweise, lieber auf einen Jagdgenossen als auf sein Garron verzichten. Sicherlich kein Jägerlatein! Das Wort „Garron" ist übrigens keine Zweitbezeichnung für die Highland-Rasse insgesamt. Der von dem Keltischen ‚gearran' (= gelding = Wallach) abstammende Name trifft nur auf den Festlandtyp zu, und zwar in seiner Verwendung als Tragtier. Die gleiche Bedeutung haben auch das spanische Wort ‚garón' und das vor allem im 16. Jahrhundert gebrauchte irländische Wort ‚garran' (später durch ‚hobby' ersetzt), also keine Rasse-, sondern eine Typbezeichnung, und zwar für ein Packpferd, als das man meist Wallache verwandte.

Geschichte: Eine sehr alte Ponyrasse sicherlich keltischen Ursprungs; möglicherweise sogar bereits in der Jungsteinzeit in Schottland heimisch gewesen. Von den dortigen Einwohnern, meist Bauern, als Reit-, Pack- und Zugpferd genutzt. Erste bewußt durchgeführte Einkreuzungen erfolgten in den Anfangsjahren des 16. Jahrhunderts durch französisch-spanische Hengste (Geschenke Ludwigs XII. von Frankreich an den Schottenkönig Jakob IV.), doch betrafen sie nur den Festlandtyp. Um auf Drängen der schottischen Forstverwaltung Größe und Gewicht dieses Typs zu erhöhen, wurde ihm, vor etwa einem Jahrhundert beginnend, mehrfach Clydesdale-Blut zugeführt. Und da aller guten Dinge drei sind, erhielt das Garron zu Beginn unseres Jahrhunderts auch noch das englischer Vollbluthengste. Die sich aus der Kreuzung Highland/Vollblut ergebenden Produkte erwiesen sich als ganz hervorragende Militärpferde, die

Highland-Stute mit Fohlen im schottischen Bergland

sich vor allem als Packtiere der englischen Armee bewährten.
In unserer Zeit ist es nicht nur der treue Begleiter des schottischen Jägers geblieben. Außer seinem Einsatz in der Landwirtschaft wird es immer häufiger als ein ausgezeichnetes Reitpferd im Ponywandersport verwandt.
Beschreibung: Zwei Typen sind zu unterscheiden:

a) der Festlandtyp (Mainlandtyp) oder Garron mit einer Größe von 142 bis 148 cm, einem Gewicht zwischen 350 und 450 kg und einem erstaunlichen Röhrbeinumfang um 23 cm (Hengste) bzw. 20,0 cm (Stuten), der wie der ziemlich starke Kötenbehang an die Kaltbluteinkreuzung (Clydesdale) erinnert.
   Besonders kompakte Exemplare ähneln bei oberflächlicher Betrachtung dem Welsh Cob oder, wenn es Füchse mit weißblondem Langhaar sind, den Haflingern;
b) der Inseltyp (Western Isles Pony, Westinseln-Pony), 132 bis 142 cm groß, bis 300 kg schwer und mit einem Röhrbeinumfang um 20,0 cm. Feingliedriger, beweglicher wirkend und mit weniger, aber seidigerem Fesselbehang versehen als der Mainlandtyp.
   Auf manchen Inseln, z. B. auf Barra, gab es bis vor ca. einem Jahrhundert besonders kleine Highlands, die nur wenig größer als Shetland-Ponys waren. Durch entsprechende Zuchtmaßnahmen, Einkreuzung mit Arabern usw. gewannen dann diese Ponys, die eine Zeitlang als ein dritter Typ betrachtet wurden, an Zentimetern und Kilos. Doch kommt heute noch das eine oder andere Exemplar mit einem Stockmaß um 120 cm vor.

Gemeinsam ist beiden Typen eine wohlgelungene äußere Erscheinungsform, so daß das Highland als ein ausgesprochen hübsches Pony bezeichnet werden kann.
Im einzelnen: Feiner, edler Kopf mit weit auseinanderstehenden, ausdrucksvollen Augen und ziemlich kleinen, schmalen Ohren. Hals gut aufgesetzt und stolz getragen; kräftiger, tragstarker Rücken mit wenig Widerrist; meist kurze, steile Schulter; leicht abfallende Kruppe. Gliedmaßen sehr stabil und gut bemuskelt; kurze, auffallend starke Röhren; einwandfreie, runde Hufe.
Farben: Über die Hälfte Falben in hellen und dunklen Tönungen, ab und zu mit Aalstrich und Zebrastreifen; grau (Schimmel) und braun; gelegentlich schwarz. Besonders adrett Füchse mit sehr hellem, silbrigem Langhaar (sind verhältnismäßig selten). Mähne und Schweif lang und üppig.
In der Wesensart von ausgeglichenem Charakter, gutes Temperament; intelligent, gelehrig. Ausdauernd, nervenstark, von unverwüstlicher Konstitution; trittsicher; sehr gut entwickelter Orientierungssinn. Langlebig.
Harmonische Bewegungen in den einzelnen Gangarten; etwas kurzer Schritt und Trab, kann aber gut galoppieren und einigermaßen springen.
Beurteilung: Ein großgewachsenes, starkes, auf zahlreichen Ausstellungen prämiiertes Pony, das mühelos auch einen Erwachsenen tragen kann. Anhänglich und treu, wenn es entsprechend behandelt wird; etwas empfindsam gegen eine rauhe Verhaltensweise; zurückhaltend Fremden gegenüber.
Zuchtgebiete: Schottisches Hochland (Festlandtyp) sowie die Inseln Barra, Mull, Arran und einige andere Inseln vor der schottischen Westküste.
Verbände/Organisationen: „Highland Pony Society", 51 High Street, Dunblane/Perthshire (Schottland).

Hokkaïdo-Pony oder — wie es eigentlich heißt — Dosanko gehört zu den wenigen auf Japan seit Jahrhunderten gezüchteten Ponyrassen. Von diesen erinnert es am stärksten an die Mongolenahnen, von denen es zweifellos abstammt. Beheimatet ist es auf der großen Nordinsel Jesso oder Hokkaïdo, die ihm seinen zweiten und bekannteren Namen gegeben hat.
Ein kleines, gedrungenes, durchschnittlich 130 cm großes Pferdchen mit verhältnismäßig feinem Kopf, kurzem, starkem Hals, ziemlich steiler Schulter, guter Rippenwölbung und nicht immer kräftig wirkenden Gliedmaßen.

Hsiangcheng-Pony Siehe Hsikang-Pony.

Hsikang-Pony (Sikang- oder Hsiangcheng-Pony) Ein im Ursprung auf das Mongolenpony zurückzuführendes, verhältnismäßig schlankes, aber sehr ausdauerndes, widerstandsfähiges Reit- und Packpony, das in Osttibet, der Provinz Hsikang, nach der es benannt wurde, sowie im angrenzenden westlichen Teil von Szetschwan (China) gehalten wird. Zeichnet sich vor allem durch eine besondere Kletterstärke und Trittsicherheit aus. Seine Durchschnittsgröße beträgt 122 cm.

Huzule Ein seit langen Zeiten in den Karpathen lebendes Pony, dem der dort heimisch gewordene Mensch den Namen gab, den er selbst trug: Huzule! Ausdruck des Dankes? Oder weil man wußte, daß der eine ohne den anderen in den einsamen Dörfern der Beskiden und der übrigen Waldkarpathen verloren war? Vor allem in den schneereichen Wintern. Das kleine, zähe Gebirgspferdchen fand immer einen Weg, auch wenn es bis zum Halse im Schnee steckte. Mit einer schweren Last auf dem Rücken quälte es sich unverdrossen bis zur nächsten Siedlung, die fast zugeschneit war. Und der Mensch dankte ihm mit einem Armvoll Heu, das er im Sommer auf den Bergwiesen geerntet hatte, und einem wärmenden Stall neben seiner eigenen Stube.

Waldtarpan nennen dieses kleine Pferd die einen, weil sie meinen, daß es vom Tarpan (s. d.), dem untergegangenen Wildpferd der Weiden und Wälder Osteuropas, abstamme. Przewalski-Huzule ist eine andere Bezeichnung; sie gilt für den Typ, der aus einer vorübergehenden Berührung mit dem Wildpferd der asiatischen Steppen entstand. Zu einem engeren Kontakt kam es mit dem benachbarten und verwandten Konik dort, wo sich beider Lebensräume verzahnten — Bystrzec-Huzule, die dritte Variante!

Daß es auch untereinander zu Kreuzungen kam, war unausbleiblich, wie die gelegentliche oder bewußte Zuführung orientalischen Blutes aus Türken- und Perserpferden.

Die Geschichte des Huzulen in ihrem älteren Teil ist in Andeutungen, Möglichkeiten und Auslegungen bereits gestreift worden; eindeutige Fakten, vor allem über den Ursprung, liegen leider nicht vor. Klarer stellen sich erst die letzten 125 Jahre vor, als die Waldkarpathen und ein Stückchen mehr den Österreichern gehörten. Sie waren die ersten, die etwas für die Erhaltung der bereits angeschlagenen Huzulen-Rasse taten. Auf der Hochebene von Luczina bei Radautz (Bukowina/Rum.) errichteten sie ein kleines Huzulen-Gestüt. Erfolge stellten sich erst später heraus, nachdem 1918 die Rumänen die gesamte Huzulei mit Gestüt

Huzulen-Hengst

und lebendem Inventar erhalten hatten. Sie setzten die Zuchtarbeit der Österreicher fort und halfen damit auch den Tschechoslowaken, Polen und Ungarn, in dessen Karpathengebieten ebenfalls Huzulen gehalten wurden.

Eine zweite Grenzveränderung teilte das Zuchtgebiet 27 Jahre später in eine russische und eine rumänische Hälfte auf, doch erhielten die Rumänen den wichtigeren Teil mit den meisten Zuchttieren und dem Staatsgestüt Luczina, in dem die besten Hengste standen.

Beschreibung: Ziemlich kleiner bis mittelgroßer, hübscher, edel anmutender Ponykopf; kurzer Hals, tragstarker, kräftiger Rücken mit muskulöser, deutlich markierter Kruppe; manchmal etwas überbaut. Kräftige und gesunde Gliedmaßen, harte, kleine Hufe; gelegentlich kuhhessige Stellung.

Größe zwischen 125 bis 138 cm; Röhrbein-Umfang 17,5 bis 19,5 cm; Brustumfang um 160 cm.

Farben: Hauptsächlich Braune und Dunkelbraune sowie Falben, bis auf Schimmel auch alle anderen Farben.

Beurteilung: Ein außergewöhnlich ausdauerndes, hartes und anspruchsloses Gebirgspony mit ausgeprägter Trittsicherheit in schwierigstem Gelände. Als Tragtier (Säumer), als das es früher hauptsächlich verwendet wurde, kaum von einem anderen Pferde zu überbieten. Auch als Wagen- und Reitpferd sehr geeignet.

Insgesamt gesehen ein unermüdliches, zuverlässiges, verträgliches kleines Pferd, sehr gesund und fruchtbar (bis 90 % Fruchtbarkeit der Stuten) sowie von einwandfreiem Charakter und ausgeglichenem Temperament.

Zuchtgebiete: Hauptzuchtgebiet Rumänien mit ca. 600 bis 800 Huzulen und dem Staatsgestüt Luczina (Bukowina).

Auch in Polen und der CSSR (dort Kreuzungsversuche mit Fjordpferden; außerdem Gründung eines Huzul-Clubs [1974] mit einer eigenen kleinen Zuchtstätte bei Reporyje in der Nähe von Prag), Österreich und Bulgarien gibt es einige Huzulen-Zuchten sowie in England (Huzulen-Gestüt in Witshire).

Literatur: „Der Berg-Tarpan der Wald-Karpathen — genannt Huzul" von E. Hackl. — 1938 —.

Indianer-Pony (Indian Horse) Obwohl die Amerikaner meist von einem „Indian Horse" (Indianer-Pferd) sprechen, handelt es sich eindeutig um ein Pony, da es nur äußerst selten über ein Stockmaß von 1,40 m hinauswächst (Durchschnittsgröße 130 ± 5).

Abkömmling vom Mustang (s. d.), dem es vor allem seinen stabilen Knochenbau und die eisenharten Hufe zu verdanken hat. Trotz lebhaften Temperaments von verträglicher Wesensart. Anspruchslos, zäh, ausdauernd. Schecken am häufigsten.
Ein typisches Indianer-Pony muß direkt aus den Indianer-Reservationen kommen oder direkter Nachkomme von Reservations-Pferden sein.
Organisationen: „American Indian Horse Registry (AIHR)", Phoenix, Arizona (USA). Der Verband wurde 1961 gegründet.

Innudisches Pony Ein im früheren Litauen (jetzt zur Sowjetunion gehörend) heimisches Pony von nur regionaler Bedeutung. Sehr zäh, hart, anspruchslos und langlebig; wird meist auf Waldweiden gehalten. Größe um 142 cm; manche Exemplare wachsen auch über 150 cm hinaus. Meist Füchse, Braune und Falben.

Island-Pony Die Isländer reden gern über ihre kleinen, zähen Pferde, von denen sie meist so viel haben, daß eines von 30000 bis 40000 Exemplaren auf 5 oder 6 Einwohner kommt. Theoretisch hat also jede Familie ihr eigenes Pony.
Daß es als „Germanisches Vollblut" bezeichnet wird, ist vielleicht nur als ein Schlagwort zu werten. Aber so unrecht haben die Isländer damit eigentlich nicht, wenn sie unter ‚Vollblut' dessen Reinheit verstehen, wie es der Franzose in seinem Wort „Pur Sang" (reines Blut) für das Englische Vollblut ausdrückt.
„Rein" in züchterischem Sinne ist das Blut der isländischen Ponys auf jeden Fall; denn kein Pferd einer anderen Rasse hat seit rund 1000 Jahren den Boden der Insel betreten.
Geschichte: Mit der Herrschaft ihres Königs unzufriedene norwegische Wikinger waren gegen Ende des 9. Jahrhunderts mit allem, was sie an lebendem Inventar auf ihre Schiffe verladen konnten, auch ihre Pferde, nach Island gezogen, um sich für immer und ewig anzusiedeln. Von dort stießen ihre Krieger über das nahe Grönland bis nach Amerika vor (Erik der Rote), suchten die südlich Islands gelegenen Küsten von Schottland und Irland auf, um mit Beute beladenen Schiffen wieder in die Heimat zurückzukehren. Sicherlich befand sich auch der eine oder andere Hengst keltischen Ursprungs darunter, den sie mit ihren Stuten kreuzten.
Seit dem Ende des 10. Jahrhunderts wurde die Einfuhr fremdblütiger Pferde, selbst solchen aus dem Mutterlande Norwegen, streng verboten.
Pferde zu halten, war ein den Wohlhabenden zustehendes Recht, und davon gab es auf Island schon immer eine ganze Menge. Pferde zu zähmen und zu reiten, galt als ein Sport richtiger Männer, und die gab es auf der Insel in Hülle und Fülle. Daß dabei auch die brennende Frage nach dem stärksten Hengst und der schnellsten Stute einer Antwort bedurfte, war selbstverständlich. Und so ließen die rauhen Burschen ihre Hengste gegeneinander kämpfen, bis einer von den beiden zerschlagen und zerbissen am Boden lag, manchmal neben seinem Herrn, den ein Hufschlag oder die Faust seines wütend gewordenen Kontrahenten niedergestreckt hatte.
Aber solche Pannen oder Unglücksfälle waren selten, verglichen mit den Naturkatastropen, die sich immer wieder einstellten, wie die Vulkanausbrüche des Jahres 1783, die drei Viertel des gesamten Pferdebestandes vernichteten.
Es spricht für die Unverzagtheit und den Lebensmut der Isländer und für die Fruchtbarkeit und

Island-Stute

Dreijährige Island-Ponys

Widerstandsfähigkeit ihrer Pferde, daß die Verluste nach verhältnismäßig kurzer Zeit wieder ausgeglichen waren.
Heute schätzt man die Zahl der auf der Insel lebenden Ponys inoffiziell auf 60000 bis 65000; gezählt sind es rund 20000 weniger. Was macht das schon! Island ist eben kein Paradies verwöhnter Pferde. Die dort leben, sind härter als die meisten anderen — eben Robustpferde!

Beschreibung: Meist kurzer, breitstirniger, trockener, typischer Ponykopf mit großen, lebhaften Augen unter markanten Augenbrauenbögen, hübschen, kleinen, sehr beweglichen Ohren, die im Dickicht des Stirnschopfes fast verschwinden. Verhältnismäßig kurzer, kräftiger Hals, ziemlich lange, schräge Schulter; Widerrist mal deutlich, mal wenig geprägt; kräftiger, muskulöser Rumpf; gut bemuskelte, meist abschüssige Kruppe. Kurze, starke, sehnige Gliedmaßen; gelegentlich zehenweite Stellung; kleine, feste Hufe.
Größe: Hengste 136 cm (± 4), Stuten 131 cm (± 5); Röhrbeinumfang 18 bzw. 16,5 cm. Gewicht: 360 kg (± 20).
Haarfarben: Füchse, Braune, Rappen (je 20 %), Schimmel (10 %), Falben und Mausgraue (je 7 %), Isabellen, Schecken (je 5 %) und sonstige Farben (6 %). Abzeichen am Kopf häufiger als an den Beinen; gelegentlich Aalstrich und Zebrastreifen. Haarkleid im Winter sehr dicht mit Unterfell. Im Sommer glatt und fein (Islandponys dürfen nicht geschoren werden!). Dichtes, starkes Langhaar (Doppelmähne).
Sehr zähes, außerordentlich widerstandsfähiges, ausdauerndes, anspruchsloses, pflegeleichtes, wetterfestes (lebt meist im Freien), tragstarkes, anpassungsfähiges, charakterlich fast durchweg einwandfreies und sehr langlebiges Pony. Hengste oft sehr temperamentvoll, Geschlechtsgenossen gegenüber unduldsam und kampflustig.
Über die „Gänge" ein besonderes Wort: Die besten Isländer beherrschen (meist angeboren) fünf Gangarten, nämlich Schritt, Trab, Galopp, Paß und Tölt (letzterer ein Schritt mit sehr schneller Fußfolge). Sog. Fünfgänger werden hoch geschätzt und dementsprechend bezahlt.
Beurteilung: Ein starkes Pony, das auch einen Erwachsenen über Stunden tragen kann. Für den Reiter besonders geeignet, der die Natürlichkeit und das Ungewöhnliche liebt.
Zuchtgebiete: Island. Nachzuchten in zahlreichen europäischen Ländern (u. a. in der BRD und den Niederlanden).

Verbände/Organisationen:
Island: Dem Landwirtschaftsministerium unterstellter Zuchtverband mit staatlich geführtem Stutbuch in Reykjavik; BRD: „Island-Pferde-Züchter- und Besitzervereinigung e. V., (IPZV), 5000 Köln 1, Humboldtstraße 5—9; Holland: Nederlands Stamboek voor Ijslands Ponys, Soestdijkseweg 260 Z, Bilthoven.

Literatur:
1. Zeitschrift „Das Islandpferd", herausgegeben von der Island-Pferde-Züchter- und Besitzervereinigung (s. d.);
2. Nissen/Gorbracht: „Ponybuch", Kapitel „Das Islandpony — Urtyp des Robustpferdes".

Java-Pony Die wichtigste und zahlenmäßig stärkste Ponyrasse auf der kleinsten, aber bedeutendsten der Großen Sunda-Inseln. Wird um 125 cm groß.

Jünnan-Pony (Yünnan-Pony) Nach der gleichnamigen chinesischen Provinz benannter Schlag des Chinaponys.

Kabuli-Pony Eine in Afghanistan beheimatete und nach der Provinz Kabulistan im Norden des Landes benannte Ponyrasse, die auch in Pakistan und Indien anzutreffen ist. Mit Arabern gekreuzt ergeben die Kabulis recht brauchbare Reitpferde um 150 cm Stockmaß.

Kasachenpferd Eine alte, mit dem benachbarten Kirgisenpferd (s. d.) verwandte Steppenpferdrasse, die heute noch eine gewisse Ähnlichkeit im äußeren Erscheinungsbild mit dem Mongolenpony (s. d.) aufweist, von dem es hauptsächlich abstammt. Auch daß es sich leicht in der Herde halten läßt, ist ein Erbteil der mongolischen Ahnen.
In der Sowjetunion unterscheidet man zwei Typen von kasachischen Pferden, die man nicht nur ihrer Größe wegen eindeutig als Pony bezeichnen muß: der eine, Dzbabye genannt, ist massiver, „ursprünglicher" (mit dem Mongolenpony verglichen) und meist etwas kleiner als der im Zentrum der Kasachischen Republik gezüchtete Adajewsky-Typ, der leichter ist und „orientalischer" anmutet. Manche trennen sogar den erstgenannten Typ in einen West- und Ostkasachen, von denen der westliche einige cm größer sein soll.
Die Durchschnittshöhe des Westkasachen beträgt 136 cm (Röhrbein 17,4) und die des Adajevsky-Typs 139 (Röhrbein 17,7) cm; beim Ostkasachen sind die Maße 130 bzw. 16,7 cm.
Die ausschließlich als Reitpferde verwendeten Kasachen gelten als außergewöhnlich widerstandsfähig, anspruchslos, hart und ausdauernd.

In Langstreckenrennen haben sie immer wieder bewiesen, daß sie zu großen Leistungen fähig sind, so z. B. über 100,0 km, die ihre Schnellsten in $4\frac{1}{2}$ Stunden bewältigen können. Daß außerdem ihre Stuten zur Herstellung von Kumyß (gegorene Stutenmilch) beitragen, sei nur am Rande bemerkt.
Vor Jahrzehnten unternommene Versuche, Kasachen (bzw. Kirgisen) mit anderen Pferderassen zu kreuzen (Donpferde, Achal-Tekkiner, Engl. Vollglut) ergaben zwar im allgemeinen befriedigende Ergebnisse, führten aber nicht zu dem Ziel, das man zu erreichen erwartet hatte (Erzüchtung des Budjonny-Pferdes s. d.).

Kaspisches Pony Zum Erstaunen vieler Pferdefreunde entdeckte man 1965 im nördlichen Iran, in der Nähe des Kaspischen Sees mehrere kleine Pferde einer vermutlich sehr alten Rasse, von deren Existenz selbst die persischen Hippologen nichts wußten. Man kaufte den Bergbauern die ziemlich heruntergekommenen Tiere ab, um sie in einem Gestüt bei Teheran erst einmal gesund zu pflegen. Von den 35 bis 40 aufgefundenen Exemplaren konnten sich die meisten in kurzer Zeit wieder völlig erholen.
Die angestellten Nachforschungen und Untersuchungen ergaben, daß es sich bei diesen hübschen, zutraulichen, schlanken, aber verhältnismäßig starken Pferdchen um die Reste der Jahrtausende alten medisch-iranischen Rasse handeln mußte, die wie ein Wunder dem Untergang entgangen waren. Man nimmt an, daß vor langen Zeiten aus dem Westen nach dem Norden Persiens umgesiedelte aufsässige Stämme einen Teil ihrer Pferde in die neue Heimat mitnehmen durften, in der Mensch und Tier von der übrigen Welt kaum berührt wurden.
Inzwischen hat man die Zucht des Kaspischen Ponys, wie es nunmehr genannt wird, soweit wieder aufgebaut, daß einzelne Exemplare in das an solch exquisiten Ponys interessierte Ausland verkauft werden konnten. U. a. besitzt England schon seit einigen Jahren mehrere Kaspische Pony-Hengste, die bei ihrem ersten öffentlichen Auftreten sehr gut gefielen und seitdem als Zuchthengste (auch für andere Rassen) verwendet werden.
Beschreibung: Sehr feiner, kleiner Kopf mit betonter Stirnpartie; große Augen, spitz zulaufendes Maul; ziemlich schmale Nüstern; sehr kurze Ohren. Graziös getragener Hals; schlanker, muskulöser Rumpf; schräge Schultern; kurzer, gerader Rücken; hoch angesetzter Schweif. Schlanke, trockene Gliedmaßen; außergewöhnlich harte, ovale Hufe. Größe zwischen 101 und 122 cm (von den 1965 angetroffenen ausgewachsenen Ponys maß das größte 116, das kleinste nur 96 cm). Hauptfarben: Kastanienbraun und grau, gelegentlich weiße Abzeichen am Kopf und an den Beinen. Im Wesen ausgesprochen freundlich und willig; ausgeglichenes Temperament. Intelligent.
Verbände/Organisationen: In England hat sich bereits ein Kasp.-Pony-Verband gebildet, der zur Zeit über vier reinrassige Hengste dieser alten, seltenen und extravaganten Rasse verfügt:
The British Caspian Society. The Caspian Pony Stud (U. K.), Hopstone Lea, Claverley Nr. Wolverhampton, Staffs.

Zweijähriger Kaspischer Ponyhengst Amu Daria

Kathiawari-Pony (Kurzname: Kathi) Eine von der indischen Halbinsel Kathiawar (Gudscharat, Gujerat) stammende und nach dieser benannte größere und elegantere, arabisch beeinflußte Ponyrasse von 135 cm Durchschnittsgröße.
Insgesamt gesehen eine hübsche Pferdeerscheinung von stolzer Haltung und sauberen Bewegungen. Ein Rassemerkmal für reingezüchtete Kathis sind die kleinen Ohren, deren Spitzen sich fast berühren. Braune und Füchse kommen am häufigsten vor.
Meist infolge Einkreuzung größer gewachsene Exemplare über 150 cm wurden früher auch als leichte Reitpferde in einigen indischen Kavallerie-Regimentern verwandt.

Ketschui-Pony Stammt vom Mongolenpony ab und wird im Südosten Tschinghais sowie in West-Kansu und Nord-Szetschwan (chin. Provinzen) gezüchtet.

Mit 132 bis 137 cm und 300 bis 400 kg ein ziemlich großes und schweres Pony, das als Reit- und Packpony verwendet wird.

Kienyang-Pony Einer der im Süden Chinas vorkommenden Bergponyschläge; gehört zur Rasse der Chinaponys.

Kirgise Eine sehr alte, außerordentlich zähe, genügsame und langlebige zentralasiatische Pferderasse in Ponygröße. In den Steppengebieten vom unteren Wolgabogen bis zum Irtysch und den chinesischen Westprovinzen heimisch gewesen, lebte es einst in großen Herden im Territorium der Kirgisen, nomadisierenden türkisch-tatarischen Völkerschaften.
Ursprünglich ein reiner Tarpantyp (südlicher Pferdetyp) wurde der Kirgise im Laufe der Jahrhunderte sehr stark von der mongolischen Rasse beeinflußt, die ihm ihre Stärke und Unverwüstlichkeit vermittelte. Später wirkte die kirgisische Rasse selbst auf zahlreiche andere Warmblutrassen im Orient und in Europa ein. In unserer Zeit (ab Ende des 1. Weltkrieges) wurde sie Ausgangspunkt der größeren Neu-Kirgisischen Rasse (s. d.), die, aus Kreuzungen mit Don-, Vollblut- und Don-Anglo-Pferden entstanden, dem eigentlichen Kirgisen äußerlich kaum ähnelt. Doch soll es in der Sowjetunion und vor allem im benachbarten China noch kleinere Herden des ursprünglichen Kirgisen geben, ein kleines, eisenhartes, bescheidenes Tier, das in der Geschichte des Pferdes einen wichtigen Platz eingenommen hat. Mit einer Größe um 135 cm gehört es eindeutig zu den Ponys.

Konik Die deutschen Soldaten des 1. und 2. Weltkrieges nannten ihn „Panje", aber wenn sie mit ihm, wie zu einem Kameraden, sprachen, redeten sie ihn mit „Konny" an. Woher sollten sie auch wissen, daß sie seinen Rassenamen „Konik" (von poln. kon = Pferd; konijk = Pferdchen) gebrauchten, den sie mit einem Vornamen wie „Hans" und „Lotte" verwechselten.
Geschichte: Alte osteuropäische Ponyrasse, die in ihrer reinsten Form dem Tarpan (s. d.) sehr nahesteht, im Laufe der Zeit vermutlich auch mit dem Przewalski in Verbindung kam, im Karpathen-Vorland dem Huzulen begegnete und gelegentlich orientalisches Blut aufnahm.
Trotz gewisser typenmäßig bedingter Unterscheidungsmerkmale eine im Grunde genommen einheitliche Rasse, die alle Kriege, auch den letzten, überstand und heute noch als Gebrauchspferd ihren realen Wert in der polnischen Landwirtschaft hat. Hinzu kommt ferner die Bedeutung ausgesuchter Konikhengste als Beschäler fremder Ponyrassen (z. B. die Dülmener), denen sie Härte, Widerstandskraft, Langlebigkeit und Fruchtbarkeit vermitteln, erhalten oder wieder zurückbringen sollen.
Beschreibung: Kleiner bis mittelgroßer, oft sehr ausdrucksvoller Kopf mit geradem oder leicht eingedelltem Nasenrücken; Ohren klein und spitz, manchmal mit dunkelfarbener Umrandung (bei Mausfalben); breite Stirn, lebhaft blickende Augen. Mittellanger, kräftiger Hals; muskulöser, gut geformter Rumpf, leicht abfallende Kruppe. Sehr kräftige, gut bemuskelte, ziemlich unempfindliche Gliedmaßen mit einwandfreien, kleinen und festen Hufen; Hinterbeine gelegentlich kuhhessig.
Größe: 130 bis 140 cm (die besten Hengste hatten ein Stockmaß von 132 bis 135 cm).
Farben: Mausfalben (Tarpanfarbe), fast immer mit Aalstrich und Zebrastreifen, Braune, Dunkelbraune, weniger Rappen, selten Füchse. Fell im Sommer fein und seidig, im Winter dicht und wollig; kräftiges Langhaar.
Im Wesen temperamentvoll bis feurig; hart; ausdauernd; energisch; manchmal etwas eigensinnig, aber nicht bösartig; im allgemeinen bei richtiger Pflege und Behandlung anhänglich und willig. Sehr genügsam. Langlebig, fruchtbar.
Geht einen schnellen, etwas kurzen Schritt und Trab und einen ausreichenden, harmonischen Galopp.
Beurteilung: Ein kleines, tapferes, gelehriges, mit einem sicheren Orientierungssinn versehenes, gut proportioniertes Pferdchen, das bis zum Umfallen leistungsbereit ist. Bis vor wenigen Jahren hauptsächlich als Wagen- und Schlittenpferd verwandt, wird es nunmehr immer häufiger auch im Freizeit-Reitsport eingesetzt.
Zuchtgebiete: Verschiedene Staatsgestüte in Polen (u. a. Popilenen in Ostpreußen (mit Resten der sog. Tarpan-Regenerationsherde aus Bialowice, darunter einige Exemplare mit jahreszeitlich bedingtem Haarfarbwechsel [mausgraues Sommerfell, weißer Winterpelz]), Jezewice, Bezirk Warschau, Wald von Bialowice). Außerdem zahlreiche, mit einem Deckhengst besetzte Deckstationen auf dem Lande.

Korsisches Pony (Korsika-Pony) Zweifellos von arabischer Abstammung, aber vom harten Leben in den Bergen der Mittelmeer-Insel geformt. Ein leicht gebautes, doch kräftiges Pony, an dem kaum Edles noch zu finden ist. Kein Wunder, da

eine Zuchtauswahl schon lange nicht mehr betrieben wird.
Das Pony erreicht eine Größe von 130 cm; an Farben kommen vor allem schwarz und dunkelgrau vor.

Kweitschou-(Kueitscheu-)**Pony** Eine in der gleichnamigen und durch seine Pferdezucht bekannt gewordene Provinz im Süden Chinas vorkommende regionale Pony-Spielart des China-Ponys (s. d.). Ein typisches Bergpony, trittsicher, tragstark, anpassungsfähig, anspruchslos. Als Pack- und Reittier eingesetzt.

Lakka-Pony Siehe Afrikanische Ponys.

Lehmkuhlener Pony Im letzten Viertel des vergangenen Jahrhunderts hatte die Freifrau von Donner einige Dülmener Stuten erworben, die sie dann mit Araber-, kleinen Vollblut- und Zwerg-Hackney-Hengsten kreuzte, um ein für Kinder und Jugendliche geeigneteres Reit- und Fahrpony zu erhalten. Die Erfolge blieben nicht aus, doch verlor sich die Dülmener Wildfarbe (mausfalben) zugunsten der schwarzen und dunkelbraunen. Nachkommen der Donner'schen Zucht gab es später auf zahlreichen adligen Gutshöfen von Kiel bis Königsberg, Geschenke einer großzügigen Pony- und Kinderfreundin. Bis zu 80 munteren, genügsamen und freundlichen Pferdchen grasten manchmal auf den Weiden des Lehmkuhlener Gutsbesitzes, eine kleine, in sich bereits gefestigte Rasse, die trotz der Einkreuzungen mit Fremdblut ihre Dülmener Herkunft nicht leugnen konnte.
Nach dem letzten Krieg und dem Verkauf des Lehmkuhlener Gutes verschwand auch die Ponyherde, von der später einige Exemplare wieder aufgekauft werden konnten. Im Dünengelände der Halbinsel Eiderstedt/Nordsee fanden sie eine neue Heimat, in der man sich seitdem um eine Weiterzucht des Lehmkuhleners bemüht. Das Problem besteht in der Wahl eines dafür geeigneten Hengstes, der der Zucht den erstrebten modernen Reitponytyp vermitteln hilft. Weibliches Zuchtmaterial ist vorhanden, nur der Hengst fehlt. Man sollte es im Interesse der Erhaltung des Originaltyps einmal mit einem Welsh-Pony (Sektion B) versuchen, wie es auch die Dülmener oder Arenberg-Nordkirchener getan haben bzw. heute noch tun.
Beschreibung: Ein 125 bis 132 cm großes und um 300 kg schweres Pony von schwarzer oder dunkelbrauner Farbe, gelegentlich auch Füchse; wenig weiße Abzeichen. Kopf im allgemeinen ziemlich fein und edel, mit kleinen Ohren und munteren Augen, doch gibt es auch Exemplare mit einem schwereren Kopf und tief angesetztem, verhältnismäßig langem Hals, die nicht dem früheren Lehmkuhlener Typ entsprechen.
Ansonsten aber ein außergewöhnlich gutmütiges, anspruchsloses, an das ganzjährige Leben im Freien gewohntes Pferdchen, das zum Reiten und Fahren gleich gut geeignet ist und eine starke Springveranlagung besitzt.
Zuchtgebiet: Zur Zeit nur auf der Halbinsel Eiderstedt an der Westküste von Schleswig, bei St. Peter-Ording.

Lehmkuhlener Stute

Lichwan-Pony Regionaler Ponyschlag des Chinaponys im Süden des Landes.

Madagassen-Pony Auf der Insel Madagaskar im Indischen Ozean beheimatete Ponyrasse, die es seit einigen Jahrzehnten in zwei Schlägen gibt:
a) der größere mit 130 bis 142 cm,
b) der kleinere mit 124 bis 138 cm.
Der erstere ist eindeutig der bessere und rittigere; äußere Erscheinung und Veranlagungen wurden von eingekreuzten Berberhengsten positiv beeinflußt. Bei dem anderen hat die Einführung von amerikanischem Ponyblut nicht zu einer Exterieur-Verbesserung der kleineren Madagassen-Rasse beitragen können. Im Gegenteil! Exemplare dieses Schlages hinterlassen durchweg einen plumperen und ungefälligeren Eindruck, auch wenn sie ansonsten sehr anspruchslos und zäh sind.

Madura-Pony Um 125 cm großes, vermutlich mit dem Java-Pony (s. d.) eng verwandtes Pony, das auf der kleinen, nordöstlich von Java liegenden gleichnamigen Insel beheimatet ist.

Makassar-Pony Ein nach der Stadt Makassar auf der Großen Sunda-Insel Celebes (Indonesien) benanntes Pony. Mit Sicherheit ist es auf das Mongolen-Pony zurückzuführen, hat aber auch etwas vom Blut europäischer Pferderassen in sich, die die Niederländer im Laufe ihrer Kolonialzeit nach Celebes brachten.
Das Makassar-Pony, bei dem man vergeblich nach einem einheitlichen Rassebild sucht, wird nur selten über 130 cm groß.

Manipur-Pony Ein nach dem früheren brit.-ostindischen Vasallenstaat Manipur (zwischen Brahmaputra und Burma) benanntes Pony, als dessen Ahnen die um 700 n. Chr. von tatarischen Eindringlingen mitgebrachten Mongolenpferde anzusehen sind. Diese sorgten 500 Jahre später für eine Konsolidierung ihrer Erbmasse, als Reiterhorden unter Dschingis Khans Nachfolgern das Land eroberten. Einige orientalische Hengste wirkten später (2. Hälfte des 19. Jahrhunderts) veredelnd auf die Zucht ein, nachdem die Engländer das Polospiel auf Manipur-Ponys kennengelernt hatten.
Das Manipur-Pony, das auch als Reit- und Saumpferd benutzt wird, besitzt einen kräftigen Körperbau mit breiter Brust und gesunden, stabilen Gliedmaßen, ist sehr wendig, antrittsschnell und ausdauernd, intelligent und anhänglich. Seine Größe geht nur selten über 132 cm hinaus (Durchschnitt 125 cm).

Marwari-Pony Wie das Kathiawari (s. d.) gehört das Marwari zu den größeren und besseren einheimischen Ponyrassen Indiens, eine Zucht betrieben von den Radschputen, „Königssöhne“, wie sie sich nennen, Viehzüchter und Bauern, die sie sind.
In Indien wurden die Marwaris gleich den Kathiawaris als hervorragende leichte Reitpferde immer geschätzt. Sie waren sogar von der ansonsten mit australischen Walers (s. d.) ausgestatteten Kavallerie gefragt, obwohl ihre Größe nur selten über 148 cm hinausgeht.

Mérens-Pony (auch Ariègois, Ariège oder Pyrenäenpferd genannt) Eine bereits von Caesar erwähnte, seit vielen Jahrhunderten im Dep. Ariège (Pyrenäen, Südfrankreich) vorkommende Rasse von regionaler Bedeutung. Einst lebte es ausschließlich in den Bergen und Hochtälern der alten Gebiete von Foix und Conserans am Nordhang der Pyrenäen, unberührt von fremdem Pferdeblut. Auch später, als man seinen Wert erkannt hatte, beließ man es halbwild auf den Almen, wenn man es nicht als Pack-, Reit- oder leichtes Zugtier benötigte, auf das man auch heute nicht ganz verzichten kann.
Beschreibung: Ein typisches Gebirgspferd: kräftig, hart, zäh, sehr genügsam, trittsicher. Nicht selten kuhhessige Stellung der Hinterbeine. Dichtes Haarkleid von schwarzer Farbe. Größe um 140 cm. Insgesamt gesehen ein nicht besonders schönes, aber ungemein leistungsfähiges Gebirgspony von ziemlich feurigem Temperament.
Seit 1948 besteht ein eigenes Stutbuch.

Mierzyn (oder Miarzyn) Eine nur selten über 148 cm hinauswachsende polnische Pferderasse (Durchschnittsmaß 1,45 m), die aufgrund ihrer Größe zu den Ponys zu rechnen ist. Das Mierzyn soll von dem wilden Waldpferd abstammen und wird heute noch, oft mit anderen Rassen gekreuzt, in abgelegenen Waldgebieten gezüchtet und ausschließlich im Gespanndienst eingesetzt. Ein dankbares, ungemein fleißiges, williges, anspruchsloses, wetterhartes und vor allem starkes kleines Pferd.

Minho Siehe Garrano-Pony.

Mongolen-Pony In unserer Sprache gibt es zahlreiche Adjektive, die zur besonderen Verdeutlichung mit Tieren in Verbindung gebracht werden, z. B. schlau wie ein Fuchs, schnell wie ein Windhund, stark wie ein Bär usw. Müßte man einen symbolischen Vergleich zu zäh suchen, dann wäre es nicht falsch, das Mongolenpony zu nennen. Zäh wie ein Mongolenpony!
Geschichte: Vermutlich hätten sich die mongolischen Stämme in eine ganz andere Richtung hin entwickelt, wenn in ihrem innerasiatischen Lebensraum nicht das Wildpferd in riesigen Herden vorhanden gewesen wäre. So konnten sie auf ihren kleinen, primitiven Pferden durch die Steppen ziehen, Nomaden, die keinen festen Platz und keine Ruhe kannten. Aus Stämmen wurden Völkerschaften, Hunnen, Tataren, Kalmücken, Buräten, Kirgisen, mongolische Reitervölker, die jede Grenze mißachteten. Auf ihren harten, ausdauernden Ponys brachten sie eine ganze Welt durcheinander, nicht nur einmal. Überall, wohin sie kamen, hinterließen sie ihr Erbe; auch ihre Pferde verewigten sich in mehr oder weniger deutlicher Form bis in unsere Zeit hinein.
Wie stark und nachhaltig das Mongolenpony vor allem in Asien auf die vielen Rassen und Schläge eingewirkt hat, beweist die Tatsache, daß fast jedes Pony oder Pferd bis zu den Sunda-Inseln

hinunter Anteile mongolischen Pferdeblutes in sich führt. An der Entstehung z. B. des turkmenischen und chinesischen Pferdes war das Mongolenpony sogar ganz entscheidend beteiligt.

Heute gibt es allein in der Äußeren Mongolei über zwei Millionen Pferde, die ausschließlich als Reitpferde gehalten werden. Die Masse davon sind Mongolenponys. Und rechnet man die der Inneren Mongolei (China) hinzu,dann dürfte es nicht übertrieben sein, wenn man ihre Zahl auf 4 bis 5 Millionen schätzt. Unvorstellbar, wie vieles in diesem größten Erdteil, der andere Maßstäbe hat als wir.

Beschreibung: Meist schwerer, nicht sehr großer Kopf mit ziemlich kleinen Augen; kurzer, kräftiger Hals; tiefe Brust; tragstarker Rücken, ausgeprägter Widerrist, schräge Kruppe, gute Rippenwölbung. Außerordentlich widerstandsfähige, kräftige Gliedmaßen, feste, harte Hufe.

Größe: 122 bis 135 cm. Farben: Grau und braun dominieren; es gibt aber auch zahlreiche Füchse und Braunschimmel.

Beherrscht alle drei Gangarten, zu denen oft noch der Paß kommt.

Ein außergewöhnlich zähes, hartes, ausdauerndes, anspruchsloses kleines Pferd, das keiner besonderen Pflege bedarf. Lebt heute noch so wie vor 1000 Jahren: in riesigen Herden auf endlosen Steppen, nur daß es sich nicht mehr selbst gehört, sondern dem Menschen.

Morochuco-Pony Kräftiges, trittsicheres Gebirgspony in den peruanischen Anden; auf den Criollo zurückzuführen. Durchschnittsgröße: um 120 cm.

Mustang Das Freiheitssymbol der Amerikaner, einst millionenfach auf den Prärien in zahllosen Herden vertreten, Ahne der Western Horses aller Prägungen — ein Pferd, das den amerikanischen Kontinent mitentdecken und -erobern half, das aber auch bei den Indianern, die es in ihren Kriegszügen ritten, die unerfüllte Hoffnung weckte, ihre Heimat gegen die „Bleichgesichter" verteidigen zu können. Heute — ein kümmerlicher Rest von 10000 Pferden, denen das Leben in freier Wildbahn trotz staatlicher Schutzmaßnahmen immer schwerer gemacht wird. Ein kleines, unscheinbares, aber geschichtlich wie hippologisch wirkungsvolles Wesen, das unter den Pferden der Welt sich einen Ehrenplatz verdient hat, ein Geschöpf, das zu schade ist, als billiges Hundefutter in einer Blechbüchse zu enden.

Geschichte: Eine kleine Gruppe von Pferden — eine „mesteña (spanisch), aus der sich das Wort „Mustang" entwickelte — eroberte auf ihre Weise die „Neue Welt" und bevölkerte über eine unzählbare Nachkommenschaft die endlosen Prärien, deren schmackhaftes Büffelgras sie nährte. Mustangs, wildlebende Pferde, die nicht mehr an die großen, stolzen Andalusier erinnerten, weil die strengen Prinzipien einer Leistungszucht für sie nicht galten und das kräftigende Muskelfutter fehlte. Und doch unterlagen auch sie harten Auswahlgesetzen, die die Natur allein bestimmte. Wer schwach und krank war, überlebte nicht; nur die Starken und Gesunden behaupteten sich. Kein Wunder, daß der Mustang sich zu einem außergewöhnlich zähen und widerstandsfähigen Tier entwickelte, dessen Knochen bis zu den Hufen unverwüstlich waren. Er lebte frei und unbehindert, wild wie der Bison, der von dem gleichen Grase sich sättigte. Bis der Mensch kam und den Wert der Mustangs erkannte. Weiße wie Indianer fingen sie zu Tausenden ein, aus einem unerschöpflich scheinenden Reservoir, bis auch diese Aera von einer anderen, nüchterneren abgelöst wurde.

Mustangs sind nicht mehr gefragt, es sei denn als ein lebendes Erinnerungsstück an gar nicht so lange zurückliegende Zeiten.

Beschreibung: Großer, meist gewöhnlich wirkender Kopf mit ziemlich langen Ohren, gerader Nasenrücken; Hals, stark bemähnt, nicht immer gut geformt (Hirschhals). Kräftiger Rumpf auf gesunden Gliedmaßen; stahlharte Hufe. Größe selten über 148 cm hinausgehend, meist erheblich kleiner (um 130 cm). Alle Farben kommen, sehr häufig Schecken.

Beurteilung: Ein kleines, zähes, halbwildes Pferdchen, das seine Mission erfüllt hat. Die in den vergangenen zehn Jahren unternommenen Bemühungen, es in den letzten ihm verbliebenen Reservaten zu erhalten, blieb ebenso ohne sichtbaren Erfolg wie die wenigen züchterischen Versuche, es vor allem in seinem Wesen zu verbessern. In den Wild-West-Schauen spielt es immer nur den „Beelzebub" unter den Pferden: wild, ungebärdig, bösartig bis zur Tücke, Charakterzüge, an deren Entstehung der Mensch nicht ganz unbeteiligt war.

Immerhin gibt es in den USA Tausende von Mustang-Freunden, die sich seine Erhaltung zum Ziel gesetzt haben, manche darunter, die ihn auch zu züchten versuchen.

Verbreitungsgebiet: USA: Idaho, Nevada, Kalifornien, Utah, Neu-Mexiko, Arizona.

Organisationen:

1. American Mustang Association (AMA): Bar N Ranch, Wild Rose, Wisconsin/USA. 1962 gegründet.

2. National Mustang Association (NMA): Newcastle, Utah/USA. 1964 gegründet.
3. International Society for the Protection of Mustangs and Burros (ISPMB). 1962 gegründet. Sitz in Badger, Kalifornien/USA.

Mysekaja-Pony Ein in Albanien heimisches Pony von 140 cm (± 5) Durchschnittshöhe und überwiegend brauner Farbe. Es wird hauptsächlich im tiefer gelegenen westlichen Landesteil sowie in den fruchtbaren Ebenen der Gebirgslandschaft meist als Zugtier in der Landwirtschaft und neben dem eigentlichen, kleinen (ca. 130 cm), primitiven Bergpony auch als Tragtier verwandt.

Das Mysekaja läßt einen einheitlichen Typus vermissen. Derbknochige, kurzbeinige und großrahmige Exemplare sind ebenso zu finden wie ein leichterer, feingliedriger Typ, meist im Quadratformat, mit kleinem, hübschem Kopf, der stark an den Orientalen erinnert. Kein Wunder, da Albanien über Jahrhunderte Bestandteil des Osmanischen Reiches war, dessen Reiterei ausschließlich mit Pferden aus dem Vorderen Orient (Arabien, Türkei, Persien) versorgt wurde. Außerdem erhielten einzelne Zuchten vor dem letzten Krieg erneut Zuführungen von Araberblut.

Kreuzungen zwischem dem Mysekaja und dem albanischen Bergpony, die vor allem durch die Begegnungen im Gebirge entstehen, ergeben meist Paßgänger.

New Forest-Pony Gehört zusammen mit dem Dartmoor und Exmoor zur südlichen Gruppe der britischen Heide- und Moor-Pony-Rassen und wurde früher als die anderen vom Menschen „entdeckt" und „kultiviert" — nicht immer zum Vorteil des Pferdes.

Geschichte: Im „New Forest", dem von König William Rufus vor fast 1000 Jahren zum „Neuen Jagdgebiet" erklärten riesigen Waldgelände in Hampshire, lebten schon damals zahlreiche kleine Pferde. Doch ähnelten sie mehr den Exmoor- als den New Forest-Ponys, deren Entwicklung im Laufe der Zeit immer wieder teils von verwandtem, teils von fremdem Pferdeblut beeinflußt wurde. Kein Wunder, daß gerade diese Rasse in ihrer äußeren Erscheinung, ihrer Größe und in ihren Farben stark variiert. Zugleich erstaunlich, daß es in Charakter und Temperament viel einheitlicher wirkt.

In den letzten 100 bis 150 Jahren war das New Forest besonders intensiv Fremdblut-Zuführungen ausgesetzt, die sich meist nicht als verbessernd oder sogar veredelnd erwiesen. Selbst der Araber als der Weisheit letzter Schluß kam nicht ganz so

New Forest-Hengst

an, wie man es sich vorgestellt hatte und eigentlich gewohnt war. Immer weiter entfernte man sich vom Ponytyp, den man doch gerade wieder zurückzugewinnen vor hatte. Heute züchtet man wieder rein, ohne eine Angleichung an Größe und Gewicht zu beabsichtigen. Man anerkennt eben zwei Typen, die sich nur in der Größe unterscheiden: den einen um 125 cm, den anderen um 135 bis 145 cm.

Beschreibung: Mittelgroßer, ziemlich schmaler, ausdrucksvoller Kopf auf verhältnismäßig kurzem, kräftigem Hals. Ohren oft von unterschiedlicher Größe, doch scheinen kurze, schmale Ohren vorzuherrschen. Lange, schräge Schulter, betonter Widerrist, kräftiger, gerader Rücken mit gut bemuskelter, kürzerer Kruppe. Schöner Schweifansatz. Gliedmaßen im allgemeinen korrekt, mit trockenen, gut markierten Sehnen und Gelenken.

Nach mancher Aussage Hinterhand gelegentlich schwach im Gegensatz zur gut entwickelten Vorhand.

Größe: Zwischen 125 und 148 cm (Exemplare des kleineren Typs manchmal nur 120 cm groß).

Bei den Farben dominieren Braune und Schwarzbraune, doch kommen alle Farben vor (Schimmel, Füchse, Rappen); Schecken werden als rasseuntypisch nicht registriert.

Gänge raumgreifend, lebhaft und schwungvoll; gutes Springvermögen.

Charakterlich zählt das New Forest zu den angenehmsten Ponyrassen. Es ist ausgesprochen gutartig und ruhig. Hinzu kommen an weiteren Vorteilen seine Leichtfuttrigkeit, eine unkomplizierte Haltung und Pflege sowie seine robuste Gesundheit und die Tatsache, daß es leicht zu reiten

mutig und springfreudig, intelligent und reaktionsschnell ist (Verwendung als Polo-Pony!).
Großgewachsene Exemplare lassen sich auch von Erwachsenen gut reiten.
Zuchtgebiete: Hauptzuchtgebiet nach wie vor der Wald von New Forest in Hampshire. Außerdem wird in den Niederlanden ein sehr gefälliges New Forest nachgezüchtet, das allerdings manchmal nicht mehr dem eigentlichen Typ entspricht. Kleinere Zuchten auch in anderen europäischen Ländern, u. a. in der Bundesrepublik.
Verbände/Organisationen:
England: New Forest Pony Breeding and Cattle Society, Beacon Corner, Burley, Ringwood, Hampshire.
Holland: Ver. Nederl. New Forest-Pony-Stamboek, Soestdijkseweg 38, Arnheim.

Nordkirchener Pony Siehe unter Arenberg-Nordkirchener Pony.

Panje-Pferd Das Pferd des kleinen Mannes (von pan = Herr; panje = Herrchen) im polnisch-russischen Raum. Enger Verwandter des Konik (s. d.), doch in züchterischer Hinsicht immer mehr sich selbst und den Zufällen überlassen gewesen. Deshalb keine Einheitlichkeit in der Rasse, in die auch zahlreiche Großpferde eingekreuzt wurden (außer Arabern, russischen Pferden, Ostpreußen, Lipizzanern usw. sogar Kaltblüter).
Ein außergewöhnlich hartes, anspruchsloses, leistungsfähiges Arbeitspferd, auch zum Reiten zu verwenden.
In seiner äußeren Erscheinung sehr unterschiedlich. Neben an den Araber erinnernde edleren Exemplaren findet man auch zahlreiche gewöhnlich wirkende Tiere.
Die Größe schwankt zwischen 130 und 148 cm. Es kommen alle Farben vor.
Eigentlich sollte man im Panje keine Rasse, sondern nur einen Gebrauchstyp sehen, dem seine Bedeutung als ein sehr nützliches und überall zu verwendendes Allround-Pferd nicht abzusprechen ist.

Pegu-Pony Die kleinere und schwächere der beiden auf Madagaskar vorkommenden Ponyrassen (s. Madagassen-Pony). Durchschnittsgröße 120 cm (± 10). Ein sehr lebhaftes Pferdchen, das in seinem Aussehen ein wenig an das der Ponys Hinterindiens bzw. Indonesiens erinnert.
Ob und inwieweit das Wort ‚Pegu' (birmanisch-indonesischen Ursprungs) Rückschlüsse auf die Herkunft dieses Ponys zuläßt, kann mit Sicherheit nicht nachgewiesen werden.

Polopony Kein an eine bestimmte Rasse gebundenes Pferd, sondern ein Gebrauchstyp, der bestimmte Voraussetzungen erfüllen muß. Er soll nicht über 147 cm groß, muß sehr wendig, reaktionsschnell sein, einen stark entwickelten Spielsinn aufweisen, intelligent und gelehrig, hart, ausdauernd und temperamentvoll sein. Ob das Polopony einer bestimmten Rasse angehört, ist ohne jegliche Bedeutung. Verwandt hat man bisher alle möglichen (meist Pony-)Rassen sowie kleine Araber und sonstige Orientalen.

Die bisher besten Poloponys haben die Argentinier gezüchtet.

Leider ist der Polosport in den Jahren nach dem letzten Krieg selbst in den Ländern nur wenig gespielt worden, deren Poloteams sich früher oft auf internationalen Turnieren begegneten. Auch die Spiele um den sog. Westchepter-Cup zwischen einer amerikanischen und britischen Mannschaft (erstmals 1886 durchgeführt) wurden aus unbekannten Gründen 1939 eingestellt. Auf Olympischen Spielen wurde Polo 1936 in Berlin letztmalig ausgetragen.

In letzter Zeit bemühen sich am Polosport interessierte deutsche Reiter um ein Wiederaufleben dieses „Spiels der Männer mit den schnellen Ponys". Doch ist es bisher nur zur Gründung weniger Vereine gekommen (z. B. Düsseldorfer Polo-Club).

Pony des Landes (Pony Landais) Erhielt seinen Namen wie der Raum, in dem es lebt, nach der in der Südwest-Ecke Frankreichs liegenden und vom Atlantik und den Pyrenäen begrenzten Landschaft „Les Landes". Einst eine große, nur dünn besiedelte und wenig fruchtbare Heide (la lande = Heide, Steppe), heute durch seine riesigen Kiefern- und Korkeichenwaldungen (rund 800000 ha) reich und bekannt geworden.

Das Pony des Landes gilt als eine alte einheimische Rasse. Es soll von den Pferden der Sarazenen abstammen, deren Reiterheer 732 n. Chr. von Karl Martell bei Poitiers geschlagen wurde. Seine Größe beträgt bis 135 cm (meistens etwas weniger), sein Gewicht um 300 kg. Der Kopf ist klein, ausdrucksvoll und ziemlich edel, die Brust breit und kräftig, der Widerrist ausgeprägt; der Rumpf muskulös und gut geformt, die Kruppe oft etwas abfallend; die Gliedmaßen einwandfrei. Braune Farbe dominiert.

Es besitzt ein lebhaftes, aber nicht ungebärdiges Temperament. Trotz seiner geringen Größe gilt es als ein williges und zuverlässiges Arbeitspferd.

Pony of the Americas (Poa) Die Nordamerikaner mögen die gescheckten und gefleckten Pferde, von denen ihnen die Appaloosas (s. d.) am liebsten sind. Kein Wunder, daß sie auf der Suche nach einem ihrem Geschmack entsprechenden robusten Pony mit Appaloosa-Zeichnung einen Shetland-Hengst mit einer Appaloosa-Stute kreuzten. Das Ergebnis war der Anfang einer Zucht von kleinen, kräftigen und gefälligen, ausgesprochenes Ponyformat aufweisenden Pferden, die sie in verblüffender Selbstverständlichkeit „Ponys of the Americas" nannten. Es sind wirkliche Ponys mit all den dieser Art anhaftenden Merkmalen.

Wie sehr diese Ponyzucht, die mit der der eigentlichen Appaloosa-Ponys (s. d.) nicht verwechselt werden darf, an Ansehen und Verbreitung gewonnen hat, beweist die Tatsache, daß die Zahl der registrierten Ponys of the Americas in den letzten Jahren auf rund 15000 angestiegen ist. Ein vor allem als Kinderreitpony verwendetes, unkompliziertes, anspruchsloses, widerstandsfähiges, freundliches Pferdchen, das dazu noch den Vorzug mitbringt, hübsch und individuell gezeichnet zu sein.

Beschreibung: Ziemlich kleiner, breitstirniger,, niedlicher Kopf, oft mit leichtem „Araberknick", große Augen, die meist weiß umrandet sind, kleine, sehr bewegliche Ohren, häufig „Mehlmaul" bzw. hellehmfarbenen Flecken um Maul und Nüstern. Kräftiger, muskulöser Hals, gut bemuskelt auch Rumpf und Gliedmaßen.

Verhältnismäßig langer, ruhiger Schritt, im Trab und Galopp sauber und willig. Appaloosa-Zeichnung vor allem auf Hinter- und Mittelhand. Oft gestreifte Hufe. Größe zwischen 116 und 136 cm.

Beurteilung: Als Reitpony für Kinder (auch für größere) besonders geeignet.

Gestüte/Zuchtgebiete: Fast alle Gebiete der USA.

Verbände/Organisationen: Pony of the Americas-Club, Madson City, Iowa/USA.

Pottiok-Pony Eine in den französischen Pyrenäen heimische Bergponyrasse, die oft zusammen mit Schafen gehalten wird. Von außerordentlicher Kleinheit (kleiner als Shetlandponys), mehr ein Spiel- als ein Gebrauchspony.

Sehr zäh, an das Leben im Freien gewöhnt.

An Farben kommen vor allem Braune und Schekken vor.

Eine kleinere Zucht von Pottioks befindet sich seit einigen Jahren in einem in der Nähe von Straßburg gelegenen Gestüt (Schloß Niedernay).

Kopf einer Pottiok-Stute (Zwergpony)

Im übrigen Europa, selbst in Frankreich ist diese außergewöhnlich kleine Ponyrasse so gut wie unbekannt.

Preangar-Pony (Preanger-Pony) Ein auf West-Java vorkommender Pony-Typ von 130 cm Durchschnittsgröße. Vermutlich aus dem Java-Pony (s. d.) durch Einkreuzung mit von den Europäern eingeführten größeren Pferden hervorgegangen. Benannt nach der gleichnamigen Residentschaft.

Przewalski-Pferd (Asiatisches Wildpferd, Mongolisches Wildpferd; Equus przewalskii) Wildpferd der Steppen und Wüsten Zentralasiens. Fast ein Wunder der Natur, daß es dieses Pferd heute noch in freier Wildnis gibt, allerdings nur in wenigen kleinen Herden und in ewiger Schonzeit.

Als im Jahre 1879 der russische Hippologe und Forschungsreisende Nikolaj Michajlowitsch Przewalski dieses später nach ihm benannte Wildpferd beschrieben und zur Untermauerung seiner Angaben ein solches ihm überlassens Tier in ausgestopftem Zustand an das Petersburger (Leningrader) Zoo-Museum überwiesen hatte, bestaunte dies kaum jemand als eine echte naturwissenschaftliche Sensation. Manche Zoologen und Hippologen bezweifelten sogar die Richtigkeit der

Entdeckung. Sie hielten das aufgefundene Tier für das Ergebnis einer Zufallsbegegnung zwischen einem wild lebenden Pferd und einem asiatischen Esel (Wrangel) und nicht für die (oder eine) noch lebende Wildform unserer Pferde, wie erst spätere Feststellungen ergaben. Immerhin hatten die ältesten Ahnen des Przewalski-Pferdes schon im Quartär gelebt, der gleichen geologischen Formation, in der der Neandertaler sein kümmerliches Leben fristete.

Ob man wissenschaftlich nun drei oder fünf Stammformen oder nur eine, nämlich die des Przewalski-Pferdes, annimmt, ändert nichts an der Erkenntnis, daß das letztere von einem ganz enormen Einfluß auf viele heute noch vorhandene Pferde- und vor allem Ponyrassen gewesen ist. So gilt das Mongolen-Pony, vor allem dessen in der Wüste Gobi lebende Abart, das Gobi-Pferd, als ein direkter Nachkomme des Przewalski-Pferdes, dem damit auch fast alle anderen in Asien und auf den angrenzenden europäischen Steppen vorkommenden Rassen ihre Existenz zu verdanken haben.

Auch das Fjordpferd (s. d.) ist auf das Przewalski-Pferd zurückzuführen, mit dem es heute noch eine oberflächliche Ähnlichkeit aufweist, hauptsächlich im Winterfell.

Beschreibung: Ein um 130 cm großes Pferd von einer lehmfarbenen bis rotbraunen Farbe, mit Aalstrich, Zebrastreifen, Stehmähne ohne Schopf (!). Schwerer, plumper, oft ramsnasiger Kopf mit kleinen, weiß umrandeten Augen und Mehlmaul; kurzer, kräftiger Hals; steile Schulter; gerader, muskulöser Rücken, leicht abfallende Kruppe; ziemlich tief angesetzter Schweif. Stabile Gliedmaßen, kleine, feste Hufe. Im Winter dichtes, wolliges Fell.

Zuchtgebiete: Einzelne kleine, unter Naturschutz und der Schirmherrschaft der ‚Survival Service Commission' (eine Gesellschaft zur Rettung gefährdeter Tiere) stehende Herden in innerasiatischen Gebieten der Sowjetunion, Chinas und der Mongolei. Kleinere Zuchten auch in einigen europäischen Zoos, Prag (seit 1960 verantwortlich für die Führung eines internationalen Przewalski-Zuchtbuches), München-Hellabrunn, Nürnberg und nordamerikanischen Tiergärten.

Przewalski-Pferde (Tierpark Hellabrunn)

Pyrenäen-Pferd Siehe Mérens-Pony.

Reitpony (Deutsches und Englisches Reitpony) Bei uns in Deutschland versteht man unter „Reitpony" zweierlei:

a) einen rein sprachlichen Begriff, unter dem die Zusammenfassung verschiedener, meist aus-

Deutsches Reitpony aus Westfalen (von Widukind)

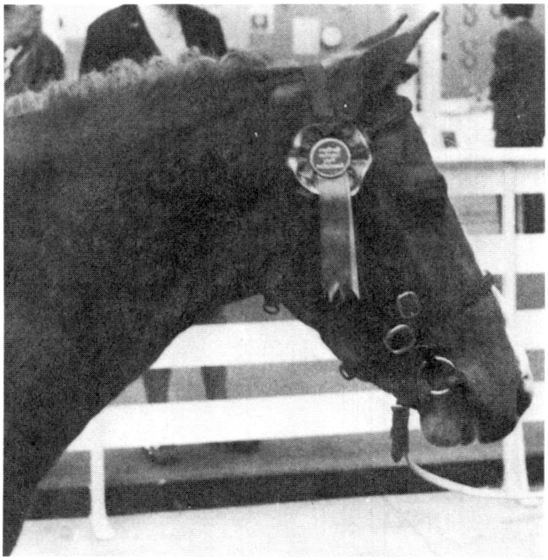

Kopf eines englischen Reitponys

ländischer Ponyrassen, die hauptsächlich zum Reiten verwandt werden, verstanden wird. So erfassen einige Landesverbände z. B. alle britischen Ponyrassen in ihren Statistiken unter „Reitponys", während andere alle Ponyrassen einzeln aufführen;

b) einen züchterischen Begriff für ein Kreuzungsprodukt z. B. zwischen einem kleinen Araberhengst und einer Welsh-Mountain-Stute. Die Engländer nennen es schlicht und einfach „British Riding Pony", das sie, wie folgt, beschreiben: „Das Reitpony ist das Ergebnis einer Kreuzung zwischen Englischem Vollblut oder Arabern mit reinen, bodenständigen Berg- und Heideponys. Das Ziel ist die Erzüchtung eines Tieres von außergewöhnlichem Adel, aber ein wirkliches Pony und kein kleines Pferd, das die guten Eigenschaften des Ponys behalten hat: gutes Temperament, Härte und Trittsicherheit ..."
Manche britischen Züchterverbände führen sogar ein eigenes „Part-bred-Register", in das nur Reitponys, als „Crossbred Ponies" eingetragen werden, die mindestens 25 % Blutanteile reiner und im Zuchtbuch eingetragener Ponys aufzuweisen haben.

Auf der britischen Insel sind die Reitponys sehr beliebt, doch hütet man sich, in ihnen eine neue bzw. moderne Rasse zu sehen. Das „Britische Reitpony" ist also als eine reine Gebrauchsbezeichnung zu betrachten und zu werten, die an keine bestimmte Rasse gebunden ist, etwa wie der Begriff „Hunter".

Ähnlich sollte es sich auch mit dem „Deutschen Reitpony" verhalten, unter denen ebenfalls eindeutig ein Kreuzungsprodukt zu verstehen ist. Eine „Deutsche Reitpony-Rasse" gibt es nicht und kann es gar nicht geben. Es ist nicht abzuleugnen, daß es unter den Kreuzungsponys zahlreiche hübsche, elegante, rassige Exemplare gibt, die bis auf die Größe wie große Reitpferde aussehen und oftmals sogar deren Eigenschaften übernommen haben, häufig aber auch zu Lasten der Härte und Anspruchslosigkeit reiner Ponyrassen. Und darin liegt das Risiko!

Deutscher Reitpony-Hengst (von Widukind)

Sable-Island-Pony Nach der gleichnamigen im Atlantik vor der Küste Neu-Schottlands (Kanada) gelegenen Sandinsel benannt, wurde Anfang des 18. Jahrhunderts von Neu-England (USA) in wenigen Exemplaren auf das Eiland gebracht, auf dem es seitdem in mehreren kleinen Herden bis zu zehn Tieren im Freien lebt. Es ernährt sich ganzjährig von dem, was die Sanddünen bieten: Buschwerk und Grasgestrüpp. Zufütterung mit Rauhfutter erfolgt nur im Bedarfsfall.

Von den auf der Insel lebenden Menschen, Leuchtturmwärtern und sonstigen im Schiffahrts-Sicherungsdienst eingesetzten Personen und deren Familien wird das Pony im Geschirr und unter dem Sattel verwandt.

Beschreibung: Ein leicht gebautes Pferdchen um 142 cm Stockmaß; kommt in allen Farben vor, von denen die kastanienbraune zu dominieren scheint. Zäh, anspruchslos; willig, zutraulich; charakterlich einwandfrei.

Sandelwood-Pony Eine der besseren unter den zahlreichen Ponyrassen und -schlägen Indonesiens und Hinterindiens; erhielt seinen Namen nach dem wohlriechenden Sandelholz.

Der äußere Eindruck läßt darauf schließen, daß es mit Araberblut veredelt wurde. Kleiner, feiner Kopf, gute Gurtentiefe, einwandfreie Gliedmaßen. Feines Deckhaar in allen Farben. Durchschnittsgröße 120 cm, doch kommen auch Exemplare bis 130 cm Stockmaß vor.

Genügend schnell und ausdauernd, daß es für Rennen über Strecken von 4000 bis 5000 m eingesetzt wird.

Sardisches Pferd Siehe unter Pony: Acchetta.

Scottish Highland Pony Siehe Highland-Pony.

Serrano-Pony In den peruanischen Anden als Reit- und Tragpony eingesetzt; kräftig, trittsicher. Wird bis 125 cm groß. Abkömmling des Criollo.

Shan-Pony Siehe Burma-Pony.

Shetland-Pony Bei uns in Deutschland als einem einst „ponyarmen" Land war das Shetland-Pony bis vor gar nicht allzu langer Zeit der Inbegriff vom Pony überhaupt.

Geschichte: Ihr Anfang liegt unentdeckbar im Dunkel und lange vor den 2000 Jahren, die das Shetland auf den gleichnamigen Inseln leben soll. Daß es aus dem südwestlichen Europa stammt (Spanien/Frankreich), dürfte sicher sein, auch ohne den bildlichen Hinweis des 10. vorchristlichen Jahrtausends in der Felsengrotte von Lascaux.

Aber wie kam es auf den Trieb nach Norden, bis es auf den kleinen Inseln hängen blieb? Die einen meinen, es sei auf dem Landwege, über England und Schottland und damals noch vorhandene Landbrücken nach den Shetlands gekommen, als

Shetlandpony-Stute (3jährig)

diese noch keine Inseln waren. Andere vertreten die Auffassung, es sei von den frühen Einwanderern auf die britischen und von dort weiter auf die Shetland-Inseln mitgenommen worden. Und die gleichen glauben, daß das Shetland-Pony schon damals so klein wie heute gewesen sei, weil ein größeres Pferd auf den Booten der Eindringlinge keinen Platz hätte finden können. Aber auch die Vorstellung, das Shetty habe sich erst auf den kargen Inseln zu dem kleinen Pferdewesen entwickelt, weil nur die Kleinsten mit dem, was an

Shetlandpony-Hengst im besten Rassetyp

Shetland-Ponys in ihrer Heimat, den Shetland-Inseln

Futter aufzufinden war, auskommen und weiterleben konnten, leuchtet ein.

Geschichtlich greifbare Fakten boten erst die Wikinger an, die um 700 auf ihren Kreuzfahrten die Shetland-Inseln und dabei das dort lebende Pferdchen entdeckten. Seitdem konnte man immer wieder etwas von ihm hören, ohne es aber zu Gesicht zu bekommen.

Nach den Berichten half es dem Inselbauer beim Transport des angeschwemmten Seetangs als Düngemittel vom Strand zu den Feldern. In Notzeiten zehrten die anspruchslosen Tiere selbst von dem gar nicht so unbekömmlichen Algengemüse.

Um 1850 trat eine Wende ein; das Shetlandpony wurde über Nacht für die Untertagearbeit in den englischen Kohlenbergwerken entdeckt. Tausende von Shetties traten den Weg ohne Rückkehr in die Gruben an, und immer waren es die besten, kräftigsten und gesündesten.

Einen endgültigen Untergang der Rasse verhinderte zum Glück der Marquess von Londonderry, der 1873 auf den Inseln Noss und Bressay ein Gestüt mit ausgesuchten reinblütigen Shetlands errichtete. Auch wenn die Anstalt 23 Jahre später wieder aufgelöst wurde, wirkte sich dieser Umstand im Grunde nicht nachteilig auf die Zucht von Shetlandponys aus, da das vorhandene, ausgezeichnete Material nicht auf Großbritannien, sondern auch auf West- und Mitteleuropa sowie die USA verteilt werden konnte.

Bei uns hat sich das Interesse, das sich in den vergangenen 20 Jahren sehr auf das Shetland konzentriert hatte, auf andere, größere Ponyrassen verlagert, einfach aus dem Grunde, daß der Erwachsene das Pony — allgemein gesehen — für sich entdeckt hat und nicht nur ein Kinderpferd in ihm sieht. Von den Shetlands gibt es aber immer noch über 5000 eingetragene Exemplare (genau: 4289 Zuchtstuten + 587 Zuchthengste), das entspricht fast einem Viertel des gesamten Pony-Bestandes in der BRD. Rechnet man noch weitere 5000 Shetties hinzu, die in den Vorgärten, am Stadtrand usw. anzutreffen sind, dann kommt man der tatsächlichen Zahl schon näher. Eine solche Summe berechtigt nicht zu der Annahme, daß die Stunde für das Shetlandpony geschlagen habe und die Lust, es zu halten, verflogen sei. Vielleicht ist sie ein wenig abgeklungen, für das Kind bis „zehn“ bleibt das Shetty immer noch die Nr. 1.

Beschreibung: Edler, ausdrucksvoller, manchmal etwas zu groß geratener Kopf; breite Stirn; Nasenrücken häufig leicht eingedrückt; kleine, gut angesetzte Ohren, die fast in dem dichten Mähnenhaar verschwinden; große, ausdrucksvolle, freundliche, neugierige Augen; Hals kurz und muskulös, tief angesetzt. Stabiler Körper mit breiter, kräftiger Brust; Rumpf manchmal zu tonnig; kräftiger Rükken; stark gewölbte Rippen (Verdauungstyp); Schultern gut gelagert; Kruppe abschüssig und verhältnismäßig lang; Schweif tief angesetzt. Meist feine, aber kräftige und gut bemuskelte Gliedmaßen; gelegentlich kuhhessige Stellung; breite, gut ausgeprägte Sprunggelenke; einwandfreie Hufe.

Haarkleid dem Wechsel der Natur angepaßt, im Sommer kurz und glatt, im Winter dicht und fest mit wolligem Unterfell. Dichter Behang.

Häufigste Farbe schwarz; es folgen Braune, Schecken und Schimmel. Selten Füchse und Falben.

Größe: 95 bis 105 cm; Brustumfang: 123 bis 130 cm; Röhrbein: 13 bis 15 cm; Gewicht: 160 bis 220 kg.

Beurteilung: Als Kinderpferd sehr geeignet, da sehr gutmütig, geduldig, anhänglich, gelehrig, aufmerksam. Ausgeglichen, verträglich (doch Vorsicht bei Hengsten, die anderen Geschlechtsgenossen gegenüber sehr streitsüchtig sein können!). Ein sehr robustes, außergewöhnlich widerstandsfähiges Pferdchen, hart, genügsam; guter Fresser und Futterverwerter. Man sollte nicht übersehen, daß auch ein Shetty zum Sattwerden eine Sommerweide von ca. 5000 qm (Sportplatzgröße) braucht. Gehört zu den Spätentwicklern (reif erst mit 4 Jahren); sehr langlebig sowie zucht- und arbeitstauglich bis ins hohe Alter (es hat schon Shetlands gegeben, die über 40 Jahren alt geworden sind).

Gestüte/Zuchtgebiete: Shetland-Inseln (Ursprungsland) mit Wildgestüten; Großbritannien; beide Teile Deutschlands; Niederlande; Nachzuchten auch in vielen anderen europäischen Staaten sowie in den Vereinigten Staaten, in denen ein schlanker, arabisch anmutender Ponytyp gezüchtet wird mit einer Vorliebe für Schecken.

Verbände/Organisationen: In der BRD die einzelnen Landesverbände der Kleinpferde- und Ponyzüchter (vor allem Hannover, Schleswig-Holstein, Rheinland, Bayern, Weser-Ems, Westfalen und Hessen, die die meisten Shetlandpony-Züchter aufzuweisen haben).

Großbritannien: Shetland Pony Studbook Society, 8 Whinfield Road, Montrose, Angus.
Niederlande: Nederl. Shetlandpony-Stamboek, Eusebiusbuitensingel 38, Arnheim.
USA: Shetland Pony Identification Bureau (SPIB), 1108 Jackson Str., Omaha/Neb. Außerdem gibt es

in den USS noch einen American Shetland Pony Club (ASPC).

Literatur:

1. Flade: „Shetlandponies", Wittenberg/DDR. 1960.
2. Uppenborn: „Ponys, Umgang und Haltung", Stuttgart 1968.
3. Nissen/Gorbracht: „Ponybuch", Frankfurt/M. 1974.

Sining-Pony Ein im Ostteil von Tschinghai und im Südwesten von Kansu gezüchtetes Pony von 132 cm Größe und 300 bis 450 kg Gewicht. Das vom Mongolen- bzw. Chinapony abstammende kräftige und ziemlich schwere Pferdchen wird hauptsächlich als Packpony verwendet.
Seinen Namen erhielt es nach der Stadt Sining in der an Tibet angrenzenden chinesischen Provinz Kansu.

Skobsbagge Siehe unter Gotlandpony.

Skogsruss Siehe unter Gotlandpony.

Skyros-Pony Erhielt seinen Namen nach der in der Ägäis, ca. 40 km ostwärts von Euböa liegenden griechischen Basaltinsel Skyros (210 qkm), die schon im Altertum wegen ihres Marmors und Ziegenreichtums sehr bekannt war und in der Sagenwelt der Antike einen wichtigen Platz einnahm (Theseus, Achilleus).
Heute ist die in der Tierwelt von Skyros dominierende Ziegenrasse und der dort erzeugte Ziegenkäse bekannter als das anspruchslose Insel-Pony, das über Jahrhunderte bis in unsere Tage zum Wasserschleppen und Korndreschen verwendet wurde.
Man darf annehmen, daß die Vorfahren dieses Pferdchens vor langen Zeiten von dem zu Athen gehörenden, pferdereichen Euböa auf die Insel Skyros gebracht wurden, auf der sie sich im Laufe Hunderter von Pferdegeschlechtern infolge unzureichender Ernährung (ähnlich den Shetlands) zu diesen kleinen, munteren Geschöpfen entwickelt haben. Ihre Größe liegt noch unter der der Shetlands; das durchschnittliche Stockmaß beträgt 0,90 m. Exemplare über 0,94 m kommen nur sehr selten vor.
Oberflächlich gesehen, besteht im Exterieur nicht nur hinsichtlich der Größe eine gewisse Ähnlichkeit mit dem Shetlandpony. Vielleicht ist es nicht ganz so robust und hart. Auch besitzt es einen leichteren Knochenbau, weniger Behang und ein feineres Fell. Doch Kopf und Hals würden ganz gut auf den gedrungenen Körper eines Shetlands passen.
Charakterlich sehr verträglich und anpassungsfähig entwickelt es sich auf der dem Fremdenverkehr erschlossenen Insel immer mehr zu einem idealen Kinderreitpferdchen.

Sorraia-Pony Eine einst in großen Herden auf der iberischen Halbinsel lebende, bodenständige Ponyrasse, die zu den ältesten der Erde zählt und schon sehr früh (im Neolithikum) domestiziert gewesen sein soll. Sie kam vor allem in den Ebenen zwischen den Flüssen Sor und Raia vor (daher der spätere Name Sorraia).
Von dieser alten Rasse gibt es nur in Portugal noch eine kleine Herde, um deren Erhaltung in ursprünglichem Zustand sich eine Familie d'Andrade bemüht.
Beschreibung: Größe zwischen 122 bis 132 cm. Fellfarbe: Fast ausschließlich Falb- und Grautöne (Wildfarbe); Aalstrich und Zebrastreifen.

Spiti-Pony Eine örtliche Variante der vom Mongolen-/Tartarenpony stark beeinflußten Himalaja-Bergponyrassen. Auch sein Name rührt von einem geographischen Begriff her, dem Spiti-Massiv im Himalaja.
Das zähe, gegen die in seinem Lebensraum herrschende Kälte fast unempfindliche, sehr trittsichere Pony wird als Pack- und Reittier verwandt.
Der Kopf ist für einen Mongolen-Abkömmling ziemlich hübsch, mit gerader Nasenlinie, großen, munteren Augen und aufmerksamen kleinen Ohren. Der Rücken kurz und tragstark, wenig Widerrist; sehr gut entwickelte Muskulatur, stabiler Knochenbau. Ein trotz seiner geringen Größe um 125 cm (Stockmaß) außergewöhnlich kräftiges Tier, das bis zu 400 kg wiegen kann. Hauptfarbe Schimmel.

Szemaiten-Pony (auch Schematukai, Szemaitukas, Schamaiten- oder Schmuden-Pony) Ein nach der im Westen Litauens liegenden Landschaft Schamaiten (Samogitien) benanntes und von den dort lebenden Einwohnern, den Schmuden, gezogenes Bauernpferd in Ponygröße (135 bis 145 cm).
Im Laufe ihrer Geschichte wurde diese alte einheimische Rasse zuerst vom Mongolenpony, dann von Orientalen und später auch von Ostpreußen und Oldenburgern sowie von Kaltblutpferden mehr oder weniger nachhaltig beeinflußt. In jüngerer Zeit erhielt sie wieder vermehrt Araberblut zugeführt.
Ein sehr kräftiges, ja, starkes Pferdchen, dessen verhältnismäßig kleiner Kopf mit der breiten Stirn

und den weit auseinanderstehenden Augen an den Araber erinnert. Kurzer, strammer Hals, üppiges Mähnenhaar, muskulöser Rumpf, sehr stabile, trockene Gliedmaßen, vor allem eine stark bemuskelte Vorhand.
Hauptfarben: Braune, Falben und Isabellen mit Aalstrich.

Szetschwan-Pony Eine örtliche Spielart des Chinaponys (s. d.), nach der Provinz im Süden Chinas benannt, in der es gezüchtet wird. Sehr trittsicheres und zuverlässiges Bergpony.

Tarai-Pony Ist das schmächtigste der Gebirgspony-Rassen in Nepal und den angrenzenden Gebieten. Es unterscheidet sich sehr deutlich von den im gleichen Lande vorkommenden Bhotia- und Tibet-Pferden. Eher ähnelt es dem zierlichen Pony der nordindischen Hochebenen, von denen es zweifellos abstammt.
Mit einer Größe von 112 bis 120 cm Stockmaß ist es eines der kleinsten, bei einem Gewicht von nur 150 bis 200 kg sogar das leichteste aller asiatischen Gebirgsponys.

Tarpan (Equus gmelini) Die wissenschaftliche Auffassung von dem Vorhandensein mehrerer Pferde-Stammformen als richtig angenommen, stellt der Tarpan neben dem Przewalski-Pferd (s. d.) die zweite Wildform unserer heutigen Pferderassen dar. Nur kennen wir es nicht im Original, denn der letzte lebende Tarpan kam im vorigen Jahrhundert in Rußland um. Doch wußte man über ihn auf Grund vorhandener Unterlagen und Beschreibungen sehr viel, auch seinen Namen ‚Tarpan', den ihm der Berliner Reisende und Naturforscher Peter Simon Pallas (1741—1811) gegeben hatte.
Rückzüchtungen sind keine einfache Sache. Man braucht viel Zeit, Geduld und Glück, vom Wissen ganz abgesehen, das als selbstverständlich vorausgesetzt werden muß. Bei dem Berliner Zoo-Direkter Heck traf alles zusammen. Seine Kreuzungsversuche mit Konijks und Przewalskis in Verbindung mit einer konsequenten Zuchtauswahl über mehrere Pferdegenerationen führten schließlich zum erhofften Erfolg. Heute gibt es in mehreren Zoos, von denen der Tierpark Hellabrunn an erster Stelle steht, Zuchten von Tarpans, von denen mit Sicherheit gesagt werden kann, daß sie genau so aussehen wie die einstigen Wildpferde im Osten Europas.
Man möchte meinen, daß es, geschichtlich wie geographisch betrachtet, zwischen dem Tarpan als dem europäischen Wildpferd und dem Przewalski als dem Innerasiens eine Abgrenzung gegeben hat, die zwar gelegentlich von beiden Seiten aus durchbrochen wurde, ohne aber die eine oder andere Stammform grundlegend verändern zu können. Der Przewalski sah nie wie ein Tarpan aus und umgekehrt ähnelte auch dieser mehr seinen früheren oder späteren Abkömmlingen im Hethiterreich, Persien, Arabien, Turkmenien oder Polen als einem Pony aus der Mongolei. Es reizt

Tarpan-Stute mit Fohlen (Tierpark Hellabrunn)

Tarpan-Junghengst (Tierpark Hellabrunn)

daher, sich geographisch festzulegen und den mitten durch den Aral-See verlaufenden 60. östl. Längengrad als eine unsichtbare Grenzlinie zwischen den Lebensräumen des Tarpans und des Przewalski anzunehmen.
An geschichtlichen Ereignissen von großer Tragweite waren beide beteiligt. Auf vom Tarpan abstammenden Pferden stießen indogermanische Völker aus den Grassteppen nördlich der großen russischen Binnenseen nach Süden (mit Abzweigungen nach Südosten) und Westen vor, die Hethiter als Wagenkrieger, die Meder, Perser, Parther, Kimmerier und Skythen als Reiter. Wohlgemerkt auf Pferden tarpanischer Herkunft, aus denen als Krönung der Araber entstand.
Hunnen und Mongolen aus dem Inneren Asiens kamen auf unverwüstlichen, anspruchslosen Mongolenpferden aus dem Blut des asiatischen Wildpferdes. Gewiß, auch sie hinterließen hippologisch ihre Spuren, ohne aber die des Tarpans, wo und wann sie sich begegneten, auswischen zu können.
Auch in jüngerer Zeit trafen sie sich gelegentlich wieder, aber mit der Absicht, der einen Rasse mehr Klasse, einer anderen mehr Masse zu vermitteln.
Von den heutigen Ponyrassen stehen der polnische Konijk (s. d.), der rumänische Huzule, dem manche Forscher (z. B. Hackl) sogar den bezeichnenden Namen „Waldtarpan" gegeben haben, und mit einer gewissen Einschränkung der jugoslawische Bosniake dem Tarpan am nächsten.

Beschreibung: Ein im Vergleich mit dem Przewalski fast zierlich zu nennendes, im Durchschnitt nur 125 cm großes Pferdchen von mausgrauer Färbung in verschiedenen Tönen, mit dunklem Schweif und dunklen Beinen. Edler, feiner Kopf (Keilkopf) mit ziemlich großen Augen und kleinen Ohren, Stirnschopf. Mähne oft dunkler als das Haarkleid und mehr fallend als stehend. Gerader Rücken mit wenig Widerrist und leicht abfallender Kruppe. Aalstrich. Sehnige, nicht besonders muskulöse, aber gesunde Gliedmaßen mit kleinen, harten Hufen.
Feinerer Knochenbau als der des Przewalski.

Zuchtgebiete: Der Tarpan wird nur in Zoologischen Gärten gezüchtet, von denen der Münchener Tierpark Hellabrunn die bekannteste Tarpanzucht hat.

Tatung-Pony Ein mit dem Sining-Pony (s. d.) verwandter und diesem sehr ähnlicher Schlag von 132 cm Durchschnittsgröße und um 400 kg Gewicht. Kommt im Nordosten der chinesischen Provinz Tschinghai vor. Verwendung hauptsächlich als Packpony.

Tibet-Pony (Tibetanisches Pony oder Nanfan) Wie fast alle asiatischen Ponys ein Abkömmling des Mongolenponys und — sein Name besagt es — im tibetanischen Hochlande beheimatet. Ein kleines, tüchtiges Pferd, auf das der Mensch trotz aller technischen Fortschritte nicht verzichten kann, am allerwenigsten in diesem Teil der Erde mit seinen Hochebenen bis 5000 m und seinen Gebirgsketten um 7000 m, mit eiskalten Wintern und heißen Sommern. Was in einem solchen Lande zu existieren hat, muß unglaublich hart und entbehrungsbereit, widerstandsfähig und lebenswillig sein — wie das Tibet-Pony.
Ein kräftiger, untersetzter Bursche, trittsicher auf schmalstem Bergpfad, mit einem kurzen, aber flotten Schritt auf ebenem Boden, trägt eine tote Last ebenso geduldig wie einen Reiter. 128 bis 142 cm groß (Stockmaß) und 300 bis 400 kg schwer; mit einem dichten, fast immer weißen Fell, gelegentlich Schecken. Keine Pferdeschönheit, aber ein unersetzbarer Schatz, den schon Sven Hedin und Wilhelm Filchner zu nutzen wußten.

Timor-Pony Ein auf der indonesischen Insel Timor (zwischen Celebes und Australien) lebendes und nach dieser benanntes Pony, dessen Durchschnittsgröße 100 cm Stockmaß beträgt. Vermutlich stammt es wie fast alle asiatischen Ponyrassen vom Mongolen-Pony (s. d.) ab. Eng verwandt mit ihm ist u. a. auch das Flores-Pony (s. d.), das auf der benachbarten gleichnamigen Insel beheimatet ist.
Das Timor-Pony gilt als ein anspruchsloses, zähes Pferdchen, das trotz seiner Kleinheit einen erwachsenen Mann tragen kann. Die einheimischen Rinderhirten benutzen es als Reittier, obwohl sie mit ihren Füßen fast den Boden berühren.
Interessant ist, daß das erste, 1803 in Australien eingeführte Pony von der Insel Timor kam; Spuren hinterließ es allerdings nicht.

Togo-Pony Siehe Afrikanische Ponys.

Vestlandspferd Siehe unter Fjordpferd.

Welsh-Ponys Nicht nur auf der britischen Insel zählen die Welshs zu den beliebtesten Ponys. Auch auf dem europäischen Festland, vor allem in Deutschland und den Niederlanden, haben sie zahlreiche treue Freunde gefunden. Bis in die Vereinigten Staaten, nach Südafrika und Australien drang ihr Ruf, zu den liebenswertesten und hübschesten Pferdchen zu gehören, vom kleinen Welsh Mountain bis zum Cob, der eigentlich schon ein richtiges Pferd ist.

Die Einteilung der Welshs in vier Größenklassen war eine kluge Masse des britischen Zuchtverbandes, der damit die ganze Breite der Verwendungsmöglichkeiten dieser in der Größe so unterschiedlichen Rasse auffächerte, im Interesse der kleinen und großen Reiter und in erster Linie zum Nutzen der Ponys selbst.

Im einzelnen gliedern sich die Gruppen wie folgt auf:

1. das Welsh-Mountain-Pony mit einem Stockmaß bis 122 cm (Sektion A);
2. das Welsh-Pony bis 137 cm (Sektion B);
3. das Welsh-Pony, Cob-Typ ebenfalls bis 137 cm (Sektion C);
4. das Welsh-Cob bis ca. 155 cm (Sektion D).

Der Name Welsh deutet auf die Heimat der Ponys hin, Wales, der Südwest-Teil Großbritanniens, der mit seinen Bergen, Hügeln und Tälern ein ideales Land für Pferde ist, die das ganze Jahr im Freien leben können.

Geschichte: Eine sehr alte, schon im Altertum bekannte britische Ponyrasse keltischer Abstammung, die in ihrer Urform dem kleinsten Welsh-Typ, also dem Welsh-Mountain, entsprach. Dieses Pony (Selektion A) gilt nach allgemeiner Auffassung als der Ausgangspunkt aller Welsh-Typen, auch des Cobs, von dem allerdings manche meinen, er habe von Anfang an als selbständige Rasse neben der der Berg-Ponys bestanden. Sicher ist nur, daß der Welsh-Cob schon vor 700 Jahren von den Rittern und Kriegsknechten des Mittelalters in Wales als Reit- bzw. Begleitpferd verwandt wurde. Fest steht auch, daß alle Welsh-Typen früher oder später Fremdblutzuführungen erhielten, der Cob-Typ wahrscheinlich als erster. Später entwickelten sich die beiden mittleren Typen, an deren Entstehung der kleine Mountain- und der große Cob-Typ maßgeblich beteiligt waren.

Heute gehören die Welshs, vor allem die Typen A und B, zu den auch im Ausland am stärksten gefragten Ponys. Immer wieder findet man aber auch Welsh-Hengste, die zur Verbesserung bzw. Veredelung anderer Ponyrassen (z. B. Dülmener und Arenberg-Nordkirchener Ponys) in der Zucht eingesetzt wurden.

Das Welsh-Mountain- (Waliser Berg)-Pony: Der kleinste und niedlichste Typ, dem man ansieht, daß ihm veredelndes Blut zugeflossen ist, solches von Hackney- und Vollblut-, vor allem aber von Araber-Hengsten, die sich im Welsh-Mountain am deutlichsten „verewigt" haben. Ein Kinderreitpony „par excellence", das schon Achtjährige reiten können.

Beschreibung: Kleiner, edler, auf die Einkreuzung mit Araberblut deutlich hinweisender Kopf mit leichtem „Knick", breiter Stirn, großen, freund-

Welsh-Pony-Stute der Sektion A

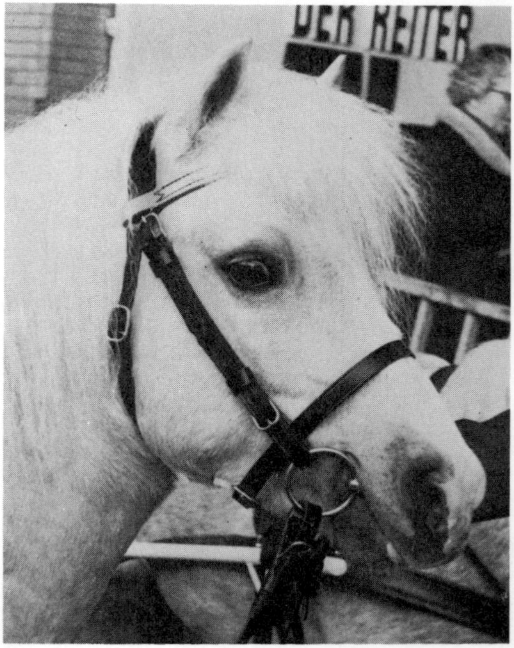

Der hübsche Kopf eines Welsh-Mountain-Ponys

lichen Augen und kleinen, beweglichen Ohren. Langer, kräftiger, gut aufgesetzter Hals (bei Hengsten manchmal sehr stark ausgeprägt); gut gelagerte Schulter; kräftiger, kurzer Rücken mit ausreichendem Widerrist und leicht abfallender Kruppe und hohem Schweifansatz. Kräftige, trokkene, widerstandsfähige Gliedmaßen mit einwandfreien Gelenken. Die früher häufige kuhhessige Stellung der Hinterbeine ist nur noch selten zu sehen. Kleine, feste, runde Hufe.

Größe: Bis 122 cm, Durchschnitt 115 cm.

Farben (gilt für alle Typen): Hauptsächlich Schimmel verschiedener Variationen; doch kommen auch alle anderen Farben vor, vor allem Dunkelbraune und Füchse, Palominos. Schecken sind verpönt und werden nicht registriert.

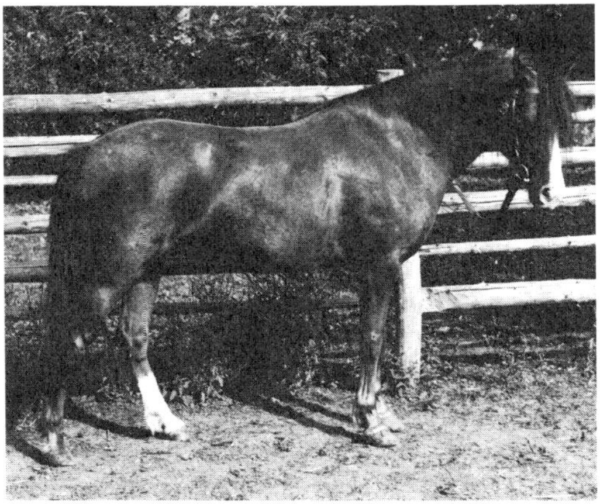

Welsh-Pony-Stute der Sektion B (Fuchs)

Welsh-Pony der Sektion B (Schimmel)

Im Wesen ausgesprochen freundlich und sanft; außerdem sehr intelligent und gelehrig. Gilt allgemein als zäh und ausdauernd. Langlebig und fruchtbar.

Geht ausgezeichnet, harmonisch und leicht im Schritt und Trab, kann auch erstaunlich gut galoppieren und springen.

Beurteilung: Nicht nur ein entzückendes Tier, sondern schon ein kleines Sportpferd für die Acht- bis Zwölfjährigen.

Das Welsh-Pony — Sektion B: Der etwas größere, aber noch leicht zu nennende Typ mit sehr guten Reiteigenschaften.

Beschreibung: Im Exterieur entspricht es im allgemeinen dem kleineren Welsh-Mountain., von dem es sich eigentlich nur durch seine Größe unterscheidet (137 cm Höchstmaß, Durchschnitt 125 bis 130 cm). Dies dürfte auch der Grund sein, daß seine Bewegungen eleganter und flüssiger wirken.

Ansonsten besitzt es die gleichen Qualitäten und Werte wie sein „kleinerer Bruder".

Beurteilung: Schon ein richtiges Reitpferd, wenn auch nur ein kleines, das vor allem für größere Kinder bzw. Jugendliche bis zu 16 Jahren geeignet ist.

Das Welsh-Pony — Sektion C: Ein ähnlicher Typ mit den gleichen Verwendungsmöglichkeiten wie das Welsh der Sektion B, von dem es häufig nicht zu unterscheiden ist, da es die gleiche Größe (bis 137 cm) wie dieses aufweist, aber einige Kilos schwerer ist und daher etwas kompakter wirkt.

Dieser Typ entstand aus der Kreuzung von Welsh Mountains oder Welshs der Kategorie B mit Welsh Cobs.

Beschreibung: Ähnelt sehr dem etwas leichteren Wlesh B, ist aber, bedingt durch die Zufuhr von Cob-Blut, insgesamt etwas stabiler.

Beurteilung: Ein ebenso gutes Reitpony wie das der Sektion B, mit dem Unterschied, daß es außer von größeren Jugendlichen auch von Erwachsenen geritten werden kann, in der Bahn und im Gelände.

Das Welsh-Cob — Sektion D: Unter Cob versteht man ein kleines starkes Pferd, das keiner bestimmten Rasse angehören muß, aber in der Lage ist, auch gewichtigere Reiter tragen und Lasten ziehen zu können. In seiner langen Geschichte hat sich das Welsh-Cob tatsächlich als ein tüchtiges Vielseitigkeitspferd erwiesen, auf das die Ritter des Mittelalters ebenso wenig verzichten konnten wie die Bauern in Wales. Die Briten bezeichnen es heute noch mit Stolz und der ihnen eigenen

Selbstverständlichkeit als das „beste Reit- und Zugtier von Europa". Sie müssen es wissen!
Auch in der Zucht wird es gern gebraucht; denn Kreuzungen zwischen dem Welsh-Cob und dem Vollblut ergeben gute Jagdpferde, von der Blutzufuhr abgesehen, die der Cob im Laufe der Zeit auch anderen Rassen, u. a. den Fells und Hackneys, hat zukommen lassen.

Beschreibung: Äußerlich dem kleinen Bergtyp ähnlich, nur umgesetzt in größere Maßstäbe, zu denen eingekreuzte Großpferde (Araber, engl. Vollblut) beigetragen haben.
Größe: Bis 152 cm (Durchschnitt 146 cm), gelegentlich auch Exemplare mit 158 cm Stock.
Beurteilung: Ein sehr kräftiges, großes Pony, das vor allem für den älteren Reiter sehr geeignet scheint, da es außer den äußeren auch die inneren Voraussetzungen (Ruhe, Nervenstärke, Geduld und Anpassungsfähigkeit) dafür erbringt.

Zuchtgebiete (für alle Typen): Großbritannien: Waliser Bergland (halbwilde Aufzucht vor allem des Welsh-Mountain). Die besten Zuchten befinden sich an der Südwest-Küste von Wales (Gebiet von Cardiganshire). Nachzuchten im übrigen Großbritannien.
Auch im Ausland haben sich zahlreiche kleinere und mittlere Welsh-Pony-Zuchten gebildet, vor allem in Holland, der Bundesrepublik sowie in Nordamerika, Südafrika und Australien.
Verbände/Organisationen:
Großbritannien: „Welsh Pony and Cob Society", 32 North Parade Aberystwyth, Cardiganshire/ Wales.
Holland: „Het Nederlands Welshpony-Stamboek", Soestdijkseweg 260 Z, Bilthoven.
USA: „Welsh Pony Society of America" 202 N. Church Street, West Chester, PA 19380.

Wjat-Pferd (Wjatka, Watjake, Wotjake) Ein aus dem Baltikum (Kurland, Livland, Estland) stammendes, aber seit langem im nördlichen und nordwestlichen Uralgebiet bis Archangelsk gezüchtetes Reit- und Zugpferd (Wagen und Schlitten, im Troika-Gespann) in Ponygröße (um 140 cm). Erhielt seinen Namen nach der im nördlichen Teil des osteuropäischen Rußland lebenden finnischen Völkerschaft der Wotjaken (Provinz Kasan). Neben dem eigentlichen Wjatka gibt es noch zwei örtliche, meist etwas kleinere (um 132 cm) Varianten:

a) den Obwinski oder Obvinka (an der Obwa) und
b) den Kasanski oder Kasanka (in der Provinz Kasan),

die sich nur wenig voneinander unterscheiden. Alle weisen den gleichen stämmigen Körperbau auf, sind gute, ausdauernde Traber und fast unempfindlich gegen die im Winter bis auf minus 50 Grad anwachsende Kälte, vor der sie ein dichtes Haarkleid mit Unterfell schützt.
Die vorherrschenden Farben sind isabell, falb und fuchs in verschiedenen Abstufungen, gelegentlich kommen auch Braune und Schimmel vor.

Wuchumutsin- (Wuchuminsin-)Pony Vom Mongolenpony abstammender und seit langer Zeit auf dem Grasland im Südwest-Teil der Inneren Mongolei (China) gezüchteter Ponyschlag von verhältnismäßig edlem Aussehen. Wird 132 bis 142 cm groß und 200 bis 300 kg schwer, ist also verhältnismäßig leicht gebaut.
Seinen Namen erhielt das vorwiegend zum Reiten verwandte Pony nach einer im Zuchtgebiet liegenden kleineren Stadt.

Yünnan-Pony (Jünnan-Pony) Ein in den südchinesischen Provinzen vorkommender Ponyschlag von 102 bis 122 cm Größe, in den Bergen hauptsächlich als Tragtier verwandt. Siehe China-Pony.r

Zwerg-Hackney Siehe Hackney-Pony.

Die Kaltblut-Rassen

American Cream Draft Horse (Amerik. Cremefarbenes Zugpferd) Eine um die Jahrhundertwende in Iowa/USA entstandene Spezialzucht von kaltblütigen Zugpferden; aufgrund der besonderen Farbkombination: cremefarbenes Haarkleid auf rosafarbener Haut, weiße Mähne, weißer Schweif und bernsteinfarbene Augen mehr Schau- als Arbeitspferd. Das Vorhandensein dieser Farben gilt als Voraussetzung für die Aufnahme in den 1944 gegründeten Zuchtverband.

Die Hengste dieser Zucht wiegen 850—900 kg, die Stuten zwischen 700 und 850 kg. Außer der Schönheit dieses schweren Pferdes rühmt man seinen guten Charakter und seine Zuverlässigkeit.

Da z.Zt. nur wenige Exemplare vorhanden sind, hat die Zuchtorganisation „The American Cream Draft Horse Association“ (44 Mitglieder) in Hubbard/Iowa 50122 ihre Tätigkeit vorübergehend eingestellt.

Ardenner Eine uralte Rasse, deren Anfänge sich in der Vorgeschichte verlieren und die man mit dem Solutré in Verbindung bringt. Ein Pferd, das an allen geschichtlichen Ereignissen nicht nur Frankreichs in irgendeiner Weise beteiligt war, das die Römer wegen seiner Stärke und Härte schätzten, die Kreuzfahrer begleitete, Napoleons Troßfahrzeuge und Kanonen bis nach Rußland zog und auf das man auch im letzten Krieg nicht verzichtete, auf dieser wie auf jener Seite. Immer erwies es sich als ein außergewöhnlich einsatzwilliges, tüchtiges und zuverlässiges Gespannpferd, für den Bauern in den Ardennen, den Händlern, die von Nancy nach Metz oder von Mézières nach Reims fuhren, für leichte oder schwere Industrie-Transporte, sogar vor dem Kutschwagen — bis in unsere Zeit hinein.

Heute ist es kaum noch gefragt.

Beschreibung: Ein mittelschweres (um 750—800 kg), kraftvolles Tier bis zu 162 cm (Hengste) bzw. 160 cm (Stuten) Größe. Oft mit verhältnismäßig kleinem, hübschem Kopf und leicht konkaver Nasenlinie (Einkreuzung von arabischem Blut). Kurzer, starker Hals; muskulöser, runder Rumpf mit tiefer, breiter Brust und ebenfalls kurzer, abfallender Kruppe. Gliedmaßen kurz und stark bemuskelt, mit stabilen Gelenken; große, feste Hufe.

Farben: Am häufigsten Schimmel in verschiedenen Variationen (außer Apfelschimmel), dunkle Füchse und Braune; seltener Hellbraune, Hellfüchse und Isabellen. Rappen und alle anderen Farben sind nicht erwünscht.

Zuchtgebiete: Raum der französischen und belgischen Ardennen einschl. Luxemburg. Die besten Exemplare findet man in den Departements Meurthe-et-Moselle (Nancy) und Ardennes (Mézières).

Die bedeutendste ausländische Nachzucht ist die schwedische. Schwedische Ardenner stehen mit über 50 % an der Spitze vor allen anderen schwedischen Pferderassen. Im Gegensatz zum Original-Ardenner weist der schwedische mehr belgische Blutanteile sowie nur einen schwachen bzw. keinen Beinbehang auf. Gewicht und Größe entsprechen dem des Franzosen.

Auch in der Sowjetunion wurden einige ihrer Kaltblutrassen mit Ardennern verbessert (z. B. das Wladimirpferd mit französischen, das Litauische Kaltblut mit schwedischen Ardennern).

Verbände/Organisationen: „Federation de l'Est des Syndicats d'Elevage du Cheval de Trait Ardennais“, B.P. 7, 54 Malzeville.

Augeron (Trait Augeron, das Pferd von Auge) Percheron-Abart aus dem Tal von Auge im Dep. Calvados (Normandie) von 167—175 cm Größe. In der Gesamterscheinung etwas leichter als der Percheron wirkend; wird nur als Schimmel gezüchtet. Stutbuch seit 1913.

Auxois-Pferd (Auxoise) Eine alte, nach der Landschaft Auxois im NO von Burgund (jetzt Dep. Côte d'Or) benannte französische Kaltblutrasse, von der angenommen wird, daß sie von den früheren burgundischen Pferden abstammt, die für ihre Genügsamkeit, Stärke und Härte berühmt war.

Um ihn für schwere und schwerste Lasten geeigneter zu machen, wurden Auxois-Stuten zuerst mit Percheron- und Boulonnais-, dann u. a. mit Belgier-, Nivernais- und Ardenner-Hengsten gekreuzt. Ab 1913 wurden nur noch belgische und vor allem Ardenner-Hengste für die Auxois-Zucht zugelassen, aus der man die Blutanteile der anderen Rassen wieder zu eliminieren suchte. Schimmel und Rappen werden daher nicht registriert; bevorzugt werden Braune, Braun- und Fuchsschimmel.

Der heutige Auxois ist ein sehr kraftvolles Pferd von wenigstens 160 cm Stockmaß. Äußerlich kommt er dem Ardenner sehr nahe.

Zuständiger Zuchtverband: Syndicat d'Elevage, 2. r. Hoche, 21 Dijon.

Belgier (Brabanter) Kein Kaltblutpderd hat eine solch weltweite Verbreitung gefunden wie dieser vierbeinige Super-Schwerathlet aus Belgien. Er war eine Art Weltpferd, ein Wunder an Kraft und Urgewalt, ein Bündel, nein, ein Berg aus Fleisch und Muskeln.

Geschichte: In den fruchtbaren Provinzen Flandern und Brabant hat es schon in frühen Zeiten schwere und große Pferde gegeben, Landschaften, in denen ein Pferd an Größe und Gewicht zunehmen mußte. Wie der Brabanter, der dann seinen provinziellen gegen einen wirkungsvolleren nationalen Namen einzutauschen hatte.

Aus einer bodenständigen, vom Ardenner stark beeinflußten Kaltblutrasse entwickelte sich der Brabanter allmählich zu einer Art nationalem Wahrzeichen, das in der ganzen Welt bekannt und gefragt war. Die Dänen züchteten ihn nach, in Deutschland stand er Pate bei der Geburt des Rheinisch-deutschen Pferdes, dem englischen Shire führte er mehr als nur einen Tropfen Blut zu, die Italiener bedienten sich seiner Kraft, in Holland wurde aus dem Belgier das „Nederlandse Trekpaard", die Russen holten ihn ins Land, um ihre eigenen Kaltblutrassen zu verbessern, den Nordamerikanern imponierte er so, daß sie einen eigenen Verband gründeten, und schließlich führten ihn auch die Südamerikaner ein.

Ein heute noch gewohntes Bild: schwere Belgier vor dem Brauerei-Wagen

Hengste-Namen wie Orange I., Brillant, Albion d'Hor, Avenir d'Herse, Costaud de Marche, um nur ein paar zu nennen, waren international gültige Begriffe, Gütezeichen für den Wert und die Bedeutung der belgischen Kaltblutrasse, als sie noch nach Tausenden zählte. Doch was sind schon eine Tonne lebendiger Kraft, die zu erhalten, täglich Mühe, Pflege und Unterhaltung kostet, gegen einen Motor gleicher Wirkung? Auch der Belgier mußte der Entwicklung weichen, wie vor 100 Jahren der Flamländer, den er verdrängt hatte. Heute gibt es nicht mehr viele dieser Pferderiesen. Ein paar hundert zur Erhaltung der Zucht, ein paar weitere hundert vor den Wagen der Brauereien an Festtagen mit Vierer-, Sechser- oder Achtergespannen, geschmückt, auf Hochglanz gebracht, Rappschimmel vor dem einen, Braunschimmel vor dem anderen, mit Fässern beladenen Fahrzeugen — die nur noch Erinnerung bringen.

Beschreibung: Ein gewaltiges, harmonisch gebautes, muskelbepacktes Pferd bis 175 cm Größe und einer Tonne Gewicht, mit meist gut geformten, manchmal sogar edel und ausdrucksvoll wirkendem Kopf, mit kurzem, starkem, doppelbemähntem Hals, tiefer, breiter Brust, kurzem Rükken, gut geschlossenem Mittelstück, sehr kräftig ausgebildeter, leicht gespaltener, ein wenig abfallender Kruppe, mit stark bemuskelten, kurzen Gliedmaßen und großen, oft flachen Hufen.

Haarfarbe: Am häufigsten Braunschimmel, dann Rappschimmel. Im Charakter gutartig, ruhiges Temperament; absolut zuverlässig und einsatzfreudig; leichtfuttrig und frühreif.

Trotz seiner Kraft und Masse beweglich mit energischem, förderndem Schritt und bestaunenswertem Trab.

Zuchtgebiete: Brabanter Gebiet; Nachzuchten in vielen Ländern der Erde.

Verbände/Organisationen:

Belgien: Zuchtgesellschaft „Le Cheval de Trait Belge" (1866 gegründet).

Dänemark: „Dansk Belgisk Hesteavl".

USA: Belgian Draft Horse Corporation of America (BDHCA), 282 South Wabash St., Wabash/Indiana 46922 (1887 gegründet) mit 1200 Mitgliedern.

Belorussisches Kaltblut Siehe unter Weißrussisches Kaltblut.

Berrichon (Trait du Berrichon, Berry) Percheron der alten französischen Provinz Berry, die heute zu den Dep. Cher und Indre gehört. Unterscheidet sich von dem eigentlichen Percheron nur dadurch, daß er aus einem anderen Zuchtgebiet kommt und deshalb nicht dessen Namen führen darf. Hat seit 1923 eigenes Stutbuch.

Zuständiger Zuchtverband: Syndicat d'Elevage 46. Av. Jean-Jaurès, 18 Bourges.

Bitjug Siehe Woronesch-Pferd.

Boulonnais Wer in den Anfangsjahren des 2. Weltkrieges an der französischen Kanalküste zwischen Etaples, Boulogne s. M. und Calais weilte, kann sich vielleicht noch an die Herden gewaltiger weißer Pferde erinnern, die auf den großen Weiden des Boullonnais, einem alten zum Departement Pas-de-Calais gehörenden Gebiet, grasten und die auch so hießen wie die Landschaft, deren saftiges Gras sie fraßen. Oder an die überschweren einachsigen flandrischen Karren mit einem Boulonnaiser Schimmel in der Gabeldeichsel, der darin gar nicht mehr wie ein Riesenroß wirkte, trotz seines Gewichts von beinah einer Tonne.

Geschichte: Der Boulonnais gehört zu den bodenständigen französischen Kaltblutrassen, auf die schon früh, wahrscheinlich schon zu Caesars Zeiten, orientalisches Pferdeblut eingewirkt hat. Nachhaltiger erwiesen sich die im frühen Mittelalter und den folgenden Epochen erfolgten Einkreuzungen von Arabern und Andalusiern, die dem schweren nordeuropäischen Pferd nicht nur ein gefälligeres äußeres Erscheinungsbild (ausdrucksvoller Kopf, trockene Gliedmaßen usw.) vermittelten, sondern es auch interieur beeinflußten (Temperament, Ausdauer). Infolge der unterschiedlichen Blutanteile entstanden im 17. Jahrhundert zwei Grundtypen

a) ein kleinerer (um 160 cm) und leichterer (um 600 kg), der sog. Mareyeur (so wurde auch der Fischhändler selbst benannt), der den angelandeten frischen Seefisch vom Hafen auf kürzestem Wege nach Paris zu fahren hatte. Ein sehr bewegliches, zähes, ausdauerndes Pferd, das über einen guten Trab verfügte, dessen Zucht aber im 18. Jahrhundert wieder eingestellt wurde.

b) der heute noch gültige schwerere und größere Typ, der eigentliche Boulonnais, von dem es allerdings auch zwei Typen gibt, einen etwas leichteren, hauptsächlich südlich der Landschaft Boulonnais (um Abbeville, Sommemündung) und einem großen, wuchtigen im Gebiet Boulogne-Calais-Dünkirchen gezüchteten Typ. Doch bestehen erhebliche Unterschiede kaum noch, zumal eine starke Annäherung (zu Gunsten des schweren Typs) stattgefunden hat, die berechtigt, zwischen beiden, die auch als picardischer und flandrischer Boulonnaiser bezeichnet wurden, nicht mehr zu unterscheiden.

Eine letzte große Orientblut-Zuführung erhielt der Boulonnais gegen Ende des 19. Jahrhunderts, der er die rassetypische Schimmelfarbe zu verdanken hat (bis dahin dominierten Braune und Rappen!).

Seit dieser bis in die jetzige Zeit hinein wirkte der Boulonnais mehr oder weniger stark auch auf andere Kaltblutrassen ein, so u. a. auf solche in Südamerika, wo Uruguay sogar eine recht beachtliche Nachzucht aufgebaut hat.

Wie alle Kaltblutrassen mußte auch der Boulonnais unter der fortschreitenden Mechanisierung leiden. Doch werden jährlich immer noch zahlreiche Boulonnaiser Fohlen geboren, von denen allerdings die wenigsten über ein Jahr alt werden; die Masse ist für das Schlachthaus bestimmt.

Beschreibung: Überwiegend kurzer, edler, breitstirniger Kopf mit gerader oder leicht eingedellter Profillinie; große Augen, kurze Ohren, ziemlich kleines Maul. Sehr kräftiger, gewölbter Hals mit üppiger, nicht sehr langer Doppelmähne; ausreichend markierter Widerrist; Rücken verhältnismäßig lang, gelegentlich eingesenkt; geräumiger Brustkorb; breite, aber nicht sehr schräg gelagerte Schulterblätter; starke, muskulöse Spaltkruppe; gute Rippenwölbung. Mächtige, muskulöse, trokkene Gliedmaßen mit breiten und kräftigen Gelenken. Meist einwandfreie, große, starke Hufe.

Größe: Die stärksten Hengste erreichen eine Höhe bis 170 cm Stockmaß (Durchschnitt 160—170) und ein Gewicht bis 900 kg (Durchschnitt 700—750 kg).

Haarfarbe: Fast ausschließlich Schimmel.

Im Wesen sehr gutartig und verträglich; lebhaftes, aber ausgeglichenes Temperament. Ausdauernd, energisch. Frühreif.

Lebhafte, raumgreifende Bewegungen im Schritt und Trab.

Brandzeichen: Ein Anker auf linker Halsseite.

Beurteilung: Ein sehr starkes, geschlossenes Pferd „wie aus einem Guß". Von imponierendem Aussehen, das viele Pferdekenner und -freunde veranlaßt hat, den Boulonnais als das „edelste Kaltblut der Welt" zu bezeichnen.

Zuchtgebiete: Vor allem in den Dep. Pas-de-Calais und Somme.

Verbände/Organisationen: Syndicat Hippique — Boulonnaise — rue St. Adrienne, 62 Wimereux/Pas-de-Calais. (Stutbuch seit 1886).

Bourbonnais (Trait Bourbonnais, Bourbonnichon) Percheron-Abart aus der alten französischen Provinz Bourbonnais, deren größter Teil heute zum Dep. von l'Allier gehört. Führt eigenes Stutbuch.

Brabanter Siehe unter Belgier (Belgisches Kaltblut).

Bretone Ein, wie der Name besagt, überwiegend in der Bretagne (NW-Ecke Frankreichs) gezüchtetes Kaltblutpferd, das allgemein nach zwei (mit dem Postier drei) Typen unterschieden wird:

a) dem schweren bretonischen Zugpferd, das den eigentlichen Typ des Bretonen verkörpert; durch im vorigen und in diesem Jahrhundert durchgeführte Einkreuzung mit Percheron-, Ardenner- und Boulonnais-Blut zu dem geworden, was es heute darstellt: ein kompaktes, athletisches Pferd von 162 cm ($\pm$ 5 cm) Durchschnittsgröße und einem Gewicht von wenigstens 550 kg. Ein reines Arbeitspferd, das trotz seiner nur mittleren Schwere außerordentlich stark ist. Es besitzt einen schweren, fleischigen, aber ziemlich ausdrucksvollen Kopf, einen massigen, gewölbten Hals, einen nur wenig ausgeprägten Widerrist, eine tiefe, breite Brust, einen verhältnismäßig kurzen Rumpf, eine kurze, breite, gespaltene Kruppe und sehr kräftige, kurze Gliedmaßen. Die Hauptfarben sind Füchse, Fuchsschimmel, Braune und Braunschimmel.
Bretonische Hengste des schweren Schlags wurden gern zur Verbesserung und Verstärkung auch ausländischer Kaltblutrassen eingesetzt.
b) dem sog. „Gebirgstyp", der in dem gebirgigen Teil der Bretagne gezüchtet wird. Leichter und kleiner (um 150 cm) als sein „großer Bruder", sind die Hengste dieses Typs zur Kreuzung mit bodenständigen Rassen u. a. in Italien, Griechenland, Spanien und Nordafrika heute noch sehr gefragt.
c) dem sog. „Postier", entstanden aus bretonischem Blut, in das das englischer Norfolks und Hackneys eingekreuzt wurde. Trotz der äußerlich deutlichen Unterschiede in Format und Verwendung werden der Postier und der schwere Bretone im gleichen Stutbuch geführt. Einzelangaben siehe unter Postier.

Zu den drei Typen ist zusammenfassend zu sagen, daß ihnen eine große Ausdauer und Energie, ein angenehmes Temperament und eine erstaunliche Anpassungsfähigkeit zu eigen sind. Sie gelten außerdem als hart und genügsam.

Geschichtlich gesehen, kannte man in der Bretagne bereits im frühen Mittelalter einen kräftigen Pferdeschlag, der vielseitig zu gebrauchen war: einen Paßgänger, der als Reitpferd verwandt wurde und als Vorfahr des Bidet (entspricht etwa dem englischen Cob) gilt, und den sog. Sommier, ein tragstarkes Packpferd.
Enge Zusammenhänge bestehen auch zu dem heute kaum noch gezüchteten Corlay-Pferd (s. d.), Kreuzungsprodukt zwischen Bretonen einerseits und Arabern und Vollblütern andererseits, sowie zu den bretonischen Unterarten aus Plancoet und La Bouille, die durch Einkreuzung mit Boulonnais- und Percheron-Blut entstanden.
Zuchtgebiet: Bretagne (Frankreich).
Verbände/Organisationen: Race Bretonne, Féderation des Sociétés Hippiques, B. P. 24, 29 N-Landerneau.

Cauchois Eine unter dem Begriff „Race Cauchoise" bekannte örtliche, nach der Region Caux benannte und auf den Bezirk Seine-Inférieure (Normandie) beschränkte Abart des Boulonnais (s. d.); Kaltblut.

Clydesdale Zwei Rassen begründeten den weltweiten Ruhm der britischen Kaltblutzucht: der englische Shire (s. d.) und der schottische Clydesdale. Pferde mit einer gewaltigen Kraft, denen keine Wagenlast zu schwer und kein Ackerboden zu fest war. Pferde, die zuverlässig wie Maschinen gingen, bis sie durch diese abgelöst wurden — für immer.
In den letzten Jahrzehnten ist ihre Zahl so weit zurückgegangen, daß man um ihr Ende bangen muß.
Geschichte: Der Clydesdale, benannt nach dem Flüßchen Clyde in der Lanark-Graftschaft im Süden Schottlands, entstand aus einheimischen Landstuten und flandrischen Hengsten, die im 17. Jahrhundert eingeführt wurden. Aus dieser geglückten Verbindung entwickelte sich ein Zugpferd, das außer Kraft, Gewicht, Größe und Einsatzwilligkeit auch ein ausgeglichenes Temperament und einen gutmütigen Charakter aufzuweisen hatte. Dieses ausgezeichnete, schwere und doch bewegliche Pferd verbreitete sich später über England, Wales und Irland und wurde außerdem in zahlreiche europäische Länder (Rußland, Deutschland, Italien, Österreich) und nach Nord- und Südamerika sowie in neuerer Zeit nach Australien und Südafrika ausgeführt.
Beschreibung: Verhältnismäßig kleiner, meist keilförmiger Kopf; langer, nicht allzu schwerer, gut

aufgesetzter Hals; mächtiger Brustkasten von großer Tiefe; freiliegende Schultern; betonter Widerrist; sehr kurzer Rücken; gut geschlossene, kräftige Nierenpartie; schräge, breite Kruppe. Gliedmaßen (vorn meist etwas höher als hinten) stark und muskulös; sehr breite, große, nicht immer einwandfreie Hufe.

Größe: Durchschnittlich 170 cm (± 5 cm); manche Exemplare werden bis zu 180 cm groß.

Farben: Meist dunkelbraun; gelegentlich Rappen, selten Schimmel. Charakteristisch sind die großen weißen Abzeichen an Kopf und Gliedmaßen sowie der kräftige Beinbehang, der beim Clydesdale etwas feiner und seidiger als beim Shire-Pferd ist.

Beurteilung: Eines der stärksten Kaltblutpferde überhaupt; etwas leichter als Shire und Belgier, aber im Leistungsvermögen diesen gleichzusetzen. Verlangt eine reichliche Ernährung. Geht einen langen, regelmäßigen Schritt, zeigt ausreichend Aktion im Trab.

Zuchtgebiete: Hauptsächlich südliches und südwestliches Schottland; kleinere Zuchten auch in England, Nordirland und Ulster sowie in Australien, Südafrika, USA und Kanada.

Verbände/Organisationen:

Großbritannien: „Clydesdale Horse Society of Great Britain and Ireland", 19 Hillington Gardens, Glasgow SW 2 (1877 gegründet).

Südafrika: „Clydesdale Horse Breeders Society of South-Africa".

USA: „Clydesdale Breeders Association of the United States (CBA)", Batavia, Iowa/USA 52533 (früher American Clydesdale Association) — 1933 gegründet.

Comtois (Race Comtoise) In der Umgebung von Besançon (Dep. Doubs, westl. der Schweizer Grenze) seit Jahrhunderten gezüchtete und mit dem Ardenner (s. d.) verwandte Kaltblutrasse. Nach seiner engeren Heimat, dem burgundischen Weinbaugebiet östlich von Besançon, wird der Comtois oft auch als das „Pferd von Maiche" bezeichnet.

Von den Burgundern eingeführt (5. Jahrh.?), war es in den Ritterheeren Karls des Kühnen von Burgund (um 1460) als Kriegsroß ebenso zu finden wie in den Armeen Kaiser Karls V. (1519—1556) und Ludwigs XIV. (1643—1715). Noch im letzten Krieg bewährte es sich als ein außergewöhnlich hartes und widerstandsfähiges mittelschweres Zugpferd, hauptsächlich in gewohnter bergiger Landschaft.

Außer diesen Vorzügen besitzt der Comtois einen gutartigen Charakter und ein lebhaftes Temperament.

Auch in seinem Exterieur weist er ein für ein Kaltblut sehr ansprechendes Bild auf: ausdrucksvoller Kopf mit lebhaften Augen und kleinen, beweglichen Ohren; gut aufgesetzter Hals, breite, tiefe Brust; starke, trockene Gliedmaßen (gelegentlich kuhhessige Stellung) mit einwandfreien, festen Hufen. Größe: durchschnittlich 155 cm (± 5 cm).

Farben: meist fuchsfarben.

Schade, daß die Geschichte dieses zuverlässigen und treuen Pferdes ihrem Ende entgegenzugehen scheint.

Zuständiger Verband: Maison de l'Agriculture pl. Jean-Cornet, 25 Besançon.

Condroz-Pferd Eine Abart des Brabanter Pferdes, die noch im 19. Jahrh. in Condroz, einer in dem Raume Namur/Lüttich (NW-Teil der Vorardennen) gelegenen Landschaft, als schweres Zugpferd gezüchtet und nach ihr benannt wurde.

Conestoga-Pferd Ein auf den US-Staat Pennsylvanien beschränkt gewesener Pferdeschlag, der vermutlich aus flämischen und geldernschen Pferden entstand und dem dann englische Kaltbluthengste (Shire und Clydesdale?) sein endgültiges Gepräge gaben.

Das Conestoga-Pferd war mit 175—178 cm das größte und mit über 750 kg auch das schwerste einheimische Pferd Nordamerikas.

Seinen Namen hatte es dem Indianerstamm der Conestoga zu verdanken, der in den Staaten Pennsylvanien und Maryland lebte und dem Volke der Irokesen angehörte.

In Wildwestfilmen und -shows vor dem Chuckwagen angespannte schwere Pferde mit dichtem Behang am Fesselkopf erinnern manchmal an diese gewaltigen, zugstarken und temperamentvollen Tiere, die schon seit langem durch den Motor ersetzt worden sind.

Conquet Ein nach der Ortschaft Le Conquet benannter und zur bretonischen Rasse zählender Schlag, in dem Raum um Brest beheimatet und nur von örtlicher Bedeutung. Meist Braune und verhältnismäßig klein (um 152,0 cm). Wird heute kaum noch gezüchtet.

Corlay-Pferd Ein nach der Ortschaft Corlay (im Dep. Côtes-du-Nord in der Bretagne; bekannt durch Pferdezucht und jährlich stattfindende Rennen) benanntes Kreuzungsprodukt aus Bretonen und Arabern bzw. engl. Vollblütern. War als Reit-

und leichtes Kutschpferd noch vor wenigen Jahrzehnten sehr gefragt, wird heute kaum noch gezüchtet. Größe: 150—155 cm.

Dölepferd (Östlandspferd, Gudbrandsdaler) Noch vor 25 Jahren gab es in Norwegen über 100000 Dölepferde, heute sind es nicht mehr als rd. 30000 Exemplare dieser leichten Kaltblutrasse, zwei Drittel des Gesamtpferdebestandes in diesem Lande.

Geschichte: Man nimmt an, daß der ursprüngliche, im Osten Norwegens heimische Pferdestamm aus Fjordpferden bestand, die in den fruchtbareren Gegenden wie dem Gudbrandsdal (daher sein zuerst gegebener Name) infolge günstigerer Lebensbedingungen zu schwereren und größeren Exemplaren sich entwickeln konnten (eine angebliche Einwirkung durch im Mittelalter eingeführte Friesenrappen ist nicht nachprüfbar). Die im 18. Jahrhundert beginnenden Kreuzungen mit fremden Rassen trugen dann zu einer weiteren Veränderung des Landschlages bei. An der Entwicklung zur Rasse waren hauptsächlich dänische Hengste (Frederiksborger) beteiligt, zu denen dann Englisches Vollblut hinzukam (der bedeutendste Vollbluthengst war der 1834 eingeführte Odin). Die eigentliche Rasse entstand schließlich gegen Ende des vorigen Jahrhunderts, nachdem man sich zur Reinzucht entschlossen hatte mit dem Ziel, durch eine entsprechende Zuchtwahl ein schwereres Exemplar zu erzüchten. Das Ergebnis war ein sehr bewegliches, hartes und ausdauerndes Pferd mit überaus gesunden Beinen, das sich für alle Zugarbeiten eignete, vor allem auf dem Gebiete der Land- und Forstwirtschaft.
Züchterischen Einfluß gewann es auf das Nordschwedische Pferd (s. d.) sowie auf einige russische Kaltblutrassen wie die des Weißrussischen Wagenpferdes.

Beschreibung: Mit 150—157 cm Stockmaß ein ziemlich kleines Kaltblutpferd, das mit 600—700 kg Gewicht auch nicht als schwergewichtig bezeichnet werden kann. Körperlich harmonisch gestaltet; mittelgroßer, oft sehr hübscher Kopf; starker, langbemähnter Hals; kräftiger Rücken, ziemlich langes Mittelstück, gute Gurtentiefe, lange, muskulöse Kruppe. Gesunde, trockene, starke Gliedmaßen mit einwandfreien Hufen.
Farben: Es kommen fast nur Braune und Rappen vor.

Insgesamt gesehen ein hartes, ausdauerndes, anspruchsloses, leichtfuttriges und sehr bewegliches Tier mit energischem Schritt und besonders starker Trabveranlagung, die der Norweger gern zu Rennen mit dem Sulky nutzt. Der Gudbrandsdaler wurde früher übrigens auch als sonntägliches Reitpferd verwandt, um im Damensattel die Frauen der Bauern zur Kirche zu bringen.

Zuchtgebiete: Hauptsächlich die Ostprovinzen Norwegens (Östlandet und Tröndelag).

Verbände/Organisationen: Nationale Östland-Pferdezüchter-Vereinigung Norwegens.

Freiberger Neben dem warmblütigen Einsiedler (s. d.) die einzige bodenständige Schweizer Kaltblutrasse, ursprünglich nur im Schweizer Jura, jetzt aber auch in den übrigen Gebieten des Landes gezüchtet. Stellt den stärksten Anteil (ca. 70%) des gesamten Schweizer Pferdebestandes dar.
Ein leichtes bis mittelschweres, kräftiges, genügsames, leichtfuttriges Pferd von großer Ausdauer und einwandfreiem Charakter, das hauptsächlich als Arbeitstier in der Landwirtschaft verwendet wird. Es dient außerdem im Schweizer Heer als tragstarkes und trittsicheres Packpferd. Sehr brauchbar erweist es sich auch, mit Eselhengsten gekreuzt, als Maultier.
Die Rasse der Freiberger erstand erst in der zweiten Hälfte des 19. Jahrhunderts aus einheimischen Landstuten, die mit englischem und französischem Kaltblut, vor allem Ardennern, sowie Normännern gekreuzt wurden. Die in jüngerer Zeit versuchsweise erfolgte Zuführung von Araberblut mit dem Ziel der Veredelung bzw. Schaffung eines Reitpferdtyps erbrachte bisher nicht den erhofften Erfolg.
Die durchschnittliche Größe beträgt ca. 158 cm, das Gewicht um 650 kg.
Die vorherrschende Farbe ist braun; Abzeichen kommen nur selten vor.
Im Schritt und Trab leichte, harmonische Bewegungen.
Zuchtgebiet: Der Freiberger wird nur in der Schweiz gezüchtet mit Schwerpunkt um Saignelégier und Bellelay (Westschweiz). Von den ca. 150 Zuchthengsten befindet sich der größte Teil in privatem oder genossenschaftlichem, der Rest (ein Drittel) in Staatsbesitz (Hengstdepot in Avenches).

Gudbrandsdaler Siehe unter Dölepferd.

Jütländer Dänemarks alte, bodenständige Kaltblutrasse, die bereits in der Wikingerzeit (8. Jahrh.) bekannt war und im 12. Jahrhundert mehrfach lobend erwähnt wurde. In ihrer Entwicklungsgeschichte reichen die einzelnen Stationen vom

schweren Ritterroß des Mittelalters bis zum stattlichen Brauereipferd unserer Tage; in der Hauptsache aber war es ein tüchtiges, zuverlässiges, frommes Arbeitstier, das heute leider kaum noch gebraucht wird.
Wie hoch es im Ausland einmal geschätzt war, beweisen die vor längerer Zeit erfolgten Einfuhren in Großbritannien und Frankreich, die selbst über gute Kaltblutrassen verfügen. Ebenfalls gehörte Deutschland zu den am Jütländer interessierten Ländern; schließlich verdankt es ihm das Schleswiger Kaltblutpferd.
Aber auch auf das Jütländische Pferd wirkten mehrere andere Rassen ein. Im 18. Jahrhundert waren es dänische Frederiksborger (Warmblut), die ihn veredeln und ihm mehr Aktivität vermitteln sollten. In der 1. Hälfte des folgenden Jahrhunderts wurden aus dem gleichen Grunde Yorkshire-Coach-Pferde (ebenfalls Warmblut) eingekreuzt. Den stärksten Eindruck hinterließ der 1862 aus England geholte fuchsfarbene Suffolk- oder Shire-Hengst Oppenheim LXII (benannt nach dem Pferdehändler gleichen Namens), der bis 1869 erfolgreich deckte. Als wichtigster Blutlinienbegründer gilt „Aldrup Munkedal", der in seinem Pedigree den o. a. Oppenheim gleich mehrmals aufzuweisen hat.
Vor dem letzten Kriege gab es in Dänemark noch rd. 35000 Jütländer. 1955 waren es nur noch 14400 (mit 2500 Hengsten), von denen heute nur noch ein paar Hundert übriggeblieben sind.
Beschreibung: Ein kraftvolles, 155—160 cm großes und bis zu 900 kg (stärkste Hengste) wiegendes Kaltblutpferd, das mehr dem Shire (Gesamterscheinung und Beinbehang) als dem Suffolk (Fuchsfarbe) ähnelt. Es hat einen mittelgroßen, schweren Kopf, starken Hals, eine breite Brust, ein verhältnismäßig langes Mittelstück, eine muskulöse, breite Kruppe. Kurze, stark bemuskelte Gliedmaßen meist mit kräftigem Kötenbehang und häufig starken, aber flachen Hufen. Dichtes, leicht gewelltes Langhaar.
Die Fuchsfarbe dominiert eindeutig (früher waren es braun und schwarz), doch kommen gelegentlich auch Braune und Schimmel vor.
Der Jütländer gilt im allgemeinen als ein sehr gutartiges Pferd mit einem ruhigen, ausgeglichenen Temperament. Ist ausdauernd, arbeitswillig und sehr zugstark. Zeigt fleißige und energische Bewegungen im Schritt und Trab.
Zuchtgebiete: Dänemark. Zuchtzentrum Halbinsel Jütland, außerdem Insel Fünen.

Litauisches Kaltblut Das in den baltischen Provinzen (mit Schwerpunkt in Litauen) bodenständige, starkknochige Kaltblutpferd, das durch Kreuzung vor allem mit einheimischen und aus Schweden eingeführten Ardenner-Hengsten entstanden ist. Gilt als hart, widerstandsfähig und leistungsstark.
Größe: Um 160 cm; Röhrenumfang: bis 25,7 (!) cm; Gewicht: bis 600 kg.

Maine (Trait du Maine) Im Grunde genommen ein Percheron, der nicht in der Perche, sondern in einem Gebiet beheimatet ist, das, z. T. aus Teilen der alten Provinz Maine gebildet, die Dep. Mayenne, Maine-et-Loire (Norden) und Sarthe (Westen) umfaßt. Mit einer Durchschnittsgröße um 162 cm ist der Maine etwas kleiner als der eigentliche Percheron, entspricht aber sonst ganz dem Typ dieser Rasse.
Ein Stutbuch besteht seit 1909. Leider wird der Maine heute nur noch in geringer Zahl gezüchtet.

Moulassier-Pferd (Mulassier, Mulassière, Poitevin, Poitou-Pferd) Ein im Raum um Poitiers (Dep. Vienne, südl. der Loire; Karl Martell stoppte dort 732 den Vormarsch der Araber) gezüchtetes Kaltblutpferd, hauptsächlich bekannt geworden durch das Poitou-Maultier, an dessen Erzeugung die meisten Stuten der Moulassier-Rasse beteiligt sind.
Geschichte: Die ursprünglich im Poitou-Gebiet vorhanden gewesene Rasse galt als häßlich, plump und träge. Erst die Zuführung holländischer Pferde zur Zeit der Trockenlegung der Poitou-Sümpfe vor etwa 200 Jahren erbrachte eine Ver-

Moulassier-Stute mit Maultierfohlen

besserung in Ex- und Interieur, ohne allerdings die Merkmale des alten Poitou ganz verdrängen zu können. Dies gelang auch nicht den später zugeführten französischen Kaltbluthengsten (vor allem solchen der Percheron- und Boulonnais-Rasse des Abbeville-Typs), die trotz des eigenen energischen Temperaments an der Wesensart des Moulassier wenig verändern konnten.
Seit langem wird die Masse der Moulassier-Stuten (etwa 70 %) zur Maultierzucht verwandt (mit Hengsten aus der Poitou-Esel-Rasse); das Ergebnis sind starke, auch heute noch gefragte, große und kräftige Maultiere für den Einsatz in schwierigem Gelände. Der übrige Teil (etwa ein Drittel) dient der Erhaltung der Moulassier-Rasse selbst.

Beschreibung: Großer, schwerer, meist unschöner Kopf (gelegentlich auch ein solcher, der an den Percheron erinnert), meist kleine Augen und lange, dickhäutige Ohren. Ramsnase, kurzer Hals. Gesamter Körperbau ziemlich knochig wirkend. Starker Behang an den kräftigen Gliedmaßen. Dicke Haut. Größe: bis 167 cm.
Im Wesen träge, ziemlich langsam; gutmütig.

Beurteilung: Ein Kaltblutpferd, dessen Aussehen, verglichen mit dem anderer französischer Kaltblutpferde, als gewöhnlich zu bezeichnen ist, das aber im Hinblick auf die Poitou-Maultierzucht unersetzbar ist.

Zuchtgebiete: Nach wie vor die alte Provinz Poitou südl. der Loire mit Schwerpunkt im heutigen Dep. Vienne. Stutbuch seit 1885 mit einer Sektion für die Zucht von Moulassier-Pferden und einer zweiten für Poitou-Maultiere bzw. -Esel.

Niederländisches Kaltblut Wie in Belgien haben auch die Holländer schon im Mittelalter ein ziemlich schweres Pferd gekannt, das auf der Grundlage des flämischen Rosses entstanden war. Dieser stabile, große Schlag wurde später mit Belgiern, Clydesdalern und Percherons gekreuzt, erbrachte aber nicht die erwünschte Einheitlichkeit. Erst mit der Einführung des „Stamboek for het Nederlandse Trekpaard", an dessen Entstehung belgisches Kaltblut entscheidend beteiligt war, trat eine deutliche Verbesserung ein. Von besonderer Wichtigkeit für die Zucht erwies sich nach dem 1. Weltkrieg vor allem der belgische Hengst Albion d'Hor, dessen Sohn Avenir d'Herse einer der beiden wichtigsten Linienbegründer wurde. Auf Albion ist auch der später in der Zucht sehr erfolgreich gewesene Costaud de Marche zurückzuführen. Die andere Blutlinie führt der Hengst Nico van Melo mit seinen vier „Nico"-Söhnen an.
Das niederländische Kaltblut genoß im ganzen Land über Jahrzehnte ein hohes Ansehen, da es sich nicht nur im Arbeitseinsatz auf schwersten Böden bewährte, sondern sich auch als charakterlich gutartig, im Temperament ausgeglichen und in der Haltung sehr genügsam erwies, von der der Rasse eigenen Langlebigkeit und Fruchtbarkeit ganz abgesehen.
Gleich dem Belgier besitzt auch das Niederländische Kaltblut einen gewaltigen, muskelstarken, schwerknochigen Körper auf stabilem Fundament. Mit 165 cm Höchstmaß gehört es nicht zu den größten, mit einem Gewicht von nur wenig unter einer Tonne aber zu den schwersten Kaltblütern Europas.
Wie überall in den Industrieländern hat auch in Holland die Zahl dieses Kaltblüters abgenommen, zumal die beiden starken Wamrblutrassen (Groninger und Gelderländer) und der Westfriese ihn vielerorts ersetzen können. Trotzdem hält der Zuchtverband seit 1921 alle zwei Jahre in Hertogenbosch eine großangelegte Schau ab, in deren Mittelpunkt das schwere Niederländische Kaltblut steht.

Nivernais (Trait Nivernais) Ein seit 1830 im franz. Dep. Nièvre im nordwestl. Burgund gezüchtetes schweres Kaltblutpferd, das keine eigene Rasse darstellt, sondern als Abart des Percheron zu betrachten ist.
Anfangs nur Apfelschimmel, wurden ab 1870 auf Wunsch der nordamerikanischen Aufkäufer fast ausschließlich Rappen gezüchtet und nur solche in das 1880 begründete Stutbuch aufgenommen. Später (ab 1930) wurden auch Schimmel zugelassen.
Ansonsten dem Percheron sehr ähnlich, allerdings mit etwas schwererem und nicht so edlem Kopf und abfallender Kruppe. Größe: 165—175 cm; Gewicht: um 900 kg.
Ein außergewöhnlich hartes und widerstandskräftiges Kaltblutpferd, das auch im Winter im Freien gehalten wird. Heute nur noch in geringer Zahl vorhanden.
Anschriften: Stutbuch, Fédération des Syndicats d'Elevage Hippiques, 58 Villars-St. Parize-le-Cretel.

Nordschwedisches Pferd Typ des leichten Kaltblutpferdes, das aus dem alten skandinavischen Pferd hervorgegangen und mit dem norwegischen Dölepferd (s. d.), ebenfalls ein leichteres Kaltblut, zweifellos verwandt ist. Zahlreiche Kreuzungsversuche mit verschiedenen Rassen hätten im letzten

Viertel des vergangenen Jahres fast das Ende dieser zähen Rasse herbeigeführt, wenn man sich ab 1890 nicht zu einer konsequenten Reinzucht entschlossen hätte, die auch heute noch betrieben wird.
Im einzelnen handelt es sich um ein mittelgroßes (Hengste 156, Stuten 154 cm) und mittelschweres Pferd (650—750 bzw. 550—700 kg) von besonderer Beweglichkeit, Ausdauer, Härte und Genügsamkeit. Hinzu kommt ein lebhaftes Temperament und ein ausgeglichener Charakter. Verwendet wird es vor allem in der Land- und Forstwirtschaft, vor dem Wagen oder im Winter vor dem Schlitten. Infolge seines ausgezeichneten Trabvermögens, das es schon früher bei winterlichen Schlittenfahrten bewiesen hat, wird es auch zu Trabrennen verwandt.
Haarfarben: Überwiegend braun und schwarz; gelegentlich Füchse und Falben.

Zuchtgebiete: Mittlerer bis nördl. Teil Schwedens mit Schwerpunkten in Jämtland, Dalekarlien, Värmland und im nördlichen Teil der schwedischen Küste am Bottnischen Meerbusen.

Noriker (Pinzgauer, Oberländer) Das österreichische Gegenstück zum deutschen Noriker, der 1952 in „Süddeutsches Kaltblut" umbenannt wurde. Trotz zahlenmäßiger Abnahme bildet der kaltblütige Noriker noch immer die stärkste Pferderasse des Donaulandes.
Wie das Süddeutsche Kaltblut ist der Noriker ein mittelschweres (600—700 kg) und bis zu 160 cm großes Pferd. Auch in Österreich dominieren Braune und Füchse; dagegen sind Rappen und Schimmel selten, den früher einmal für den Noriker typischen Tigerschecken sieht man heute kaum noch.
Infolge der in Österreich vorhandenen Betriebsstruktur stellt das norische Pferd vor allem in der Landwirtschaft einen Faktor von bleibendem Wert dar, der auch durch den Traktor nicht ersetzt werden kann. Gerade der Zucht des österreichischen Norikers kommt daher eine besondere Bedeutung zu.

Zuchtgebiete: Faktisch das ganze Staatsgebiet mit Schwerpunkten in den bergigen Landesteilen Salzburg, Kärnten und Steiermark. Gestüte: Bundeshengststallamt Stadl bei Lambach in Oberösterreich mit Landstallämtern in Wien, Innsbruck, Graz und Klagenfurt. Außerdem staatliche Fohlenaufzuchthöfe in Stoissen bei Saalfelden (Salzburg) und in Kärnten (Ossiacher Tauern).

Verbände/Organisationen: Arbeitsgemeinschaft der norischen Pferdezuchtverbände Österreichs.

Ergänzende Angaben siehe unter „Süddeutsches Kaltblut".

Oberländer Siehe unter Süddeutsches Kaltblut bzw. Noriker.

Östlandspferd Siehe unter Dölepferd.

Pechora (Pechorsky)-Pferd Ein außergewöhnlich hartes, wetterfestes, anspruchsloses und tüchtiges Zugpferd, das eine Mittelstellung zwischen Kalt- und Warmblut einnimmt, zu ersterem aber gerechnet werden sollte. Es wird in den Tälern des Pechora-Flußes im Norden der SU gezüchtet und ist nur von regionaler Bedeutung.

Percheron Das Pferd, das vor allen anderen Kaltblutrassen, selbst den britischen, in vielen Ackerbau betreibenden Ländern eine mehr oder weniger starke Verbreitung fand. So betrug noch vor wenigen Jahrzehnten der Anteil der in den USA gehaltenen Percherons, gemessen an der Zahl aller dort erfaßten reinrassigen Hengste, über 50 %, eine Feststellung, die den Wert und die Wertschätzung dieses starken, ausdauernden, beweglichen und temperamentvollen Pferdes verdeutlicht.

Percherons in der Zirkusmanege (Ehepaar Mullens)

Vierergespann mit Percherons (Gestüt le Pin)

Selbst auf der an hervorragenden Kaltblutpferden gewiß nicht armen britischen Insel von Wales bis Schottland behauptete es sich, obwohl „Ausländer“, wegen seiner vorzüglichen Eigenschaften neben dem Shire, Clydesdale und Suffolk. Die meisten von uns, soweit sie sich für zirkusbegeistert halten, kennen den Percheron (vielleicht ohne es zu wissen) von der Manege her: ein meist eisengraues oder schimmelfarbenes, großes, starkes Pferd mit edlem Kopf und breitem, festem Rücken, auf dem zwei oder sogar drei kunstreitende Artisten ihre Voltigen zeigen.

Geschichte: Ursprünglich (im frühen Mittelalter) ein schwerer Landschlag, erhielt die Percheron-Rasse im Laufe ihrer langen Geschichte mehrfach Blutzuführungen iberisch-orientalischen Pferdeblutes. Anfangs zufällig und im Zusammenhang mit das Land bewegenden politischen Ereignissen des 8. bis 13. Jahrhunderts, erfolgte später durch den Grafen von Perche eine bewußt durchgeführte Kreuzung zwischen einheimischen Stuten und spanischen und orientalischen Hengsten, aus der sich schon bald ein starkes, schweres, ausdauerndes und temperamentvolles Pferd entwickelte, nicht zuletzt auch dank der günstigen ökologischen Umstände.

Besonders stark beeinflußten dann (um 1820) zwei Araberhengste, die Schimmel „Gallipoli“ und „Godolphin“, die in Le Pin stationiert waren, die Percheronzucht. Vor allem war es der berühmte Hengst und Gallipolis Sohn, „Jean de Blanc“, der sehr erfolgreich betätigt wurde.

Die spätere Verwendung von Bretonen und Boulonnais ergab den als modern zu bezeichnenden Percheron, der zuerst in zwei Variationen gezüchtet wurde (manche sprechen von drei Typen):

a) einem leichteren Percheron mit viel Araberblut, der heute nicht mehr gezüchtet wird und
b) einem größeren, massigeren Typ, der der Vorstellung der Nordamerikaner als wichtigste Abnehmer von einem schweren und starken Pferd entsprach und häufig Größen bis zu 177 cm und Gewichte bis zu einer Tonne aufwies.

Bereits 1839 wurden die ersten Percherons in die USA eingeführt, in denen sie wegen ihrer flotten Gängigkeit und besonderen Geeignetheit in den riesigen Ackerbaugebieten des Landes sehr beliebt waren. Die Amerikaner gründeten deshalb zur Förderung der Percheronzucht schon 1876 die „American Percheron Breeders Association“ in Chikago.

Erheblich später, nämlich von 1916 an, fand dieses fleißige und leicht zu erziehende Zugpferd auch Eingang in Großbritannien, hauptsächlich bei der bespannten Artillerie, ebenso auch in der Landwirtschaft, in der es sich trotz starker Motorisierung und Modernisierung neben den englischen Rassen behauptet hat. Wenn auch in erheblich kleinerer Anzahl als vor 40 oder 50 Jahren. Auch in anderen europäischen Ländern war der Percheron sehr gefragt, so in den Niederlanden, in denen die eigenen schweren Rassen mit Percherons gekreuzt wurden, um ersteren mehr Bewegung und Temperament zu vermitteln. In der Sowjetunion, die den Percheron aus Frankreich in zahlreichen Exemplaren einführte, wurde er nicht nur zur Verbesserung eigener Rassen in vielen Gebieten eingesetzt, sondern auch rein nachgezüchtet. Durch Zuchtauswahl und entsprechende Fütterung gelang den Russen ein sehr genügsamer Typ, der mit einem Gewicht um 750 kg erheblich leichter und bei einer Höhe von 162 cm (Stuten 158) auch kleiner als das französische Original war.

Von den Südamerikanischen Staaten bevorzugten vor allem Argentinien und Paraguay den Percheron.

Heute ist auch die Zahl der Percherons stark zurückgegangen, in Frankreich wie in den Ausfuhrländern, in dem einen mehr als in dem anderen, aber immer aus den gleichen bekannten Gründen.

Beschreibung: Ein feiner, edler, ausdrucksvoller Kopf mit gerader Nasenlinie und breiter Stirn; lebhafte Augen, große Nüstern; mittellanger, starker Hals (beim nordamerikanischen Typ jedoch ausgesprochen kurz); Widerrist wenig ausgeprägt; kräftiger, kurzer Rücken, breite, lange gespaltene Kruppe; ziemlich steile Schulter; meist hoch angesetzter, dichter Schweif. Starke, trockene

Gliedmaßen mit etwas Behang; gesunde, harte Hufe.
Größe: 160—172 cm (Ausnahmen bis 177 cm), Gewicht: 800—900 kg (Hengste gelegentlich bis 1 000 kg).
Farben: Eisengrau, Schimmel und Rappen (letztere wurden in erster Linie für die USA und Kanada gezüchtet); feines Haarkleid.
Beurteilung: Ein trotz seiner Masse sehr bewegliches Pferd mit einem freien, lockeren Schritt und energischem Trab. Ausdauernd, stark. Anpassungsfähig, gutmütig und sehr gelehrig. Ein Pferd, das Hervorragendes zu leisten vermag: im Gespann, im schweren Arbeitseinsatz und als Zirkuspferd.
Kreuzungen mit englischem Vollblut ergeben einen brauchbaren Schwergewichts-Hunter.
Zuchtgebiete/Gestüte: Altes Zuchtgebiet von Perche. Gestüt: Le Pin (Dep. Orne).
Verbände/Organisationen: Frankreich: Stutbuch (Livre généalogique de Haras) Societé Hippique, 7 rue Villette-Gâté, 28 Nogent-le-Rotrou. — England: British Percheron Horse Society, Owen Webb House, Gresham Road, Cambridge.
Abarten des Percheron: Obwohl nachstehende Schläge bzw. Typen eigentlich zur Percheron-Rasse gehören, tragen sie, weil außerhalb des Zuchtgebietes von Perche, eine eigene, ihrem Herkunftsraum entsprechende Bezeichnung. Über alle diese Typen gibt es ein eigenes Stutbuch. Im einzelnen handelt es sich um
Trait du Maine (Stutbuch seit 1909)
Trait Nivernais (Stutbuch seit 1880)
Trait Augeron (Stutbuch seit 1913)
Trait Berrichon (Stutbuch seit 1923)
Trait Bourbonnais (Stutbuch)
Trait de la Loire (Stutbuch)
Trait de Saône et Loire (Stutbuch).

Pinzgauer Siehe unter Süddeutsches Kaltblut bzw. Noriker.

Postier (Postier Breton, franz. Postkutschpferd) bezeichnet — allgemein betrachtet — keine Rasse, sondern einen Gebrauchstyp, der überwiegend auf bretonischer Grundlage durch Kreuzungen mit anderen, leichteren Rassen entstand. Daran beteiligt waren außer dem Bretonen (gelegentlich auch Percherons zur Gewinnung eines besonders großen Postiers für die Pariser Omnibusse früherer Jahrzehnte) vor allem englische Norfolk-Trotters und Hackneys. Dies ergab den sog. Postiertyp mit den erwünschten energischen Bewegungen, aber auch mit mehr oder weniger deutlichen Warmblutanteilen.
Heute rechnet man den Postier als den leichteren Typ zur Rasse der Bretonen, obwohl zwischen ihm und dem schweren bretonischen Pferd aus den Küstengebieten erhebliche Unterschiede vor allem im Format bestehen. Beide werden im gleichen Stutbuch geführt.
Die Größe des Postiers beträgt im Durchschnitt 155 cm (± 5 cm); die Hauptfarben sind Fuchs und Braune sowie Fuchs- und Braunschimmel; nur selten kommen Schimmel und Rappen vor.
Weiteres siehe unter Bretone.

Rheinisch-Deutsches Kaltblut Es wäre sicherlich nicht falsch gewesen, es einfach und schlicht, aber treffend „Deutsches Kaltblut" zu nennen; denn schließlich betrug der Anteil dieses schweren und doch leichtfuttrigen Kaltblüters in den Vorkriegsjahren über 75 % des gesamten Kaltblutbestandes in Deutschland (1938 waren es sogar 82,2 %). Aber da das Rheinland ihn gewissermaßen „entdeckt" und als erste Provinz mit einer intensiv betriebenen Zucht begonnen hatte, war es nur recht und billig, dieses Verdienst bei der Namengebung zu berücksichtigen. So erhielt das Pferd nach dem 1. Weltkrieg den Namen „Rheinisch-Deutsches Kaltblut".
Geschichte: Noch vor 100 Jahren waren dem in Deutschland gezüchteten Kaltblut außer Schleswigern vor allem Percheron-, Shire-, Clydesdale- und dänische Hengste zugeführt worden, um eine dringend notwendig gewordene Verbesserung bzw. Verstärkung der einzelnen Landschläge herbeizuführen. Nur im Rheinland hatte man frühzeitig mit der Einkreuzung belgischen Blutes be-

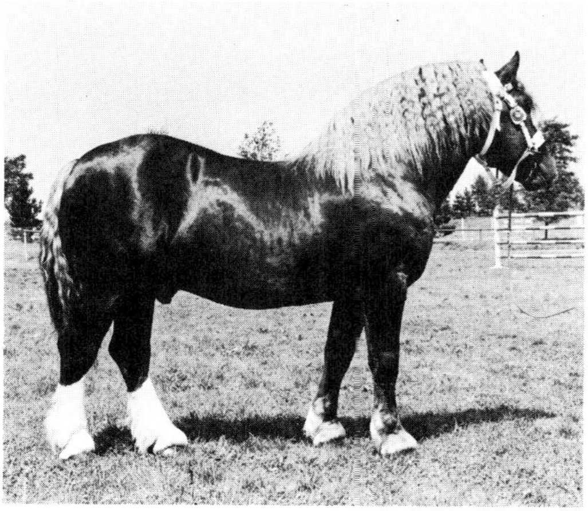

Rheinisch-deutscher Kaltbluthengst

Gespann mit Rheinisch-deutschen Kaltbluthengsten (Warendorf)

gonnen, die so erfolgreich verlief, daß sich auch die anderen Gebiete mit einer intensiven Ackerkultur dafür interessierten und schließlich selbst mit belgischen Hengsten ihre Kaltblutstuten kreuzten. Weitere Provinzen folgten, so daß schon bald nach dem 1. Weltkrieg im größten Teil des Deutschen Reiches das nunmehr namentlich benannte „Rheinisch-Deutsche Kaltblut" anzutreffen war. Auch Westfalen und Niedersachsen (von entsprechenden Teilen der DDR abgesehen) züchteten vor allem nach dem 2. Weltkrieg hervorragende Exemplare dieser Rasse, deren schwere Typen allmählich einem mittelschweren, trockeneren (dem Ardenner ähnlichen) weichen mußten.

Hengste von besonderer züchterischer Bedeutung waren nach dem 1. Weltkrieg im Rheinland u. a. Lothar III. sowie die noch qualitätsvolleren, aus Belgien eingeführten Albion-Nachkommen Gamin du Onze und Costaud de Marche (siehe Belgier), in Westfalen Avenir de Salmonsart, Tapageur de Jonquoi und Espoir und in der heute zur DDR gehörenden Provinz Sachsen hauptsächlich die Hengste Beau Fils de Naast und Gaulois du Monceau.

Heute ist von der einst blühenden Kaltblutzucht wenig geblieben. Das Zeitalter der schweren Zugpferde geht zu Ende, die schwersten, die die weiten Flachlandgebiete beherrschten, stehen schon davor.

Beschreibung: Das stärkste und schwerste deutsche Kaltblutpferd mit einer Höhe bis 170 cm und einem Gewicht bis zu einer Tonne (Durchscnittswerte: 165 cm bzw. 850 kg). Mit einem schweren, breiten Kopf, der durch die Masse des Halses und der übrigen Körperteile verhältnismäßig klein wirkt. Starker, kurzer, gut geformter und aufgesetzter Hals, oft mit Doppelmähne. Mächtige Schultern und breite Brust; starker, kurzer Rücken mit muskulöser, etwas abfallender Spaltkruppe. Sehr kräftige, starkbemuskelte, kurze Gliedmaßen mit Behang; stabile Gelenke und gut entwickelte Sehnen; große, feste Hufe.

Farben: Vorherrschend Braune und Braunschimmel.

Im Temperament ruhig und ausgeglichen, charakterlich gutmütig. Energisch, ausdauernd; genügsam. Trotz seiner Schwere beweglich. Geht einen guten, raumgreifenden Schritt und einen erstaunlich leichten Trab.

Beurteilung: Ein Pferd von imponierender Gestalt und Kraft, bei dessen Anblick man bedauern möchte, daß es einen Fortschritt gibt, der für vieles, auch für dieses wuchtige Tier, früher oder später das Ende bedeutet.

Zuchtgebiete: Heute gibt es im Stammgebiet, dem Rheinland, schätzungsweise um 50 eingetragene Rheinisch-Deutsche Kaltblüter, die mehr aus Treue zu diesem Pferd als aus Gründen der Notwendigkeit gehalten werden. Interssanter sind die Zahlen, die einmal gegolten haben. Der Anteil des Kaltblutpferdes am Gesamtpferdebestand betrug im letzten Jahr vor dem 2. Weltkrieg im

Rheinland	92,7 %
Provinz Sachsen (Sachsen-Anh.)	88,8 %
Bayern	83,0 %
Hessen-Nassau	80,0 %
Westfalen	72,0 %
Ostpreußen	67,0 %
Braunschweig	76,0 %
Thüringen	69,6 %
Baden	58,6 %
Schleswig-Holstein	54,0 %.

Davon gehörten insgesamt gesehen 82,2 % der Rheinisch-Deutschen Kaltblutzucht an, der Rest dem süddeutschen Kaltblut (13,5) und dem Schleswiger mit 4,3 %.

Russisches Kaltblut (Russisches Lastpferd) Ein kleines, aber ungemein kraftvolles, fleißiges und energisches Pferd, das zuerst in der Ukraine aus einer Kreuzung zwischen bodenständigen Stuten und kleineren belgischen Hengsten gezüchtet

wurde. Ist heute auch in einigen anderen Sowjetgebieten verbreitet.
Größe: Hengste bis 152 cm, Stuten 148 cm.
Farben: Es kommen hauptsächlich Braune vor, gefolgt von Füchsen und Fuchsschimmeln.

Sankt Märgener Siehe unter Schwarzwälder Kaltblut.

Schleswiger Eigentlich sollte man ihn einen Bruder des Jütländers nennen, nicht nur wegen der geografischen Nachbarschaft, sondern vor allem wegen der gleichen Hengstlinien, von denen die der beiden Aldrup-Munkedal-Söhne und Oppenheim-Nachkommen „Hövding" und „Prince of Jylland" zu den bedeutendsten in der Schleswiger Zucht zählen.
Bis zur Mitte des vorigen Jahrhunderts hatte man allerdings so viel Yorkshire- und sogar Vollblut eingekreuzt, daß aus dem Schleswiger beinahe ein Warmblüter geworden wäre.
Die 1891 erfolgte Gründung des Verbandes Schleswiger Kaltblutzüchter führte zu einer endgültigen Zielsetzung zum Zwecke der Erzüchtung eines mittelschweren, vielseitig verwendbaren Arbeitspferdes, wobei bis 1938 immer wieder dänische Hengste eingeschaltet wurden. Die Erfolge blieben nicht aus; denn der Schleswiger konnte sich über seinen schleswig-holsteinischen Heimatbereich hinaus auf das nördliche und östliche Deutschland ausbreiten, aus dem er aber später durch den Belgier bzw. das Rheinisch-Deutsche Pferd wieder abgelöst wurde.
Nach dem 2. Weltkrieg wurden vor allem zur Typverbesserung und der des Gangvermögens zwei französische Kaltbluthengste eingeführt, ein Boulonnais und ein Bretone, von denen ersterer sich als der bessere erwies.
Auch diese verdienstvolle Kaltblutrasse ist von der Entwicklung in Landwirtschaft und Industrie nicht unberührt geblieben; immer mehr verdrängt sie die Maschine von dem Acker und den Straßen Schleswig-Holsteins.
Beschreibung: Ein im Durchschnitt 160 cm (± 5) großes, kräftiges Pferd mit mittellangem, breitstirnigem Kopf, einem muskulösen, nicht zu kurzen Hals, kurzem Rücken, leicht abfallender Kruppe und vier kurzen, gut bemuskelten Gliedmaßen mit mehr oder weniger Behang. Gelegentlich noch flache Hufe, die früher sehr häufig vorkamen.
Wie beim Jütländer herrscht auch beim Schleswiger die Fuchsfarbe vor. Infolge der Einschaltung des Boulonnais sind aber auch ab und zu Schimmel anzutreffen.
Im Wesen lebhaft, gutartig, zuverlässig. Harmonische Bewegungen in den Gangarten, langer Schritt und bodendeckender Trab.
Zuchtgebiete: Nur Schleswig-Holstein.

Schwarzwälder Kaltblut (Sankt Märgener) Ein im Schwarzwald heimischer Landschlag einst klösterlicher Zucht, der durch eingeführte Pinzgauer (Noriker), österreichisches und französisches Halbblut sich zum Sankt Märgener entwickelte.

Schwarzwälder Kaltbluthengst

Die kleinste und leichteste deutsche Kaltblutrasse, deren Zuchtgebiet sich auf den Hochschwarzwald beschränkt. Wird dort heute noch, wenn auch nur in geringer Zahl, zur land- und forstwirtschaftlichen Arbeit eingesetzt.
Insgesamt betrachtet ein ziemlich edel wirkendes, kräftiges, einem Cobtyp ähnelndes Pferd von 145—150 cm Größe und um 500 kg Gewicht, mit sehr energischen, fördernden und harmonischen Bewegungen im Schritt und Trab. In der Unterhaltung leichtfuttrig und genügsam, außerdem sehr arbeitswillig, fleißig und ausdauernd, von gutartigem Charakter und lebhaftem, aber ausgeglichenem Temperament. Im allgemeinen frei von irgendwelchen Exterieurmängeln.

Schwedischer Ardenner Siehe unter Ardenner.

Shire-Pferd Im Mittelalter nannte man es das „Große Pferd von England", das die schweren Waffen und Geräte in die Schlacht brachte, das nicht nur gewaltige Lasten befördern konnte, sondern sich dabei auch ruhig und nervenstark be-

nahm. In den Turnieren benötigte es anstelle von Eleganz und Beweglichkeit vor allem Wucht und Masse, um das gegnerische Roß in die Knie zu zwingen und dessen Ritter in den Sand zu werfen, vorausgesetzt, ein größeres Gewicht stand nicht dagegen.
In unserer, auf Superlative erpichtere Zeit würde man vom „größten und stärksten Pferd der Welt" sprechen und zumindest in England damit den Shire meinen. Man sollte es neidlos zugestehen, obwohl die schwersten Belgier kaum schwächer und leichter sind.
Geschichte: Auch die Ritterzeit ging einmal zu Ende, und damit änderte sich das bisherige Zuchtziel, das anstelle eines Kriegsrosses die allmähliche Schaffung eines noch schwereren Transport- und Wirtschaftspferdes vorsah. Woher man die dafür geeigneten Zuchthengste nahm, ist nicht mit Sicherheit zu sagen. Vermutlich stammten die ersten Hengste aus den mittelenglischen Grafschaften, den Shires, denen das Pferd seine Bezeichnung verdankte. Bereits im 18. Jahrhundert war die Zucht so gefestigt, daß man dem Pferd den bis heute gebliebenen Namen „Shire" gab.
Im Jahre 1878 wurde die „Shire Horse Society" gegründet, die dafür sorgte, daß man in der Welt nur zwei englische Pferderassen kannte: das Vollblut als den Inbegriff von Schnelligkeit und Klasse und das Shire-Pferd, das Kraft und Stärke verkörperte.
In den Vereinigten Staaten wurde bereits 1885 die „American Shire Horse Association" gegründet, sieben Jahre nach der des englischen Verbandes, mit der Cleveland Bay-Vereinigung zusammmen der älteste Pferdezuchtverband in den USA.

Doch auch vor dem ehrwürdigen, verdienstvollen Shire machte die Entwicklung nicht halt. Die Zeit, in der man schwere und allerschwerste Pferde brauchte, ist nunmehr endgültig vorüber. Wie überall in den Industrieländern hat der Motor ihre Stelle eingenommen; auch das Shire-Pferd hat er von seinem Platz verdrängt, den es nie wieder einnehmen wird.

Beschreibung: Oberflächlich gesehen, besteht eine Ähnlichkeit mit dem Clydesdale, vor allem bedingt durch die für beide Rassen charakteristischen großen weißen Abzeichen an Kopf und Gliedmaßen und den dichten Beinbehang, der beim Shire nicht ganz so seidenweich und fein wie beim Clydesdale wirkt.
Im einzelnen: mittelgroßer, im Profil geradliniger Kopf mit ziemlich breiter Stirn und kleinen, spitzen Ohren. Hals kräftig, nicht zu lang und gut aufgesetzt; kurzer, starker Rücken; muskulöse, breite, lange Kruppe. Sehr kräftige Gliedmaßen mit einwandfreien, großen Hufen. Fesselung soll manchmal etwas weich sein.
Haarfarbe: braun in verschiedenen Abstufungen; gelegentlich Rappen und Schimmel.
Größe: durchschnittlich 170 cm (± 5); doch kommen auch bis 180 cm große Exemplare vor.
Gewicht: ausgereifte Hengste werden bis zu 1 100 kg schwer.
Beurteilung: Ein ungemein starkes, ja, mächtiges Pferd, das in der Lage ist, gewaltige Lasten zu ziehen. Vor dem Zugmessgerät schafften manche Hengste 5,0 to und mehr.
Der Shire gilt als ein sehr zuverlässiges, arbeitswilliges und gutartiges Pferd, das außerdem sehr anstellig ist. Es kann bereits mit drei Jahren eingesetzt werden.
Zuchtgebiete: Ganz England (mit Schwerpunkt im mittleren Teil) und Irland sowie kleinere Zuchten in den USA, Kanada und Südamerika.
Verbände/Organisationen:
Großbritannien: „Shire Horse Association", 12 Priestgate, Peterborough/England.
USA: „American Shire Horse Association (ASHA)", P. O. Box 88, Lynden, Washington 98264 (dieser Verband hat sich mit der „American Suffolk Horse Association" zusammengetan; beide Verbände geben auch gemeinsam ein halbjährlich erscheinendes Rundschreiben heraus).

Sowjetisches Kaltblut (Sowj. Lastpferd) Im Gegensatz zum kleineren Russischen Kaltblut (s. d.) eine erst nach der Revolution entstandene Zucht aus bodenständigen Stuten (Potschinkowski- / Mordowski-Gebiet) und belgischen Hengsten. Ein schweres, trockenes, leistungsfähiges, anspruchsloses Pferd um 160 (Hengste) und 157 cm (Stuten) Größe. Röhrbein 25,0 bzw. 23,3 cm. Gewicht um 800 kg.
Gute Bewegungen im Schritt und Trab (2000 m in 5:07,2 min).

Süddeutsches Kaltblut (Noriker, Pinzgauer, Oberländer) Noch vor etwas mehr als 20 Jahren kannte man diese zusammenfassende Bezeichnung nicht. Bis dahin hatte man im bayrischen Oberland einen Oberländer, im Chiemgau einen Pinzgauer, Typen, die es auch in Österreich gab und noch gibt, der eine ein leichterer, der andere ein schwererer Schlag. Von gemeinsamer Herkunft waren sie aber alle — „Noriker", die man auf die schweren Pferde in der römischen Provinz Noricum zurückführte und die in Österreich jetzt noch so heißen.

Süddeutsches Kaltblut: Stute mit Fohlen

Noriker kannte man schon im frühen Mittelalter. Sie erfreuten sich der besonderen Beachtung und Wertschätzung durch die Klöster, vor allem der im Salzburger Raum gelegenen, die viel für die Zucht dieser alten, anspruchslosen Rasse taten. Im 17. und 18. Jahrhundert kreuzte man Spanier und Neapolitaner ein, denen der gelegentlich heute noch anzutreffende Ramskopf zu verdanken ist. Im vergangenen Jahrhundert kamen dann noch ein paar andere Warmblut- sowie kaltblütige Rassen hinzu (u. a. Oldenburger, Holsteiner und Clydesdaler). Das Ergebnis waren der durch die eingekreuzten Warmblüter entstandene Oberländer und der massivere Pinzgauer, dem die Kaltblutanteile zugeflossen waren.

Später züchtete man nicht nur rein, sondern bemühte sich in den letzten Jahrzehnten, durch Einführung geeigneter norischer Hengste aus Österreich um eine Verstärkung und Vereinheitlichung der beiden norischen Schläge. 1952 erfolgte eine Zusammenführung unter der neuen Bezeichnung „Süddeutsches Kaltblut", das außer in Bayern noch in Württemberg und Baden gezüchtet wird.

Heute nimmt es unter den in Deutschland gehaltenen Kaltblütern vor dem Rheinisch-Deutschen Kaltblut den ersten Platz ein. Auch wenn es infolge der Mechanisierung zahlenmäßig stark zurückgegangen ist, hat es sich vor allem in schwierigem Gelände sowie bei der Holzarbeit im Walde als unersetzbar erwiesen.

Beschreibung: Schwerer, derber Kopf, gelegentlich ramsnasig; kurzer, starker Hals; langer, breiter Rücken; gespaltene, abfallende Kruppe. Gliedmaßen kurz und gut bemuskelt.

Mähne und Schweif dicht und leicht gewellt; mehr oder weniger starker Beinbehang.

Größe: um 160 cm.

An Farben kommen meist Braune und Füchse vor. Die früher oft beobachteten Pinzgauer Tigerschekken sieht man heute kaum noch.

Beurteilung: Ein mittelschweres, derbknochiges Kaltblutpferd, zäh und zugstark, anspruchslos; langlebig und fruchtbar. Ein unermüdliches Arbeitspferd, das schon früh eingesetzt werden kann.

Wenig Temperament; geht am liebsten einen langen, aber langsamen Schritt, auch wenn es keine Last zu ziehen hat.

Zuchtgebiete: In der Bundesrepublik vor allem Bayern (mit dem Staatsgestüt Schwaiganger sowie den Landgestüten Landshut und Ansbach); Baden-Württemberg (Gestüt Marbach).

Österreich siehe unter Noriker.

Suffolk-Pferd (Suffolk-Horse, Suffolk Punch) Das Suffolk ist neben dem Shire und Clydesdale das dritte bedeutende Kaltblutpferd Großbritanniens, das nicht nur in seiner Heimat, sondern auch in Übersee sehr geschätzt war und z. T. noch ist. In den letzten 50 Jahren gingen allein nach Nordamerika, das über einen eigenen Zuchtverband verfügt, 200 Zuchtstuten und 50 eingetragene Hengste. Auch Südamerika führte zahlreiche Suffolks ein, ebenso in jüngerer Zeit Pakistan, das Suffolk-Stuten zur Erzeugung von Maultieren für seine Gebirgsartillerie in England einkaufte.

Obwohl das Suffolk so schwer und groß wie ein Shire oder Clydesdale werden kann, unterscheidet es sich äußerlich ganz erheblich von den beiden anderen. Er ist unter den britischen Kaltblütlern gewissermaßen die barocke Erscheinung; an ihm wirkt alles abgerundeter, ein Pferd, wie aus einem Stück gedrechselt.

Geschichte: Eine alte, schon 1506 als „Suffolk-Horse" erwähnte Rasse, die zuerst in der gleichnamigen Grafschaft im Osten Englands gezüchtet wurde. Vermutlich entstand sie — wie von man-

chen Hippologen angenommen — aus Kreuzungen von normannischen Hengsten mit bodenständigen Landstuten.
Die im 18. Jahrhundert zur Vermehrung von Größe und Gewicht unternommenen Einkreuzungen mit Yorkshire- und flandrischen Hengsten ergaben keine bleibenden Einwirkungen. Im Gegensatz zu der im gleichen Jahrhundert erfolgten Einschaltung eines Traberhengstes, der dem Suffolk mehr Beweglichkeit und Gängigkeit mitgab.

Wie gut das Suffolk in Schau-Wettbewerben mit den beiden anderen Kaltblutrassen abschnitt, beweist die Tatsache, daß es von 24 Konkurrenzen 13 gewann.
Auch dieses Pferd mußte seinen Tribut der veränderten Zeit, ihren Ansprüchen und Notwendigkeiten zollen. Eines hat es allerdings den beiden anderen Rassen voraus: Es eignet sich ganz ausgezeichnet zur Erzeugung von guten Sport- und Gebrauchspferden aus Warm- und Vollblutstuten.
Beschreibung: Ein ziemlich edler Kopf mit kleinen Ohren und ausdrucksvollen Augen; sehr starker, kurzer Hals; wenig Widerrist; kurzer, kräftiger Rumpf von guter Tiefe; breite, lange Kruppe. Gliedmaßen kurz, kräftig und trocken.
Größe: Durchschnittlich 170 cm; Exemplare bis 175 cm Stockmaß kommen gelegentlich vor.
Gewicht: schwerste Hengste 1000—1100 kg.
Farbe: fast nur Füchse; keine Abzeichen. Typisch für den Suffolk ist ferner das Fehlen eines Beinbehangs.
Im Wesen lebhaft; gutartig, fleißig und zuverlässig. In der Haltung nicht so anspruchsvoll wie das Shire- und Clydesdale-Pferd. Ein weiterer Vorteil ist seine Langlebigkeit und Fruchtbarkeit. Gilt als intelligent und gelehrig.
Geht einen energischen, bodendeckenden Schritt und fördernden Trab; besitzt außerdem ein für seine Größe und Schwere erstaunliches Galoppier- und Springvermögen.

Beurteilung: Ein außerordentlich verläßliches, starkes Kaltblutpferd mit den Veranlagungen eines schweren Warmbluts.
Zuchtgebiete: Schwerpunkt — wie bisher — Suffolk/England. Wird außerdem im Freistaat Irland, sowie in vermindertem Maße auch in Nord- und Südamerika sowie in Australien und Südafrika gezüchtet.
Verbände/Organisationen:
England: „Suffolk Horse Society“, 6 Church Street, Woodbridge, Suffolk (der Verband wurde 1877 gegründet).
USA: „American Suffolk Horse Association“, P.O.Box 88, Lynden, Washington 98264 (wurde mit der American Shire Horse Association zusammengelegt).

Trait du Nord (Zugpferd des Departements du Nord) Ein schweres französisches Zugpferd, das in dem Gebiet Avesnes-Valenciennes-Lille heimisch ist. Ursprünglich mit dem Ardenner eng verwandt, weist es heute nur noch geringe Anteile dieser Rasse auf. Das mächtige Knochengerüst und die starke Muskulatur deuten mehr auf die in den letzten Jahrzehnten häufig erfolgte Einkreuzung von schweren Belgiern hin, die wahrscheinlich schon an der Entstehung der Trait-du-Nord-Zucht maßgeblich beteiligt waren.
Ein außerordentlich zugstarkes Pferd um 165 cm (Hengste) bzw. 160 cm (Stuten) Größe und einem Durchschnittsgewicht um 850 kg. Gilt als ausdauernd und gutartig.
Die braune Farbe dominiert, gefolgt von Braunschimmeln, Füchsen und Fuchsschimmeln.

Weißrussisches Kaltblut (Belorussisches Kaltblut) Nach dem Russischen Kaltblut (s. d.) die kleinste, aber nicht die schwächste der in der SU vorhandenen Kaltblutrassen. Entstand vor ca. 40 Jahren aus dem einheimischen Landschlag und eingekreuzten Belgiern, Bretonen, skandinavischen Ardennern und Dölepferden, Norfolk und Arabern sowie Hengsten anderer russischer Kaltblutrassen aus dem Schwarzerdegebiet.
Ein außergewöhnlich genügsames, in der Haltung problemloses, zähes und leistungsstarkes Pferd, das hauptsächlich von Rauhfutter und Kartoffeln lebt.
Wird bis 153 cm (Hengste) bzw. 151 cm (Stuten) groß und 500 kg schwer.

Westfriese (auch nur Friese genannt) Unter einem Kaltblut stellt man sich im allgemeinen ein schweres, muskelbepacktes, starkknochiges Riesenpferd vor, dem man eine schnellere Gangart als den Schritt kaum zutraut.
Ein ganz anderes Bild bietet der in den Niederlanden gezogene kaltblütige Westfriese. Ein erstaunliches Pferd mit überraschenden Fähigkeiten, deren wichtigste sein Trabvermögen ist.
Die sog. Harddraver (Schnelltraber) waren schon in früheren Jahrhunderten in ganz Europa berühmt. Eine namenlose holländische Traber-Schimmelstute mit orientalischen Blutanteilen darf sogar für sich in Anspruch nehmen, die berühmte Orlowtraberzucht (s. d.) mitbegründet zu haben. Sie wurde durch Polkan die Mutter des Stammvaters aller Orlowtraber, Bars I.

Jahrh. mehrfach schweres westeuropäisches Kalt-
Über die friesischen Rappen, einst engstens mit den Ostfriesen und Oldenburgern verwandt, wurde schon im 13. Jahrh. berichtet. Im Gegensatz zu den beiden warmblütigen Rassen erhielten sie in den folgenden Jahrhunderten bis in unsere Zeit hinein nut wenige, unbedeutende Warmblutzuführungen, die ihren Kaltblutcharakter so gut wie nicht beeinflußten.

Die Holländer hängen sehr an alten Gepflogenheiten, am stärksten die Friesen. Deshalb braucht man sich nicht um die Weiterzucht des westfriesischen Pferdes zu sorgen. Es gehört einfach in die ebene Landschaft wie der weißgestrichene, einachsige Einspänner, den es aus besonderen Anlässen zu ziehen hat, im Trab natürlich, raumgreifend, energisch, mit hoher Aktion und einem kräftigen Schub aus der Hinterhand. Wie es sich für einen echten Westfriesen gehört.

Beschreibung: Mittelgroßer, gefälliger, im Profil geradliniger Kopf mit aufmerksamen Augen (falls sie die Scheuklappen nicht verdecken) und ziemlich kleinen, spitzen Ohren. Stolz getragener, starker Hals; kurzer, manchmal leicht durchgebogener Rücken; abfallende Kruppe; tief angesetzter, dichter Schweif. Kräftige, aber nicht übermäßig bemuskelte, beinah schlank wirkende Gliedmaßen.

Größe: durchschnittlich 160 cm ($\pm$ 5 cm). Farbe: hauptsächlich Rappen ohne Abzeichen (lediglich ein kleiner Stern wird akzeptiert).

Zuchtgebiet: Westfriesland/Holland.

Verbände/Organisationen: Königliche Züchtervereinigung des Friesischen Pferdes.

Wladimir-Pferd Man nehme — so könnte man mit der Entstehungsgeschichte des Wladimir-Pferdes beginnen, das sich in einem knappen Jahrhundert zu einer sehr brauchbaren Kaltblutrasse entwickelt hat. Bodenständige Stuten aus dem ostwärts Moskau gelegenen Raum wurden anfangs mit Ardennern, Percherons, Suffolks, Cleveland Bays und Clydesdalern gekreuzt, zu denen ab 1910 noch Shire-Hengste hinzukamen. Schließlich trug auch noch etwas Traberblut zur endgültigen Gestaltung des Pferdes bei, das als Rasse 1946 mit der Benennung „Wladimir-Pferd" ihre offizielle Anerkennung fand.

Es gilt in der SU als eines der ausdauerndsten und zugtüchtigsten Kaltblutpferde und weist außer einem gefälligen Aussehen viel Aktivität und Eifer auf. Dazu kommen, was die Mechanik angeht, ein energischer, genügend langer Schritt und ein korrekter, flacher Trab.

Die Größe der Hengste liegt bei 165 cm, die der Stuten bei 160 cm.

Von den Farben stehen die Brauntöne an erster Stelle; es kommen aber auch andere Farben vor. Die an manchen Exemplaren festzustellenden großen weißen Abzeichen an Kopf und Gliedmaßen sind ein Erbe von Shire- und Clydesdale-Einkreuzungen.

Zuchtgebiet: Raum Moskau-Jaroslawl-Kostroma-Ivanovo-Wladimir-Tambow sowie das Gebiet um Kasan a. d. Wolga.

Woronesch-Pferd (Bitjug) Eine über 200 Jahre alte russische Zugpferdrasse, deren Entwicklungslinie im Zick-Zack verlief, einmal in Richtung Kaltblut, dann wieder in Richtung Warmblut führend. Ein Pferd also, das man aufgrund der verschiedenen Blutanteile zu der einen wie zu der anderen Rassengruppe zählen könnte. Seine äußere Erscheinung und vor allem seine Verwendung als Zugpferd sollten aber zu dem Schluß berechtigen, es als Kaltblut zu betrachten.

Bitjug, Ahn des Woronesch-Pferdes

Geschichte: Stuten des an den Ufern des Bitjug im Gebiet von Woronesch heimischen Landschlages und auf Anweisung von Peter d. Gr. (1682—1725) Anfang des 18. Jahrh. aus den Niederlanden eingeführte Hengste bildeten den Grundstock dieser Pferderasse. Wenige Jahrzehnte später wurden der neuen Zucht auch Warmblüter aus dem Chrenovoi-Gestüt des Grafen Orlow mit nachhaltigem Eindruck zugeführt. Das Ergebnis war ein mittelschweres, kräftiges und energisches, nach dem Bitjug benanntes Wagenpferd, das im 18. und 19. Jahrh. im Rußland westlich des Ural sehr bekannt war.

Um ein schwereres und stärkeres Zugpferd zu erzielen, wurde im letzten Drittel des vergangenen blut eingekreuzt, ein Vorgang, der fast zum Ende der Bitjug-Rasse geführt hätte. Erst in den dreißiger Jahren begann man planmäßig, den früheren und in Wirtschaft und Landwirtschaft sehr brauchbar gewesenen Typ wieder zu züchten. Ausgesuchte bodenständige Stuten wurden von besonders kräftigen und stabilen Orlow-Hengsten gedeckt. Das Ergebnis war ein im Durchschnitt um 500 kg schweres, verläßliches, ausdauerndes und für alle Zugdienste geeignetes Tier mit energischen Bewegungen, das auch einen neuen Namen erhielt: das Woronesch-Pferd.

Beschreibung: Verhältnismäßig kleiner, feiner Kopf auf kraftvollem, gut aufgesetzten Hals. Gerader Rücken, langer Rumpf mit geschlossener Nierenpartie und gut bemuskelter Kruppe. Gliedmaßen kräftig, vorn gerade gestellt, aber nicht immer mit einwandfreien Gelenken, hinten gelegentlich säbelbeinig. Hufe groß und flach aus gutem Material. Dichtes Langhaar.

Größe: Hengste durchschnittlich 159 cm, Stuten 152 cm. Röhrbein: 21,6 bzw. 20,9 cm.

Im Wesen sehr anstellig, fromm und freundlich, einsatzwillig, ruhig; ausgeglichenes Temperament. Hart, ausdauernd.

Energisch in allen Bewegungen; weiter, regelmäßiger Schritt, raumgreifender Trab.

Zuchtgebiete: Raum Woronesch/SU.

Die wichtigsten Brände in der Bundesrepublik

Baden-Württemberg
Verband Württ. Pferdezüchter, Stuttgart; badisches Pferdestammbuch, Neustadt

Warmblut

Kaltblut

Schwarzwälder Kaltblut

Ponys

Haflinger

Bayern
Landesverband Bayrischer Pferdezüchter, München und Verband der Kleinpferdezüchter Bayerns, München

Warmblut

Kaltblut

Haflinger

Ponys

Hannover
Verband Hannoverscher Warmblutzüchter, Hannover, Verband der Pony- und Kleinpferdezüchter, Hannover und Verband der Kleinpferde- und Ponyzüchter Weser-Ems.

Warmblut

Ponys

Kaltblut

Hessen
Verband hessischer Pferdezüchter, Kassel und Verband der Ponyzüchter Hessen, Friedberg

Warm- und Kaltblut

Haflinger

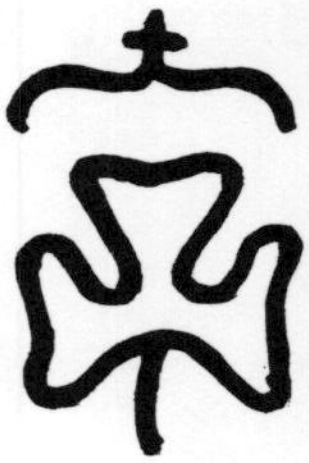

Ponys

Oldenburg
Verband der Züchter des Oldenburger Pferdes, Oldenburg i. O.

Ostfriesland
Ostfriesisches Stutbuch, Hannover

Pfalz-Saar
Landesverband der Pferdezüchter Pfalz-Saar, Kaiserslautern

Warmblut

Haflinger

Isländer

Fjordpferde

Kaltblut

Rheinland
Rheinisches Pferdestammbuch, Bonn

Warmblut

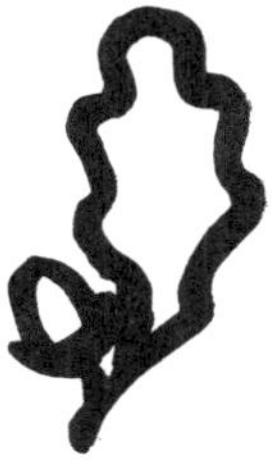
Ponys

Isländer

Rheinland-Nassau
Pferdezuchtverband Rheinland-Nassau, Koblenz

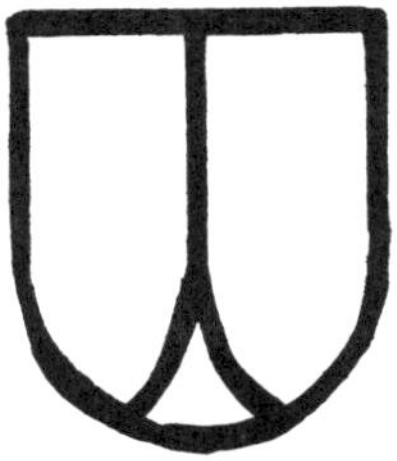
Warmblut

Ponys

Schleswig-Holstein
Verband der Züchter des Holsteiner Pferdes, Elmshorn; Landesverband der Pony- und Kleinpferdezüchter Schleswig-Holstein/Hamburg, Kiel; Verband Schleswiger Pferdezuchtvereine, Kiel

Warmblut

Ponys

Kaltblut

Westfalen
Westfälisches Pferdestammbuch Münster

Warm- und Kaltblut

Haflinger (Fohlenbrand)

Haflinger (Eintragungsbrand)

Ponys

Trakehner
Verband der Züchter und Freunde des Warmblutpferdes Trakehner Abstammung, Hamburg

Abzeichen am Kopf

Flocke und Schnippe

Blume

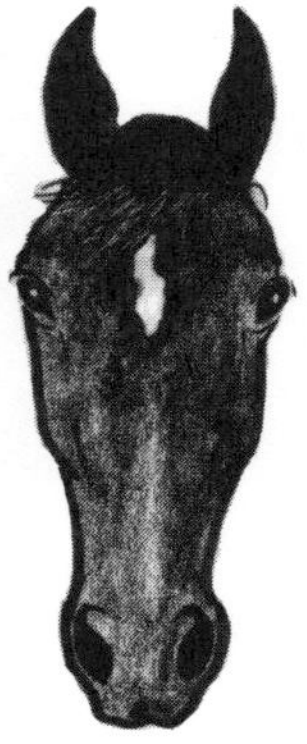
Flämmchen

Stern

Keilstern

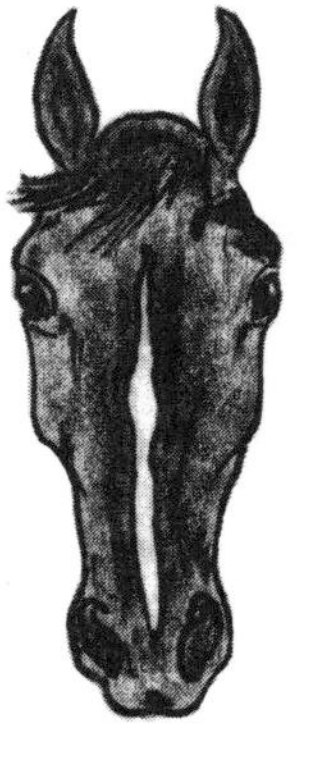
schmale Blesse (Schnurblesse)

breite Blesse

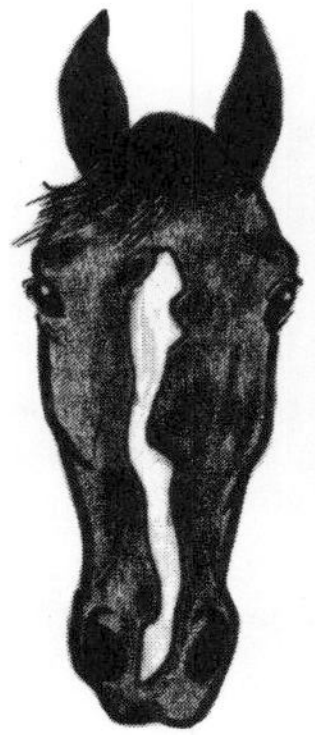
unregelmäßige Blesse

durchgehende Blesse

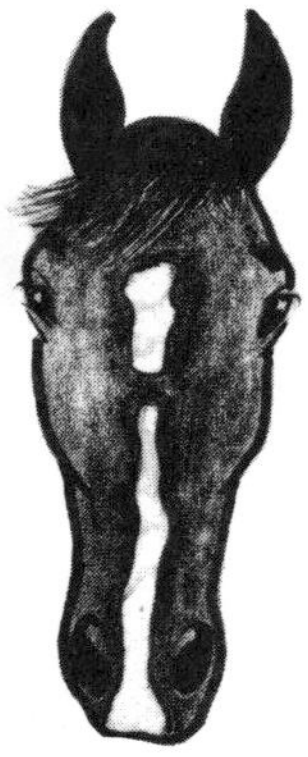
unterbrochene Blesse

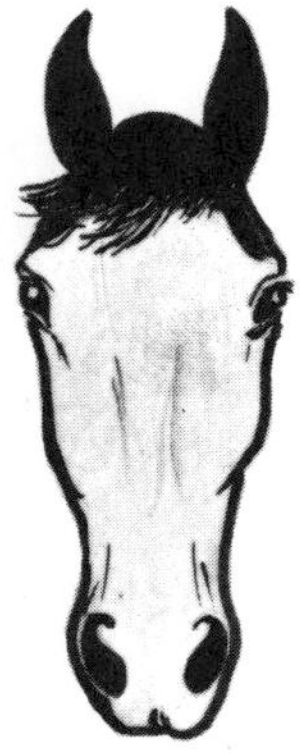
Laterne

Milchmaul

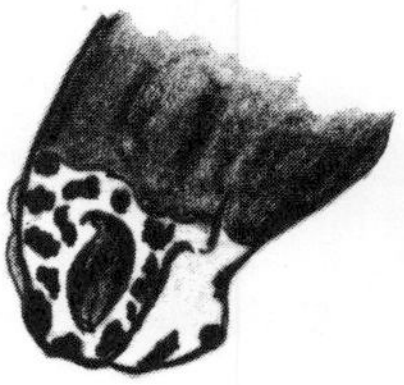
Krötenmaul

Abzeichen an den Gliedmaßen

Weiße Krone

weißer Ballen

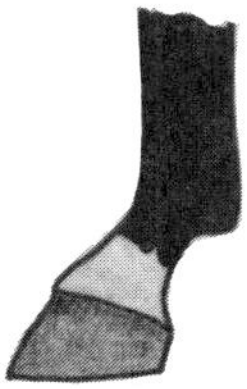

halbweiße Fessel

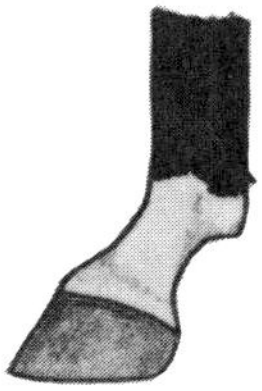

weiße Fessel

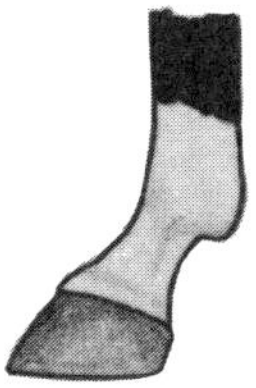

halbweißer Fuß

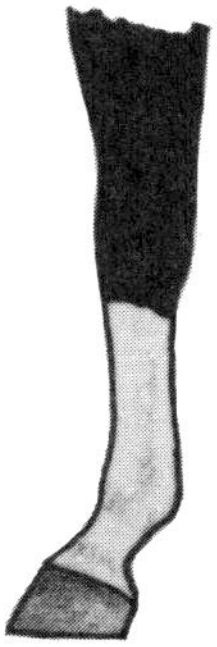

weißer Fuß

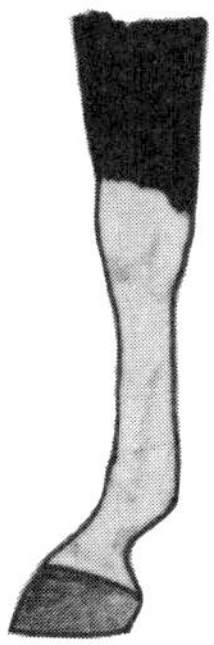

hochweißer Fuß

Das Exterieur des Pferdes

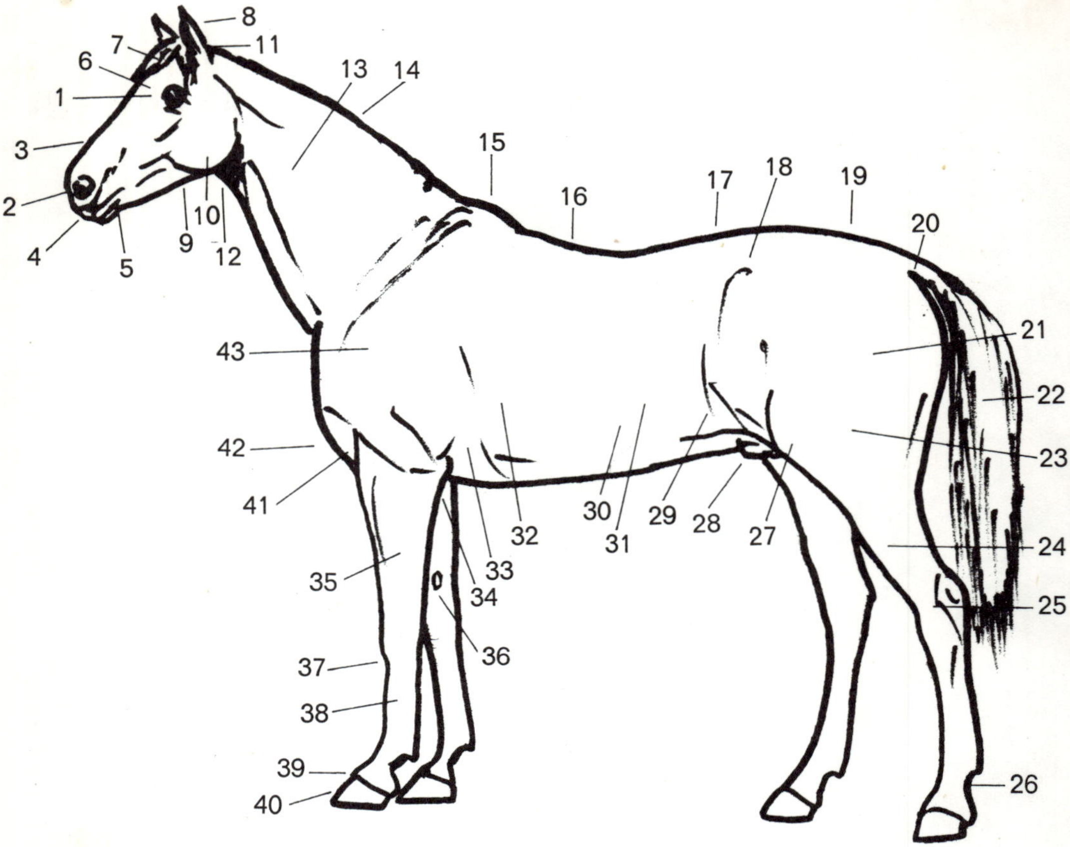

1 Auge
2 Nüstern
3 Nasenrücken
4 Maul und Lippen
5 Kinnkettengrube
6 Stirn
7 Schopf
8 Ohren
9 Kehlgang
10 Ganasche
11 Genick
12 Kehle
13 Hals
14 Mähnenkamm
15 Widerrist
16 Sattellage
17 Lende (Nierenpartie)
18 Hüfte
19 Kruppe
20 Schweifrübe
21 Hinterbacken
22 Schweif
23 Oberschenkel
24 Unterschenkel (Hosen)
25 Sprunggelenk
26 Fesselbeuge
27 Kniegelenk
28 Schlauch
29 Flanke
30 Bauch
31 Hinterrippe
32 Vorderrippe
33 Sporader (Herzgegend)
34 Ellenbogen
35 Unterarm
36 Kastanie
37 Vorderfußwurzelgelenk
38 Röhrbein (Schienbein)
39 Kronenrand
40 Huf
41 Oberarm
42 Brust (Bug)
43 Schulter

Das Skelett des Pferdes

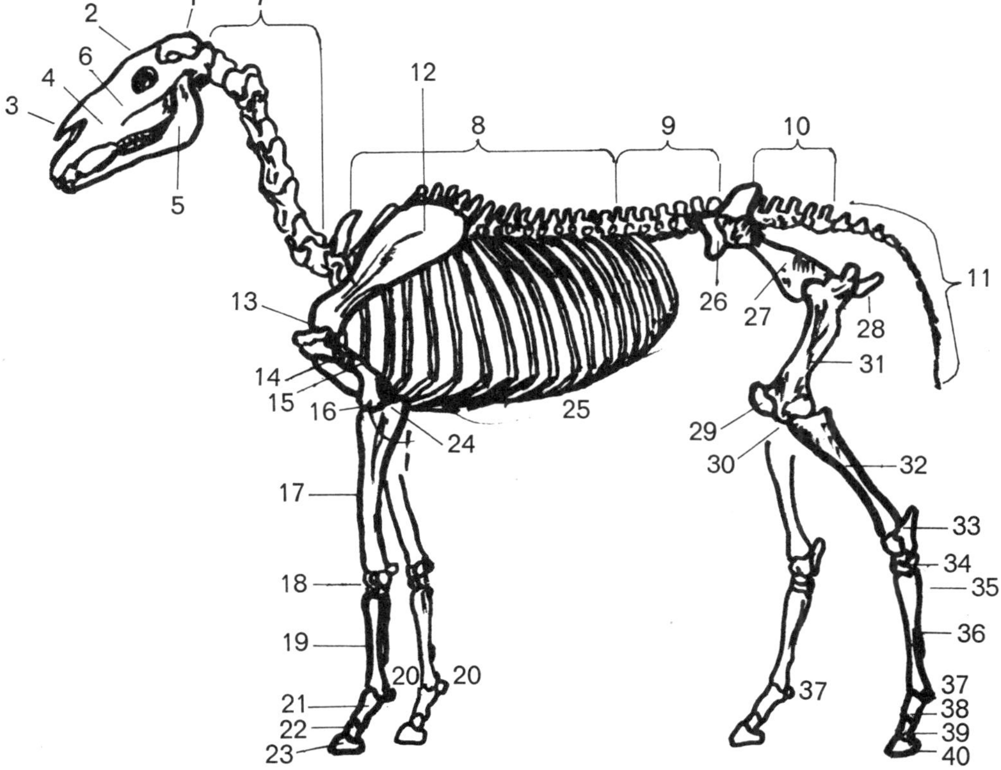

1 Hinterhauptbein
2 Stirnbein
3 Nasenbein
4 Oberkieferbein
5 Unterkieferbein
6 Jochleiste
7 Halswirbel (7)
8 Brust- und Rückenwirbel (18)
9 Lendenwirbel (6)
10 Kreuzbein (mit 10 unbeweglichen Wirbeln)
11 Schweifwirbel (17–20)
12 Schulterblatt
13 Schultergelenk
14 Brustbein
15 Oberarm
16 Ellenbogengelenk
17 Unterarm
18 Vorderfußwurzelgelenk
19 Röhrenbein (Vorderröhre)
20 Sesambein
21 Fesselbein
22 Kronbein
23 Hufbein
24 Ellenbogenhöcker
25 Rippen (8 echte, 10 falsche R.)
26 Darmbeinhöcker
27 Darmbein
28 Sitzbeinhöcker
29 Kniescheibe
30 Kniegelenk
31 Oberschenkel
32 Unterschenkel
33 Sprunggelenkhöcker
34 Sprunggelenk
35 Griffelbein
36 Röhrenbein (Hinterröhre)
37 Sesambein
38 Fesselbein
39 Kronbein
40 Hufbein

Alphabet der Rassen

Literaturnachweis

Hammond/Johansson/Haring: „Handbuch der Tierzüchtung", 3. Band, Rassenkunde. Hamburg/Berlin 1961
Heinze, Theodor: „Pferd und Fahrer", Leipzig 1876
Hope/Jackson/Steinkraus: „The Encyclopedia of the Horse", London 1973
Laune, P.: „America's Quarter Horses", New York 1973
Löwe/Meyer: „Pferdezucht und Pferdefütterung", Stuttgart 1974
Nissen, J.: „Das Sportpferd", Stuttgart 1964
Nissen/Gorbracht: „Ponybuch", Frankfurt/M. 1974
Nye, N. C.: „The Complete Book of the Quarter Horse", New York 1973
Trench, C. C.: „Geschichte der Reitkunst", München 1970
Wrangel, Graf C. G.: „Das Buch vom Pferde", Stuttgart 1902